SIEMPRE CONTIGO

Dr. Neil I. Bernstein

con

Brooke Lea Foster

Siempre contigo

Cómo ser un padre accesible, involucrado y vinculado afectivamente a tu hijo

URANO

Argentina - Chile - Colombia - España
Estados Unidos - México - Uruguay - Venezuela

Título original: *There When He Needs You*
Editor original: Free Press, New York
Traducción: Armando Puertas Solano

Aribau, 142, pral. – 08036 Barcelona
www.edicionesurano.com
www.mundourano.com

ISBN: 978-84-7953-698-5
Depósito legal: NA. 196 - 2009

Fotocomposición: Ediciones Urano, S.A.
Impreso por Rodesa S.A. – Polígono Industrial San Miguel
Parcelas E7-E8 – 31132 Villatuerta (Navarra)

Impreso en España - *Printed in Spain*

A la memoria de mis padres,
que me enseñaron acerca del amor y la devoción

A mis hijos,
Daniel y Julie,
que convierten esta cercanía en una alegría

Índice

Introducción

Mi padre pertenecía a la vieja escuela. Mi madre era la que se ocupaba de los asuntos de casa y él seguía sus instrucciones. Ella se encargaba de cocinar, limpiar, criar a los hijos y de cualquier otra tarea que se presentara. Él iba a trabajar todos los días —de las nueve de la mañana a las cinco de la tarde— y le entregaba el talón de la nómina a mi madre. Cuando yo tenía algún problema, mamá era la primera en consolarme. Papá permanecía en un segundo plano y siempre se podía contar con él, pero rara vez iniciaba actividades o conversaciones. Era un hombre bueno y anteponía las necesidades de los demás a las suyas propias, pero no me proporcionó un modelo de rol de un padre fuerte y emocionalmente expresivo. Desde luego, asistía a los acontecimientos deportivos, me llevaba con mis amigos de un lado a otro y siempre estaba dispuesto a ayudar cuando se lo pedía. Sin embargo, en cierto plano, me molestaba su condición indefinible. Yo quería más, pero no tenía idea de cómo pedirlo.

En ciertos momentos, mi padre me avergonzaba. Era un hombre sin educación, vestía ropa vieja y tenía un vulgar sentido del humor. Yo no poseía demasiadas cosas cuando niño, y a menudo tenía envidia de las que tenían algunos amigos, como mejores guantes de béisbol, mejores pagas, ropa elegante y una salida semanal a cenar. Nunca me quejé, pero en una ocasión mi padre se dio cuenta de mi tristeza. Cuando iba al quinto curso, dos de mis mejores amigos fueron a Florida con sus padres para las vacaciones de Navidad. Yo nunca había viajado en avión. Me invitaron para que los acompañara, pero tuve que declinar la invitación porque el viaje era demasiado caro. Sabiendo que quería ir, mi padre me puso una mano en el hombro y dijo:

—Lo siento, quisiera… —no acabó la frase porque estaba demasiado ahogado por la emoción y porque vio que yo lloraba. Sin embargo, yo sabía lo que él sentía por mí y, de alguna manera, aquello mitigó mi decepción.

Después, cuando tuve un hijo y una hija, entendí un aspecto diferente de papá. Mi madre había fallecido antes de que nacieran mis hijos, de manera que él volvía a estar solo. A los setenta años, se arrastraba por el suelo con sus nietos, riendo, jugando y pasándoselo en grande. En una ocasión le pregunté si había hecho lo mismo conmigo cuando era pequeño.

—Claro que sí —dijo—. Te encantaba luchar conmigo.

—¿Hablábamos mucho? —pregunté.

—Sobre todo, jugábamos, pero tú siempre supiste que yo estaría a tu lado si me necesitabas.

Tenía razón. Mi padre era un hombre de pocas palabras, pero siempre las pronunciaba en los momentos oportunos. En una ocasión, cuando fui eliminado en el transcurso de un partido de la liga infantil de béisbol, él me recordó que al gran Mickey Mantle le había ocurrido lo mismo el año anterior y que nadie se había reído de él. Años después, se mudó a Florida. Papá recordó aquella vez que no había tenido el dinero suficiente para mi viaje, y bromeó:

—Ahora puedes venir a Florida cuando quieras y no tienes que pagar hotel.

Reí entonces, y puedo reír ahora, quince años después de la muerte de mi padre. Sin embargo, mi corazón todavía lo añora. Me habría gustado tener el valor de decirle: «Papá, si acabo siendo un hombre igual de bueno que tú, me consideraré afortunado».

Confesaré desde el comienzo que no soy un padre perfecto. Mi padre tampoco lo era. Y, desde luego, no espero que nadie de los que están leyendo este libro lo sea. Sin embargo, también quisiera decir que no hay que trabajar veinticuatro horas al día, todos los días de la semana, para ser mejor padre. Sólo se requiere un poco de trabajo suplementario. Como muchos padres en el mundo de hoy, yo me perdía algunos de los partidos de mi hijo, trabajaba hasta tarde varias noches de la semana y desperdicié oportunidades para enseñarle algunas lecciones sobre la vida. Desde luego, el hecho de ser psicólogo infantil era una ventaja pero, aun así, había veces en que sentía que no era tan buen padre como podría haberlo sido. Había sentimientos que no expresaba y, en ocasiones, no tomaba en cuenta los consejos de mi mujer, o me mostraba demasiado indulgente y no fijaba límites adecuados a su conducta. Sin embargo, puedo mirar retrospectivamente hacia aquellos años difíciles y gratos, y me digo a mí mismo que lo hice lo mejor que pude. Creo que mis hijos estarían de acuerdo. Nadie me enseñó a ser un padre activo y participativo, y por aquel entonces no existían los libros sobre las relaciones entre padres e hijos —a pesar de que había algunos muy buenos padres— que me enseñaran a establecer un equilibrio entre mi profesión y mi familia, qué sentimientos compartir y qué sentimientos guardarme, o los secretos para hacer las paces con mi propio padre.

De modo que improvisé. Y me las arreglaba. Volvía a casa del trabajo a toda prisa, intentaba hacerme un hueco para acontecimientos especiales, me apuntaba a trabajos voluntarios en el colegio y tuve más de una conversación engorrosa con mi hijo.

Lo bueno es que aprendí de mis experiencias y mis errores como padre, y aprendí de mis clientes a lo largo de los años. Tú también puedes. Hoy, como padre, te encuentras ante un terreno de juego completamente nuevo. Las expectativas que la sociedad y nuestras propias familias tienen de los padres han cambiado. Se supone que debes participar activamente, expresar tus sentimientos y saber equilibrar el trabajo y la familia, como si fueras una mezcla de Superman y Superpapá. Son muchos los hombres que procuran ser el mejor padre posible frente a estas expectativas, a veces abrumadoras. Algunos lo consiguen, pero muchos otros saben que no lo logran del todo. Algunos tuvieron buenos modelos de rol, otros juraron que lo harían diferente a como lo hicieron sus padres, pero otros están sometidos a difíciles actos de malabarismo donde cada día es una aventura debido a las exigencias de múltiples tareas.

Puedes ser un gran padre sin tener que ser un superpapá. Puedes aprender dónde hay que ceder, a expresar tus sentimientos de una manera diferente, y a reclutar a tu mujer o a tu pareja como tu más firme aliado. Sé que puedes hacerlo porque he ayudado a otros padres y madres a conseguirlo y a estar más cerca de sus hijos. Treinta años de práctica como terapeuta con más de dos mil niños y familias me han enseñado los sí y los no de ser un buen padre, con qué fuerza las experiencias vitales pueden moldear una relación padre-hijo, y lo que los padres e hijos realmente necesitan para crear vínculos que duren toda una vida. Hay un lenguaje de los sentimientos que debemos aprender, y aunque sea incómodo para muchos hombres, pueden adquirir cierta fluidez asumiendo ciertos riesgos y manteniendo el rumbo.

En las páginas siguientes, leerás historias de padres perdidos y luego encontrados, de hombres abrumados e indiferentes, de padres que harán cualquier cosa por sus hijos. En cada historia hay un trozo de vida, una lección, a veces una punzada de tristeza ante las oportunidades perdidas cuando se trata de conectar, a veces una pizca de humor. He escrito este libro para los millones de padres que evolucionan, y para las madres (y los hijos) que pasan horas intentando descifrar: «¿Qué piensa papá?» Estas madres e hijos me preguntan a menudo: «¿Por qué será que el hombre más importante en la vida de un niño también es el hombre al que más cuesta acercarse?»

Para ayudar a los padres a entenderse a sí mismos, he decidido escribir este libro.

1

Un padre no es una madre masculina

Desde los padres a medias y los padres periféricos a los padres aceptables y mejores

Conocí a Kevin una fría tarde de otoño. Su mujer, Larissa, y su hijo de catorce años, Jason, habían llegado a mi despacho a las cuatro. Nos habíamos reunido para hablar de lo que le pasaba a Jason. El chico cursaba su primer año de instituto, se había vuelto muy temperamental, había dejado de hablar a su madre y a su padre y sus notas habían empeorado.

Jason parecía incómodo en mi despacho, e intentaba sentarse derecho en el mullido sillón de cuero negro. Llevaba una camiseta del cómico Borat y zapatillas para jugar a los bolos (dijo que le gustaba cómo le quedaban) y rara vez alzaba la mirada cuando yo le dirigía la palabra. Hablé un poco con él acerca de los estudios y los amigos. Las más de las veces, Larissa, una mujer delgada que vestía un conjunto con un jersey de color rosa claro, respondía por él.

Kevin llegó quince minutos tarde. Entró a toda prisa, sin aliento y todavía vestido de traje. Venía del trabajo.

—Lo siento —dijo—. Había una reunión en el despacho, y se prolongó y tuve que disculparme para venir aquí y, bueno, he llegado. Lo siento.

Larissa y Jason no se inmutaron con su explicación. Kevin trabajaba de asesor fiscal en una gran empresa, y a menudo llegaba tarde. No era raro que no llegara a cenar. Y cuando llegaba a casa, estaba agotado. Larissa también trabajaba como abogada, pero tenía horarios flexibles. Ella y Jason pasaban la mayor parte del tiempo en casa solos.

—Estamos acostumbrados a que no esté en casa —dijo ella.

Ese comentario puso a Kevin a la defensiva. Se lanzó a dar una explicación sobre lo mucho que trabajaba para asegurarse de que su familia tuviera una vida cómoda —«la bonita casa, el barrio seguro, las megavacaciones y los ahorros para la educación universitaria de Jason»—. Dijo que sabía que Larissa quería esas cosas tanto como él. Él estaba dispuesto a hacer el sacrificio.

Sugerí que quizá fuera difícil para él relajarse y dedicar tiempo a su familia. Kevin suspiró.

—Intento ir a todos los partidos de baloncesto que puedo —dijo Kevin—, pero un día tiene las horas que tiene.

Intentar ir a los partidos de baloncesto, me informó Larissa, significaba que en toda la temporada sólo había asistido a uno. Desde luego, Kevin quería ir y, debido a eso, pensaba que había asistido a muchos más. Sin embargo, la verdad era que estaba atrapado entre el trabajo y la familia.

Yo me sentía de la misma manera cuando mis hijos eran pequeños. Salía hacia el despacho por la mañana y mi hijo se aferraba a mis piernas. Volvía a casa a toda prisa a leerle un cuento en la cama y a veces lo encontraba ya dormido. Me iba a dormir con un nudo en el estómago. Sentía un desgarro, como si mi amor por mi hijo estuviera reñido con el imperativo de mis obligaciones.

—Kevin es un buen hombre —dijo Larissa—. Yo intento apoyarlo, pero él no está en casa el tiempo suficiente. Soy yo la que acabo haciendo casi todo para Jason. Le cubro las espaldas a Kevin, e intento ser la madre y el padre de Jason. Y no es fácil ser un…

—… una madre sola —dijo Kevin, y se ruborizó—. Eso es lo que dice a veces, que se siente como si estuviera sola.

Jason se miró los pies y dijo que estaba acostumbrado a oír a sus padres discutir a propósito del escaso tiempo que su padre le dedicaba. Le pregunté cómo se sentía con esas discusiones.

—¿Puedo escuchar mi iPod mientras habláis de esto? —me preguntó. Sus padres cruzaron una mirada.

Kevin le dijo a su hijo que le gustaría pasar más tiempo con él, que se sentía como si siempre se estuviera disculpando. Dijo que estaría en casa si pudiera, y que «intento hacerlo lo mejor que puedo».

Distanciándose de los viejos estereotipos sobre los padres

Hace unos cuarenta o cincuenta años, los padres guardaban silencio en lo que concernía a los asuntos de familia. La madre se ocupaba de despertar a los hijos, vestirlos para ir al colegio, prepararles el bocadillo y ocuparse de bañarlos por la noche. Eran las madres las que consolaban a sus hijos cuando los eliminaban en un partido de béisbol, y quienes les decían que fueran iguales a sus padres. La tarea de los hijos consistía en entender qué significaba ser padre observando al suyo desde lejos, siguiéndolo por el campo de golf o mirándolo preparar la carne en una barbacoa. Estos «papás de las cavernas» llegaban a casa del trabajo, se sentaban delante de la tele o a leer un periódico y se servían un whisky o un martini. Estos padres empezaron a volverse obsoletos a medida que las mujeres entraron progresivamente en el mercado laboral y las tasas de divorcio comenzaron a aumentar, lo cual obligaba a los padres a participar cada vez más en las rutinas de sus hijos.

Los papás de las cavernas no solían adquirir buenos hábitos como padres porque sus mujeres se encargaban del aspecto emotivo, expresivo e intuitivo de cuidar de otros miembros de la familia, entre ellos sus propios hijos. Cada vez que el hijo tenía un problema, los papás de las cavernas le decían que «se aguantara», que se lo tomara «como un hombre» o que hablara «con mamá acerca de ello». Las madres permitían a los hijos llorar y expresar sus emociones. Los papás de las cavernas gruñían o gesticulaban para expresar sus sentimientos. Archie Bunker, en *All in the Family*, definió este prototipo para una generación de hombres. El Al Bundy de *Married with Children* lo definió para otra. A estos hombres se les solía considerar queridos, inofensivos y ridículos. Trabajaban duro, tenían sus opiniones intolerantes, pero estaban junto a su familia de la única manera que sabían. Sus mujeres y sus hijos solían inventarse disculpas para ellos.

Incluso hoy, muchos hijos ya adultos justificarán la conducta de su papá de las cavernas.

—Era un buen hombre —dijo un señor de cuarenta y cinco años de su padre, después de hablar durante treinta minutos de todos los aspectos en que su padre no estaba presente en su vida.

Le recordé que ser un buen hombre no significa ser un buen padre.

Las expectativas en torno a los padres han evolucionado a lo largo de los últimos siglos. Los padres en el siglo XVII educaban a sus hijos en los oficios e insistían en el respeto y la autoridad. En los cien años siguientes, los padres dejaron ese ropaje y se convirtieron en el mejor amigo de su hijo y en su tutor moral. En el siglo XIX, el padre volvió a adoptar un rol autoritario, pero a la vuelta del siglo XX se difundió la «domesticidad masculina» y, lo creas o no, los padres y las madres se ocupaban juntos de las cuestiones del hogar. Sin embargo, a mediados del siglo XX, el aumento del consumismo alejó a los hombres del rol doméstico y les volvió a otorgar un rol de «proveedor». A pesar del aumento de las familias con dobles ingresos en las últimas décadas, los padres siguen siendo el principal sustento. Las mujeres hoy en día ganan sólo setenta y cinco centavos por cada dólar que ganan los hombres.

Los hombres que se centran en «proveer» tienden a criar hijos solitarios. Organizan fiestas de cumpleaños y compran guantes de béisbol, pagan viajes de vacaciones y cañas de pescar, pero no siempre dedican tiempo a sus hijos. Recuerdo la pareja padre-hijo en la clásica película de vacaciones de Navidad *Historia de Navidad*. Ralphie, un chico de doce años, sueña con tener un rifle de balines. Su madre, su maestro, incluso Papá Noel, todos le dicen que «se sacará un ojo». El padre de Ralphie le da la sorpresa con el rifle el día de Navidad, pero cuando Ralphie sale a probarlo, su padre no lo acompaña. No le da una lección a su hijo ni lo observa disparar. Ralphie se hiere al disparar el arma y su madre sale corriendo a consolarlo. El padre ya ha hecho lo que le corresponde.

La mayoría de los hijos de papás de las cavernas juraron que nunca serían como su padre. En las fantasías de estos chicos, sus padres eran tan simpáticos y sensibles como Ward Cleaver, Andy Griffith o Charles Ingalls. Aspiraban a ser el padre ideal, es decir, alguien que fuera el hombre de la casa, el que procuraba el sustento, el que daba consejos, era una figura paterna, un manitas y un modelo de rol. Su imaginación se inspiraba en el éxito de taquilla de 1978, *Superman*. Puede que hayan visto a sus padres en la figura de Al Bundy, pero se veían a sí mismos como Clark Kent, un modelo de rol que modificó su ideas acerca del hombre. Superman tenía una carrera exitosa como reportero y una vida amorosa apasionada. Podía salvar al mundo y podía hacerlo todo en un solo día.

Esta generación de hombres llegó a un consenso no dicho. No serían grandes padres. Así como las mujeres querían tenerlo todo —carrera profesional, vida amorosa y familia— y ser supermadres, estos hombres se proponían ser superpapás, padres míticos y perfectos.

Alan se daba cuenta de que se estaba distanciando de su hijo de doce años. Cada vez que llegaba a casa del trabajo, Alan encontraba a David, su hijo, en su habitación, con la puerta cerrada, jugando al Xbox o navegando por la red, con la música de fondo. Cuando llamaba a su puerta para saludarlo, apenas conseguía que David dijera «Hola», aunque ni se giraba para mirar a su padre. Así que el mes de febrero pasado Alan le dijo a su mujer, Mary, que quería llevar a David a esquiar. Sólo los dos. Sería la experiencia perfecta para crear vínculos entre padre e hijo.

El chico se mostró indiferente cuando Alan le planteó la cuestión. David preguntó si podía ir con un amigo.

—Desde luego que no —respondió Alan. La pregunta le dolió, pero fingió que no le afectaba. Le dijo a su hijo que eran unos días para estar los dos juntos. David aceptó a regañadientes. Durante la semana antes del viaje, Alan empezó a planificar y programar. Creó una hoja de cálculo con una lista de todas las cosas y los equipos que tenían que llevar, pagó los billetes por Internet y entró en la página de la estación de esquí para ver mapas de las pistas. Llamó al restaurante indicado para reservar mesa para una cena, y se aseguró de que sirvieran bistec, porque quería ofrecerle a su hijo un bistec suculento y jugoso después de un largo día esquiando. Imaginó el tipo de conversaciones que tendrían en el coche, charlas profundas y relevantes acerca de la vida, el tipo de conversación que Alan nunca había tenido con su padre.

El día que tenían que partir, Alan llegó a casa más tarde de lo habitual y le molestó darse cuenta de que saldrían con retraso. Empezó a cargar el coche y no dejaba de meterle prisas a David. Después de parar en una gasolinera para comer algo, estaban listos para coger la autopista hacia las cinco y media. Tenían unas cinco horas de trayecto por delante.

En cuanto empezaron a rodar, David encendió la radio del coche y se volvió insensible a todo lo demás. Alan intentó conversar acerca de las pistas que bajarían (¿las negras de los expertos o las azules intermedias?) y dónde quería detenerse a cenar. A David no parecían interesarle demasiado esas decisiones. Bebía su gaseosa a sorbos y miraba por la ventana. Después se quedó dormido.

Empezó a nevar.

Cuando David se despertó, un manto blanco tapaba el camino. Alan quería tener una conversación profunda e íntima, pero no sabía por dónde empezar. En lugar de eso, empezó a hablar de todos los temas que le interesarían a David. Hablaron de lo mal que les iba en la liga a los Knicks, del videojuego preferido del chico y de lo que sus amigos hacían ese fin de semana. Alan se sintió algo decepcionado. Su conversación no era nada diferente de los intercambios tensos y forzados que tenían últimamente en casa.

Seguía nevando con más fuerza y Alan empezó a tener problemas para seguir el camino. Pararon en un McDonalds para comer algo rápido e ir al lavabo. Cuando volvieron a coger el coche, estaban a sólo dos horas de la estación de esquí. A partir de ahí, seguirían por un camino sinuoso de doble vía que pasaba por valles y montañas.

—Papá, hay mucha nieve en el camino.

Alan fingió que no le importaba. Los copos de nieve parecían motas de algodón, le dijo a David, pero no le dijo que caían tan tupido y rápido, directamente sobre el parabrisas, que tenía dificultades para ver el camino.

—Papá —dijo David finalmente—, ¿no crees que tendremos problemas?

—Claro que no —dijo Alan—. Este coche nos llevará a cualquier sitio. Por eso tu madre y yo lo compramos. —Sin embargo, Alan empezaba a ponerse nervioso. No superaba los cuarenta kilómetros por hora, pero sentía que el todoterreno apenas tenía asidero en el camino.

—Tengo miedo —confesó David.

Alan no respondió. La verdad era que tenía tanto miedo como David, pero no quería que se diera cuenta. Finalmente, al cabo de unos minutos de silencio, confesó:

—¿Sabes, David? Yo también tengo un poco de miedo.

Su hijo se despertó.

—¿Alguna vez habías estado tan asustado?

—Cuando tenía quince años —dijo Alan—, unos amigos y yo fuimos a nadar al río Hudson. A mí no me gustaba nadar tanto como a ellos, pero supuse que tenía que acompañarlos. La corriente empezó a arrastrarme cada vez más hacia dentro. No podía volver y pensé que era el final. Y de repente sentí que un brazo muy fuerte me cogía. Era mi amigo Bobby. El corazón me iba a mil. Pensé realmente que aquello era el final para mí.

—¿Por qué nunca me habías contado esto?

La pregunta dejó a Alan perplejo.

—Supongo que nunca he querido reconocer ante ti que he tenido miedo.

—Hay muchas veces en que he tenido miedo, pero no he dicho nada.

—¿Como cuándo? —preguntó el padre.

—Como cuando tuve que leer ese discurso en el colegio, o la mañana de mi partido de las eliminatorias de béisbol.

—¿Por qué no me contaste cómo te sentías?

—Porque pensé que dirías que era un débil.

Se oyó un fuerte ruido, como si algo crujiera bajo el peso del coche, y luego un golpe sordo. El todoterreno se detuvo. Alan bajó y echó una mirada. La capa de nieve era demasiado profunda y no se podía seguir.

—Estamos atascados. Vamos a tener que esperar a que venga la máquina quitanieves —avisó Alan. Eran las once de la noche.

Se dio cuenta de que su hijo estaba nervioso. Le dijo que echara el asiento hacia atrás y durmiera un poco. Alan recordó un cuento de Tolstói que había leído en una ocasión, *El amo y el servidor*, el relato de un hombre rico y su criado cuyo caballo y carro quedan atascados en una tormenta de nieve. No saben cuándo llegará la ayuda, así que se acurrucan juntos para mantener el calor. A la mañana siguiente, el amo se despierta y encuentra al criado que ha muerto por congelación y que, con su cuerpo ha cubierto al amo para darle calor. Alan sabía que era ridículo pensar en términos tan dramáticos. Quería tanto a su hijo que sabía que haría cualquier cosa para asegurarse de que estuviera seguro durante la noche. Él haría lo mismo por su hijo si tuviera que hacerlo.

—Las máquinas quitanieves nos despertarán cuando lleguen —dijo Alan, para tranquilizarlo. La nieve siguió cubriendo las ventanas y los latigazos de viento silbaban en el bosque oscuro que los rodeaba. David parecía asustado, y Alan lo estrechó en sus brazos. El chico dejó descansar la cabeza en el hombro de su padre. Era la primera vez en años que él y David habían estado tan cerca físicamente. El chico se acurrucó junto a su padre en busca de apoyo y comodidad.

Mientras abrazaba a su hijo, Alan cerró los ojos y pensó en la última vez que se había sentido de esa manera como padre. David sólo tenía dos años. Todos los días, cuando volvía a casa del trabajo, David lo miraba con una ancha sonrisa y se acercaba corriendo a la puerta con sus piernas regordetas y le daba un abrazo. Era el sentimiento más intenso del mundo, y a Alan le daban ganas de ser el mejor padre de todos. Aquel recuerdo lo llenó de calidez, pero Alan se preguntó cómo había pasado de sentir un amor indescriptible por su hijo a sentirse irritado y separado de él. En ese momento, la respuesta no importaba. Alan abrazó con más fuerza a su hijo, como si no fuera a dejarlo ir. Quería que ese momento perdurara. Y perduró…, incluso después de que llegaron las máquinas quitanieves.

El padre a medias

Los padres de hoy en día jamás podrían ser tildados de hombres de las cavernas. Son personas abiertas. Definen la masculinidad de otra manera. Viven en un mundo transformado por los derechos de las mujeres y, por lo tanto, participan a la par en las tareas de la casa. Los padres contemporáneos llevan a los hijos a sus clases de piano y a sus entrenamientos de fútbol. Se sientan en la mesa de su hijo cuando asisten a las reuniones en el colegio, enseñan a sus hijos a montar en bicicleta, a pintar con los dedos y a pescar. Si un niño se hace daño, el padre le secará las lágrimas con la misma rapidez con que lo haría su madre.

Sin embargo, algo inesperado ocurre en el proceso de convertirse en padres excelentes. Estos padres se dan cuenta de que se quedan cortos en relación con sus expectativas, y con las expectativas de sus mujeres y sus hijos. ¿Por qué? Porque es imposible desempeñar bien todos los papeles. Sienten la presión de ser eficiente y tener éxito en el trabajo, de ser atentos con sus mujeres y de ser ciudadanos ejemplares en su comunidad. Lo más importante es que sienten la presión para que sean excelentes padres. El único problema es que sus padres no les dieron los instrumentos para ser padres excelentes. De modo que han mejorado, pero a menudo se sienten atascados.

A pesar de todos los cambios positivos en la condición de los padres actuales, el 56 por ciento de los padres consultados por el National Center for Fathering declararon que dedicaban menos tiempo a sus hijos que el que sus padres les habían dedicado a ellos. Según un estudio de Child Trend de 2001, es probable que los padres participen la mitad de lo que participan las madres en las actividades escolares de los hijos. Un estudio de 2004 señalaba que los padres con hijos pasan más tiempo en el despacho que los padres que tienen hijas (los investigadores especulan con la idea de que los padres creen inconscientemente que es importante demostrar a un hijo el rol del hombre en la sociedad). Es triste, pero sólo el 37 por ciento de los hombres encuestados en un estudio reciente dijeron que estaban satisfechos con su capacidad de hablar con sus propios padres. En otro estudio nacional sobre las tendencias de los padres, sólo el 44 por ciento de los padres declaró que sabían qué ocurría en la vida de sus hijos.

Muchos padres se engañan pensando que cambiarán y que participarán más en la vida de sus hijos al año siguiente. Y luego, el año siguiente transcurre sin que se produzcan cambios.

Sin embargo, los padres modernos han andado un largo camino. Han dado un paso gigantesco más allá de los papás de las cavernas antiguos y, lo que es más importante, quieren participar más en el mundo de sus hijos. Pero, al igual que las madres, luchan por establecer un equilibrio entre trabajo y familia. Las madres suelen describir a sus maridos como si fueran de un lado a otro intentando hacer todo lo que hace falta, pero sin conseguir hacer nada bien. Sus familias suelen sentirse como si nunca lo tuvieran «entero». Sin embargo, un estudio reciente descubrió que el 74 por ciento de los padres prefieren un empleo «amistoso» con los padres que un empleo de vía rápida hacia el éxito, un dato que dice mucho de cómo los hombres quieren ser mejores padres.

Sin embargo, el estudio no decía nada acerca de cuántos padres tienen, efectivamente, empleos amistosos con los padres, y son pocos los que los tienen. Menos del 50 por ciento de los padres que vienen a mi consulta tienen trabajos que les permitan estar más disponibles para sus familias. Ante el alza de los precios en los últimos años, desde la vivienda hasta los combustibles, los padres están sometidos a una presión cada vez más fuerte para proveer. Los padres que quieren tener empleos que les permitan pasar más tiempo en casa, en realidad también quieren estar a la altura de sus vecinos. Algunos padres abordan el tiempo que dedicarían a sus hijos como abordarían una reunión en el trabajo, es decir, si no está programado, no tendrá lugar.

Muchos padres se engañan creyendo que tener éxito o tener un gran trabajo fortalecerá su imagen a ojos de sus hijos o los inspirará para que tengan éxito. Sin embargo, esto no suele ser más que una racionalización de su propio deseo obsesivo de demostrar lo que valen, y del hecho de que se sienten más cómodos en el trabajo que en casa. Demasiados hombres confunden los regalos materiales con dar lo más preciado que pueden ofrecer, a saber, su tiempo. Compran ordenadores portátiles a sus hijos, o caros equipos deportivos, o coches, esperando que sus hijos no repararán en su ausencia o en su falta de atención. Pero los chicos no pasan esas cosas por alto, y añoran a sus padres. Piensan en ello como la «añoranza del padre». La añoranza del padre destiñe la existencia del hijo. Sus notas bajan. Se vuelve más susceptible de sufrir la influencia de sus compañeros. Puede que le vaya todo bien, y puede que con el tiempo se convierta en un hombre de mucho éxito, pero quizá se pase el resto de su vida analizando por qué no era lo bastante bueno para su padre, qué era más importante para éste que él. Y es probable que esa herencia influya en su relación con su propio hijo.

Ya que los padres hoy en día están tan obsesionados por el trabajo y por salir adelante, sólo son «padres a medias» para sus hijos. Son esos padres que vemos en los terrenos de juego más pendientes de conversar con los padres que de jugar con su hijo. Es el tipo de padre que durante los partidos de fútbol está absorto en su BlackBerry y no para de hablar por teléfono. Puede que no esté repantigado en el sofá tomando un whisky, pero no tendrá problemas para obligar a su hijo a ver el partido de los Patriots, en lugar de mirar *La edad del hielo* por enésima vez. Está físicamente presente para su hijo, pero no sabe exactamente qué hacer estando ahí. Son los «padres a medias».

Un padre a medias no se da cuenta de que cuando su hijo lo vea tecleando en una BlackBerry en un partido de baloncesto estará igual de resentido y dolido que si no hubiera ido.

—A veces mi hijo me mira a los ojos y me pregunta si estoy escuchándole —dice un padre de cuarenta y tres años—. Y yo digo «claro que sí», sabiendo perfectamente que ha vuelto a pillarme pensando en otra cosa.

El padre a medias es un hombre situado en el medio. Por un lado, está decidido a ser un buen padre, a estar disponible para su hijo y a participar activamente en su vida. Por otro lado, no sabe cómo portarse. Espera que con el tiempo adquirirá las destrezas del buen padre naturalmente y no sabe pedir ayuda. Algunos padres se sienten tan abrumados por lo lejos que están de su ideal de buen padre que dejan de intentarlo. Otros lo intentan con ahínco, pero no consiguen conectar con sus hijos, lo cual los lleva a renunciar totalmente a su rol de padre.

Uno de mis pacientes me contó hace poco una historia que ilustra a la perfección al padre a medias. Steve es el director general de una pequeña empresa. Su hijo, Matty, de siete años, quería aprender a montar en bici, así que una tarde fueron al parque. Matty dijo que estaba nervioso y Steve le aseguró que no dejaría que se cayera. Matty se subió a la bici y su padre sujetó el manillar para mantenerlo equilibrado. Cuando su padre intentaba soltarlo, Matty chillaba. No quería que su padre lo dejara ir.

Al cabo de media hora, Steve empezó a volverse impaciente con su hijo. En su opinión, éste se portaba como un bebé. Matty dijo que quería volver a casa, pero Steve insistió para que lo intentara unas cuantas veces más. En el intento siguiente, dejó ir la bici de Matty. El niño anduvo unos diez metros, y luego empezó a chillar y a llamar a su padre, pero era demasiado tarde. Se estrelló contra la acera y se hizo un rasguño en la pierna. Empezó a llorar ahí tendido en el suelo.

—¡Matty! —gritó Steve—. Levántate y súbete a esa bici. ¿Qué eres, un hombre o un ratón?

El niño de siete años miró a su padre enfurecido.

—Soy un ratón —dijo—. Para que lo sepas.

Es un gran ejemplo de un padre a medias. Salió con su hijo para enseñarle algo y le dedicó un tiempo de calidad. Era un momento que recordarían para siempre. Pero ese recuerdo potencialmente maravilloso se volvió agrio, sobre todo porque Steve trataba a su hijo como trataría a un empleado incompetente. Su falta de paciencia es un efecto secundario del estrés de su trabajo, pero también demuestra lo frágil que es su control cuando trata de no actuar como su padre. Steve se había jurado que sería un padre diferente del suyo, y a mí me juraba que no se parecía en nada a él, pero cuando se ponía tenso, se convertía por instinto en un hombre de las cavernas.

Apeló a viejas definiciones de la masculinidad para empujar a Matty a hacer algo que no quería y que no tenía que hacer. Y el resultado fue desastroso, porque perdió la confianza de su hijo.

¿Cuál habría sido la manera correcta de manejar una situación como ésa? Volveré a contar la historia de manera que pueda ayudarte a entender y tener una visión de un «padre de 360 grados», o un padre que le da la vuelta a su rol de padre.

Stuart es director general de una pequeña empresa, y una tarde decide enseñarle a su hijo, Mark, de siete años, a montar en bici. Caminan un par de manzanas hasta el parque. Mark dice que está nervioso.

—Nunca dejaré que te caigas —le asegura Stuart. Mark monta en la bici y su padre lo sujeta por el manillar para que mantenga el equilibrio. Cuando su padre intenta soltarlo, Mark chilla, porque no quiere que su padre lo deje ir.

Al cabo de media hora, Stuart se vuelve impaciente con su hijo, y piensa que se porta como un bebé. Mark quiere volver a casa, pero Stuart le dice que lo intente una vez más. No insiste, pero anima a su hijo a darse un respiro. Los dos van hasta los columpios. Y cuando Mark va y viene con el impulso, Stuart le pregunta qué le da miedo.

—Me siento como si fuera a caer hacia un lado.

Stuart le cuenta que él estaba igual de nervioso cuando aprendió a montar en bici. Se cayó varias veces antes de que pudiera mantenerse solo. Le describe lo agradable que es cuando finalmente uno lo consigue.

—¿Qué pasa si uno se cae? Te levantas y sigues intentándolo, y ya está.

Al cabo de media hora, Stuart anima a Mark a probar una vez más, y él dice que sí. Stuart coge el manillar.

—Vale, Mark, pedalea —dice—. Te dejaré ir en cuanto sienta que estás listo. El niño asiente, nervioso, y empieza a pedalear. Stuart lo suelta por unos segundos, pero sigue a su lado. Cuando la bici hace eses, lo coge antes de que se caiga.

—¿Quieres probar una vez más? —pregunta.

Cuando Mark dice que ya ha tenido suficiente, Stuart lo abraza.

—Has sido muy valiente —dice—. La próxima vez lo conseguirás.

¿Ves la diferencia? En la primera versión, Steve es un alto ejecutivo estresado que se impacienta con su hijo. En la segunda, Stuart da un enfoque nuevo a lo que podría ser un momento tenso y lo convierte en lo que los educadores llaman un momento de «aprendizaje» en un día y una lección que su hijo recordará para siempre.

Ahora bien, dejemos las cosas claras. No digo que a los niños no se les debería criar para ser fuertes. Sólo digo que si los padres e hijos quieren conectar en un nivel más profundo —y muchos lo quieren— necesitan un nuevo marco para ello. Cuando Matty le dijo a su padre que era un ratón, le estaba transmitiendo una poderosa señal. Todavía no había aprendido que se suponía que debía ser un chico duro. Era sólo un niño que había salido a divertirse con su padre. Pero entonces se enteró de que su padre quería que fuera otra cosa. Puede que ese momento perviva en el niño para siempre. Desde luego, para Steve era un recuerdo persecutorio. Recordó que había intentado enseñarle a Matty a batear un año antes, pero aquello también había acabado en una experiencia frustrante para los dos. Luego recordó lo exigente que su propio padre había sido, y cuánto lo había odiado él por eso.

Hombres como Steve y Allan no entienden por qué no conectan con sus hijos. Todos quieren saber: «¿Qué estoy haciendo mal?»

El año pasado, Bernie, un hombre de cuarenta y tres años, vino a hablar conmigo a propósito de su hijo de once años, Patrick. Visto desde el exterior, Bernie tenía una vida perfecta, una casa grande, un nuevo ascenso en su trabajo. Jugaba al golf los domingos y era entrenador del equipo de béisbol de su hijo en la liga infantil. Sin embargo, se sentía ansioso y no dormía bien por la noche. Constantemente tenía la sensación de no estar haciendo lo suficiente por su hijo.

—Cuando nació mi hijo —me contó—, juré que sería un padre diferente de lo que mi padre había sido para mí. Pero a pesar de mi promesa, sigo luchando contra las mismas cosas que él, es decir, progresar en mi carrera profesional, proveer adecuadamente a mi familia y encontrar tiempo suficiente para estar con mis hijos. Por mucho que me cueste reconocerlo, suelo sentirme presionado y me cuesta dejar de lado el trabajo y otras obligaciones que me he impuesto a mí mismo para dedicarme por entero a estar con mi hijo. —Su relación con su hijo se ha resentido y Patrick rara vez le pide ayuda a Bernie. Cuando éste le preguntó por qué, su hijo dijo:

—Es más fácil pedírsela a mamá.

Bernie sabe que eso es porque su mujer siempre está cerca de Patrick, y él no.

Los hombres trabajan hoy más que nunca, y eso los mantiene alejados de sus familias. Un estudio de 2003 llevado a cabo con más de trescientos padres a través de la página web CareerBuilder.com descubrió que el 65 por ciento de los padres trabajaba más de cuarenta horas a la semana, y que el 25 por ciento trabajaba más de cincuenta. Y eso se refiere únicamente al tiempo dedicado al trabajo en el despacho. Añadamos el tiempo revisando el correo electrónico en casa o respondiendo a un mensaje de la BlackBerry en medio de la cena. Los hombres suelen viajar mucho. El 54 por ciento de los padres tienen que viajar por trabajo. El estudio confirmó lo que yo veo en mi práctica todos los días: la pregunta más habitual en boca de los niños es: «¿Cuándo llegará papá?» La que tiene que dar explicaciones suele ser mamá.

Por qué las mujeres se sienten frustradas

Lo que sigue es un extracto de una sesión de terapia con Joe y Kathy Littles. Tienen dos hijos, Clay, de nueve años, y Giles, de seis.

Habla Kathy:

> Joe me prometió que esta mañana despertaría a los niños a las ocho en punto y que los prepararía para el cole. Pero cuando voy a verlos a las ocho y veinte, todavía andan por ahí en pijama. Clay está jugando al Game Boy. Giles está buscando sus calcetines. Tenemos que salir en veinte minutos. ¿Dónde está mi marido?
>
> Joe está en la cocina leyendo el periódico.
>
> Les doy prisa a los niños. Cuando ellos y yo entramos en la cocina, Joe nos sonríe como si, por milagro, sus hijos se hubieran vestido solos. Me dan ganas de saltarle al cuello. De gritar:

«¿Acaso soy yo la única persona competente en esta casa?» Pero a los niños sólo les quedan diez minutos para desayunar antes de que los metamos en el coche. Así que no digo nada. Pero, una vez más, veo que no puedo contar con Joe para que haga las cosas bien.

Habla Joe:

Desperté a los chicos a la hora convenida y les dije que se vistieran y bajaran en quince minutos a desayunar. Ya no son bebés. Deberían ser capaces de hacer las cosas solos. Y luego, antes de que me dé cuenta de lo que ocurre, Kathy entra en la cocina y me mira de mala manera. Le mete prisas a todo el mundo como si fuéramos a perder un avión o algo por el estilo. No llevamos ni cinco minutos en el coche cuando me llama por el móvil y me grita porque nos hemos olvidado las botas de fútbol de Clay. No aprecia nada de lo que hago. Que lo haga ella misma.

Joe no es lo que llamaríamos un papá de las cavernas, pero su percepción de su rol de padre y compañero en el rol parental necesita una puesta a punto.

Las mujeres tienen derecho a sentirse frustradas con sus maridos. Su ideal de hombre ha evolucionado tan rápidamente como las ideas de sus maridos sobre su papel de padres. Hace dos décadas, más mujeres ingresaron en el mercado laboral y crearon familias con ingresos dobles. Estas mujeres lo querían todo, querían ser madres excelentes y, además, deseaban tener éxito profesional, ser «supermamás». Muchos hombres esperan lo mismo de sus mujeres. Pero para que las dos carreras profesionales puedan progresar se requiere una pareja de iguales en el hogar y en los roles parentales.

Los maridos y las mujeres quieren ocuparse del hogar como pareja. Los padres cocinan a veces por la noche, las madres sacan la basura. Los padres llevan a los hijos a los partidos de fútbol y al dentista.

Ésa es la expectativa general de ambos lados, pero lo que yo observo en la realidad es bastante diferente. Es verdad que los padres quieren participar en la crianza de los hijos, así que se encargarán de cocinar y saldrán temprano de una reunión en su trabajo para llegar a tiempo a una reunión de padres y profesores. Cortarán el césped el sábado por la mañana e irán de compra con los hijos por la tarde. No hay duda de que han mejorado su participación en el hogar. Pero hay pocas mujeres que dirán que se casaron con hombres que asumen los roles parentales como lo hacen ellas. Al contrario, muchas mujeres se sienten traicionadas, como si sus maridos las hubieran engañado haciéndoles creer que participarían más cuando les prometieron que se portarían como padres evolucionados y disponibles, como una nueva especie de padres.

Los hombres no han actuado con mala fe. Creían que la condición de buenos padres se les daría de forma natural. Para algunos, ha sido así. Sin embargo, la mayoría de hombres que yo veo tienen un conflicto. No se habían dado cuenta de lo poco realista que era pensar que podían ocuparse de todo y, aun así, seguir siendo padres diferentes.

En cualquier caso, no se puede culpar a las mujeres por su frustración cada vez mayor. Están casadas, pero a menudo se sienten como madres solteras. Muchas mujeres dicen agradecer la ayuda que les prestan sus maridos, pero no es suficiente. Muchas mujeres se encuentran en la misma situación en que estaban sus propias madres, es decir, están sobrecargadas de trabajo.

«Me levanto y me voy al trabajo —dice una madre de veintinueve años—. Luego llego a casa, juego con el bebé, le doy de comer, lo pongo a dormir, cocino para mi marido y limpio la casa. Cuando he acabado, ya son las diez de la noche, hora de irse a dormir. Y luego, al día siguiente, vuelta a comenzar. Me siento como si lo hiciera todo yo sola. Si las cosas no cambian pronto, perderé los nervios.»

Una suposición tácita en muchos matrimonios es que las madres se ocupan de las cosas y los padres lo hacen cuando se lo piden. Una madre sabrá si hay que lavar la ropa de su hijo y se encargará de hacerlo. El padre moderno no tendrá problemas para lavar la ropa de su hijo, pero no tendrá la iniciativa de lavarla por sí solo. Los programas de televisión como *Nanny 911* nos muestran a padres incompetentes en casi todos los episodios. La niñera da consejos a las madres, que, a su vez, filtran la información a sus maridos. Esa línea de comunicación funcionaría si se tratara de mujeres que se quedan en casa, pero muchas mujeres en el programa —y en Estados Unidos— siguen siendo mujeres que trabajan. De modo que aunque hayan cambiado las expectativas de los roles parentales, los padres continúan siendo padres desde la periferia, y a las mujeres se les sigue considerando como la figura alfa. Y su resentimiento por esa condición se está acumulando.

Pensemos en Joe y Kathy, la pareja de la historia contada antes. Kathy le pide a Joe que vista a los niños y que lleve a Clay a su partido de fútbol, pero Joe arrastra los pies. No tiene el mismo sentimiento de urgencia para llevar a Clay a su partido a tiempo ni recordar que Clay tiene que llevar las botas de fútbol. Esto enfurece a Kathy, que deja de hacer lo que hace y trabaja el doble para suplir la torpeza de su marido. Las cosas se ponen tensas entre la pareja porque Joe, que se considera a sí mismo un padre moderno y disponible, no entiende qué ha hecho mal. Despertó a los niños, les dijo que desayunaran y llevó a su hijo a su partido. Joe cree que ha echado una mano, y que su trabajo ha acabado. Lo que no entiende es que su idea de «hacer el trabajo» se basa en una suposición anticuada de que «echar una mano» significa que ha asumido su rol de padre.

Kathy espera que Joe comparta con ella, en términos de igualdad, los roles parentales. Espera que se le anticipe para satisfacer las necesidades de sus hijos, tal como lo hace ella. Cuando Joe se olvida las botas de fútbol, se demuestra que su rol parental todavía depende de la dirección de Kathy. Joe no despertó a los niños uno por uno, ni les dio el desayuno ni le dijo que se llevaba a los niños al fútbol, mientras ella leía el periódico. Kathy tuvo que darle una lista de tareas. Cuando la esposa expresa su decepción, su marido le dice que es una desagradecida y que la próxima vez no la ayudará en nada, como si su papel de cuidar de los niños fuera opcional en lugar de una exigencia.

Eso no es un buen rol de padre. Joe es otro ejemplo del padre a medias.

No culpo a los hombres por estar confundidos. Están atascados en lo que yo llamo la «trampa del padre». Se ven estimulados a ser padres por el deseo de ser mejores padres que los que ellos tuvieron, pero cuando se convierten en padres, se dan cuenta de que no tienen ni idea de cómo hacerlo de modo diferente. Son padres que actúan a ciegas, y a menudo no han tenido un modelo de rol positivo. Ignoran qué se considera «suficientemente bueno», «no suficientemente bueno» y «más que suficiente». Muchos hombres todavía no definen su propia valía basándose en lo buenos que son como padres. Sin saber cómo conseguir esa cercanía que pretenden con su hijo, se siguen sometiendo a una mayor presión para tener una actuación tan buena en casa como en el trabajo. Quieren hacerlo mejor.

Deberías saber que tus sentimientos de frustración son legítimos, y que no eres el único que los siente. Las historias de padres en este capítulo están pensadas para ayudarte a definir los problemas que tienes, para que puedas avanzar en su solución.

Tengo la esperanza de que serás sincero contigo mismo a propósito de tus puntos fuertes y tus puntos débiles y, con ello, potenciarás tu rol parental hasta el nivel siguiente. A menudo les digo a los hombres que pueden convertirse en el padre que siempre quisieron ser, en el modelo de rol que sus hijos necesitan. Pero también les digo que deben estar abiertos al cambio. Cuando llegues al final de este libro, verás que al convertirte en mejor padre, serás un hombre mejor.

Definición de un buen rol de padre

Harvey había salido a acampar con el grupo de exploradores de su hijo. No tenía tiempo para ser jefe del grupo porque trabajaba como vendedor de programas informáticos y viajaba durante la mayor parte de la semana. Cuando Hal, su hijo de doce años, le contó que los padres estaban invitados a la próxima salida para acampar, Harvey decidió no perderse la ocasión. Rara vez tenía a su hijo para él solo.

La primera noche, los chicos se quedaron conversando alrededor de la fogata. Harvey disfrutaba viendo a su hijo relacionarse con los otros chicos. Cuando uno de los chicos se burló de otro a propósito de su gordura, Hal intervino e hizo una broma sobre los granos del chico burlón.

—Nadie es perfecto —dijo su hijo.

Harvey le había dicho eso a Hal la semana anterior cuando éste había derramado leche sobre la moqueta. Cuando él y su hijo cruzaron una mirada, Harvey lo felicitó enseñándole los pulgares hacia arriba. Su hijo sonrió.

Cuando los chicos se durmieron, Harvey se quedó hablando con los otros padres. Unos cuantos se quejaron de sus mujeres. Uno de ellos estaba a punto de divorciarse. Y luego empezaron a hablar de los videojuegos que habían comprado a sus hijos y dónde habían ido de vacaciones con la familia. La conversación giró rápidamente hacia el tema de los coches que tenían, del interés que pagaban sobre sus hipotecas y de por qué no se deberían contratar préstamos con garantía hipotecaria. Harvey escuchaba. Tenía un bonito coche y una casa grande, pero no sentía la necesidad de contárselo a todo el mundo. Cambió de tema.

—¿Crees que eres un buen padre? —preguntó a un tipo que llevaba una gorra de John Deere. Cada vez que Harvey cogía un vuelo, pensaba en la posibilidad de que el avión se estrellara, y se inquietaba por la suerte de su familia. ¿Qué harían sin él? En los últimos tiempos, volaba a menudo, y había pensado en la relación con su hijo. ¿Soy un buen padre?, se había preguntado recientemente durante uno de esos vuelos.

Los hombres se removieron, incómodos, cerca del fuego. Uno de ellos dijo:

—He venido a esta excursión, ¿no? Si eso no me convierte en un buen padre, no sé qué otra cosa podría hacer. —Unos cuantos rieron. Alguien preguntó si habían visto el último partido de los Redskins.

Harvey me contó esta anécdota hablando una tarde de sus temores en mi consulta. Había venido a verme varios meses después de esa salida porque estaba preocupado por su hijo, que se había vuelto distante con él y con su mujer. Hal respondía con monosílabos y se refugiaba en su habitación. No sabían cómo lidiar con ese cambio que se había producido en él.

Harvey intentaba estar presente para su hijo. Asistía a la mayoría de eventos en que éste participaba, pero se perdía algunos porque trabajaba y viajaba mucho. Así que le mandaba correos electrónicos, le contaba a quién había conocido ese día, el lugar donde estaba, o simplemente le decía que lo echaba de menos.

—No dejo que el trabajo domine mi vida —me dijo—. Algunos de los hombres con los que trabajo se quedan en el despacho para evitar volver a casa. Es algo que me pone enfermo.

Después, yo hablaría con su hijo, cuya conducta no guardaba ninguna relación con su padre ni con su madre. Hal estaba entrando en la pubertad, y se apartaba de manera natural, como hacen los adolescentes. Le mencioné esta posibilidad a Harvey y fijamos una cita para Hal.

Harvey parecía satisfecho. Empezó a levantarse para irse. Luego volvió a sentarse.

—Doctor —dijo—, ¿soy lo bastante bueno?

Era evidente que necesitaba que le dieran ánimos. Le dije sinceramente que yo me alegraría de tenerlo como padre. No era un hombre perfecto, pero no tenía por qué serlo. Estaba totalmente presente cuando estaba con su hijo. Hal no tenía que competir para tener su atención y nunca se sentía relegado a un segundo término. Harvey salió de mi consulta con un suspiro de alivio.

Y terminó diciendo:

—A veces sólo necesitas saber que lo estás haciendo bien.

No tienes que ser perfecto para ser un buen padre. Sólo tienes que trabajar más y con una mayor conciencia que la que tienes actualmente. Olvídate de ser superpapá, el papá perfecto. No hay ningún padre que piense en todo, que lo dé todo, lo sacrifique todo y tenga éxito en todo. Si esa persona existiera, se sentiría miserablemente. Viviría para todos excepto para sí mismo.

Los padres que asumen una carga con expectativas no realistas a menudo sienten culpa y sufren. No se sienten seguros en su rol y constantemente desconfían de sus destrezas como padres. A veces disimulan su inseguridad actuando como si estuvieran totalmente seguros. Muchos hombres que vienen a verme me dicen que son buenos padres, pero yo les devuelvo la pregunta y les pregunto si lo son. Ellos —y tú también— suelen poder responder a esa pregunta. Si te sientes culpable, es probable que no le des a tu hijo algo que necesita. Si te sientes cerca de tu hijo, es probable que le estés dando suficiente. Si nunca has pensado en los sentimientos de tu hijo, entonces lo más probable es que no le estés dando nada.

Los hombres son seres que se orientan por las tareas, así que te daré ciertas tareas que te ayudarán a aprender a ser mejor padre. No tienes que ser el mejor, pero tienes que ser lo bastante bueno. Éstas son tus tareas:

- Un «padre lo bastante bueno» encuentra el equilibrio entre estar con su hijo y cuidar de su propio espíritu.
- Un «padre lo bastante bueno» debería proponerse estar en casa para cenar al menos dos o tres noches por semana.
- Un «padre lo bastante bueno» cumple sus promesas y está presente cuando dice que va a estar presente.
- Un «padre lo bastante bueno» escucha a su hijo con atención y hace que se sienta importante y comprendido.
- Un «padre lo bastante bueno» expresa sus sentimientos abiertamente y anima a su hijo a hacer lo mismo.

Ser padre es un ejemplo de contradicciones: amable y duro, serio y ridículo, estricto e indulgente. A un padre suele emocionarle el sufrimiento y las decepciones de su hijo, y siempre pretende protegerlo del mundo cruel. Sin importar cuántos errores cometa un padre, siempre desempeñará un rol indispensable en el desarrollo de su hijo. Incluso un padre con defectos puede ser lo bastante bueno.

Continúa leyendo y conocerás a padres que han luchado para guardar un equilibrio entre trabajo y familia, a hombres a los que les cuesta hacer las paces con su propio padre; a hombres que aprenden a expresar abiertamente sus sentimientos a sus hijos. Y oirás hablar a las madres y a los hijos que han provocado una transformación en el padre.

Puedes encontrar el valor para cambiar, así como puedes encontrar nuevas maneras de convertirte en un padre para todas las estaciones y seguir sintiéndote bien y relajado y estar «del todo presente» para tu hijo. No hay necesidad de culpas ni de disculpas. Sólo ponte a la tarea. Tu hijo espera.

Ha llegado el momento de deshacerse de la figura del padre.

2

Los errores generacionales

Cómo enfrentarse a las críticas al propio padre para convertirse en mejor padre

Había cogido un vuelo para ir a ver a mi hija a la Universidad de Michigan, y conocí a Steve, que me contó que su hijo de treinta y un años había ido a la misma universidad, pero que él nunca lo había visitado. El hombre tenía una barba espesa y entrecana, y calculé que tendría sesenta y tantos años. Le dije que era una experiencia que se había perdido (incluso los partidos de fútbol americano eran emocionantes, con más de cien mil personas vitoreando a un solo equipo). Steve miró por la ventana. Yo volví a mi libro.

Y luego Steve me miró.

—Voy a visitar a mi hijo este fin de semana por primera vez en unos cuantos años —dijo.

—¿Qué los ha mantenido alejados tanto tiempo? —le pregunté. Me miró con un dejo suspicaz.

—¿A qué se dedica? —me preguntó. Cuando le dije que era psicólogo, rió—. Vaya —dijo—, podría haber consultado a uno como usted. —Pasamos el resto del vuelo hablando acerca de su hijo. Steve se abrió conmigo durante ese breve trayecto en avión. Estaba muy ansioso ante la perspectiva de ver a su hijo.

—Le seré franco —dijo. Él y su hijo jamás se habían sentido del todo cómodos el uno con el otro, y todo había empezado cuando su hijo era adolescente. A lo largo de los años habían podido hablar de deportes y de los planes de jubilación y prácticamente de nada más—. Solía invitarlo a partidos y conciertos —continuó Steve—, pero él siempre tenía alguna otra cosa programada. Cuando ingresó a la universidad, no pasaba mucho tiempo en casa.

Steve siempre había pensado que la relación cambiaría, y se había prometido que se esforzaría en mejorarla. Pero luego su hijo venía a visitarlos a casa y ocurría lo mismo de siempre. No les ayudaba en nada el hecho de que no tenían mucho en común. Su hijo era un artista y ya no demostraba demasiado interés por los deportes. Steve intentaba interesarse por lo que pintaba su hijo, pero eran pinturas tan abstractas que, en realidad, no las entendía.

Hablamos de las cosas de las que nos arrepentíamos como padres. Le dije que me habría gustado conocer mejor a mi propio padre. Él me dijo que le habría gustado conocer a su hijo.

—Nunca es demasiado tarde para empezar —dije.

Steve volvió a mirar por la ventana. Y luego me miró a mí con el ceño fruncido.

—Tengo la sensación de que uno de estos días me dirá que se va a casar —dijo—, y yo ni siquiera habré conocido a su novia.

Cambiar el pasado

Es fundamental saber que todos nos arrepentimos cuando se trata de nuestro rol de padres y de nuestras decisiones. Los hombres lo llaman hacer la quiniela del día siguiente. Las mujeres lo entienden como aprender de la manera más dura. Casi todos los padres con los que he trabajado sueñan con «repetir» momentos que vivieron con sus hijos y dicen que desearían haberlo hecho de otra manera. Viven sus vidas cotidianas sintiéndose culpables por decisiones que tomaron hace años, por haber seguido trayectorias profesionales que los han mantenido alejados de sus familias y por cometer el error de no aprovechar oportunidades de conectar profundamente con sus hijos. El amor de un padre por su hijo es tan grande que, treinta años después, todavía recuerda la expresión de su hijo cuando le dijo que no podía ir a la final de su campeonato de baloncesto. Años más tarde, ese padre se preguntará en voz alta: «¿Qué pudo haber sido tan importante que me impidió asistir al partido?» Sin embargo, muchos padres se dan cuenta de que hacen con sus hijos lo mismo que sus padres hicieron con ellos. Pero no saben cómo romper con el modelo.

El arrepentimiento suele aparecer mucho tiempo después de que un padre ha condicionado a su hijo para que renuncie a él. Los padres rara vez reconocen que se han equivocado. No son demasiado buenos cuando se trata de mostrar sus puntos vulnerables y pocos tienen el valor de pedir perdón. Al contrario, muchos hombres hacen una bola con su arrepentimiento, se la guardan en el corazón y se pasan una vida entera sufriendo. Además del dolor de no poder expresar el arrepentimiento, aumenta la tensión entre padres e hijos, a veces hasta el punto de que se separan. Muchos hombres mueren sin decirles a sus hijos que lo sienten. Y, debido a eso, los hijos no siempre saben los tremendos sacrificios que sus padres hicieron por ellos en nombre del amor.

Es importante que sepas reconocer tu arrepentimiento y que llegues al meollo del asunto. Tu hijo puede aprender una importante lección al ver que estás dispuesto a reconocer que has cometido errores. Puede que se vea a sí mismo en tu reconocimiento, por ejemplo, y que aprenda de lo que tú le cuentas. Puede que para él sea una lección práctica y emocional que recordará siempre.

Algunos de los errores que cometen los padres son los mismos, generación tras generación. Pasan demasiado tiempo en el trabajo y poco tiempo en casa. Empujan a sus hijos a criticarlos. Nunca dicen «Te quiero». Y muchos ni sospechan que están haciendo daño a sus hijos. Creen que hacen lo mejor por ellos, sólo para descubrir, años después, que eso fue lo que les causó un daño profundo.

Puedes enfrentarte a tus críticas acerca de tu propio padre y de tu propia condición de padre con tu hijo. Para ayudarte a reconocer tus propias decepciones —para que puedas evitar que se perpetúen—, he reunido unas cuantas historias diferentes de padres e hijos. Piensa en ellas como parábolas, incluso como cuentos ejemplares. A medida que lees, observa tus reacciones y procura ver si te sientes identificado con alguno de los personajes de las historias. Recuerda: nunca es demasiado tarde para que cambies de rumbo y transformes tu relación con tu padre y con tu hijo.

Cuéntale a papá qué necesitas como adulto, antes de que sea demasiado tarde

Lowell era un hombre de treinta y ocho años que trabajaba en un banco de inversión. Shorty, como solían llamarlo los amigos, era un capataz de la construcción jubilado, de sesenta y seis años. Padre e hijo no podían ser más diferentes. Durante años, habían discutido por todo lo imaginable. Lowell criticaba las políticas conservadoras de los republicanos sólo para irritar a su padre, y éste respondía con sus propias críticas al Partido Demócrata. Si Lowell hablaba de comprar un coche nuevo, Shorty se lanzaba a criticar la mala calidad de los coches modernos, señalaba su Chevy Nova del año setenta y ocho y decía:

—Aquella maravilla sigue funcionando tan bien como el día en que la compré. —Lowell entornaba los ojos. Aquel coche era un cacharro y su padre lo sabía.

Shorty no se mordía la lengua a la hora de opinar sobre los hijos de Lowell, quien era demasiado indulgente con ellos.

—Los estás convirtiendo en unos consentidos —decía—. ¿Y por qué tienen tantas actividades extraescolares?

Shorty era todo un experto para conseguir que su hijo se sintiera mal. Sin embargo, cuando Lowell y yo empezamos a hablar de Brady, su hijo de once años, me percaté de que estaba haciendo lo mismo con el pequeño. A menudo discutía con el chico y lo criticaba, tal como su padre había hecho con él. Y Brady se sentía tan rechazado como Lowell se había sentido cuando era joven. Yo estaba seguro de que el antagonismo no resuelto de Lowell con su padre entorpecía su relación con Brady.

—Parece que la relación con tu padre siempre ha sido tensa —le dije a Lowell—. ¿Alguna vez has intentado hablar con él?

Sacudió la cabeza.

—Es imposible hablar con él. Siempre tiene razón —dijo.

—Pero ¿crees que tu padre realmente entiende cómo te hace sentir?

—Lo dudo —dijo Lowell—. Siempre ha sido así, desde que yo era sólo un crío.

—¿Y entonces seguirá siendo así hasta el día que muera?

—Supongo que sí —dijo.

Le dije que uno no debería permitir que su padre le dispensase un trato que rechazaría en cualquier otra persona. Su mujer, Lisa, que asistía a nuestro encuentro, dijo que Lowell aguantaba ciertas cosas de su padre que no le permitiría a nadie más.

—Su padre siempre es muy amable conmigo —dijo—. Pero entonces llega Lowell y manifiesta su lado más cruel.

Lowell reconoció que siempre había sido difícil para él plantarle cara a su padre. En realidad, nunca había sido capaz de hacerlo. Pregunté si Brady alguna vez le había plantado cara a él.

—Todavía no —dijo.

A veces uno necesita escuchar cosas que no quiere escuchar —algo que les ocurre a muchos hombres— . Lowell había llegado a ser igual que su padre. Ya no era un niño, y necesitaba dejarle claro que ya no podía tratarlo mal como siempre lo había hecho.

—Puede que no tenga ni idea de cómo te ha afectado su actitud a lo largo de los años —dije—. Pero tiene que oírlo de boca de alguien, y tú necesitas decírselo.

Lowell sonrió, inhibido.

—Ya sé —añadí— que me dirás que hablar con él es una absoluta pérdida de tiempo.

—Venga, Lowell —intervino Lisa—. No me digas que todavía le tienes miedo.

—No, no le tengo miedo —dijo él—. Sólo que...

—¿Sólo que qué?

—No me gusta sentir que estoy enfrentado a él. Me cuesta encontrar las palabras adecuadas, y aunque las encuentre, él cambia de tema o, al contrario, lo convierte en una discusión.

Le dije a Lowell lo que digo a todos mis pacientes que desean acercarse a sus padres: «Tu padre no vivirá para siempre. Si muriera mañana, ¿no lamentarías no haberle contado cómo te sentías? ¿No te gustaría tener una relación más estrecha con él en los años que os quedan a los dos?»

Le dije que probara un ejercicio de juego de rol. Lisa sería su padre. Lowell finalmente le diría a su padre cómo se siente. Le dije que pensara en ello como si fuera un ensayo.

Apretó los puños. Se había puesto nervioso, pero hizo la prueba.

—Papá, en realidad, nunca he sido capaz de hablar contigo —dijo—. Cuando yo era niño, tú siempre estabas muy ocupado. Y cuando hablábamos, tú lo convertías en una lección. Era como si mis opiniones y sentimientos no contaran.

Lowell guardó silencio. Se había ruborizado.

—No puedo hacer esto —dijo—. Es ridículo.

Le señalé que nunca había expresado esos sentimientos en voz alta. Era importante que lo hiciera.

—Solía preguntarme por qué me habíais tenido —siguió Lowell—. Hasta el día de hoy, no podemos conversar sin discutir. Me ha ido bastante bien y creo que todavía no respetas lo que pienso ni lo que creo. Siempre he querido tener un padre de verdad, alguien que estuviera a mi lado cuando yo lo necesitara.

Sus palabras me sorprendieron, y lo animé para que le dijera exactamente lo mismo a su padre.

Al cabo de varias semanas, Lowell pasó por casa de su padre después del trabajo. Ya había intentado hablar con él un par de veces, pero en cada ocasión había perdido los nervios. Esa tarde, su padre se encontraba en el jardín, cuidando de sus plantas de tomate. Lowell se arrodilló a su lado y empezó a desmalezar.

—Cuidado, no me estropees mis bonitas plantas —le regañó Shorty.

—¿Por qué eres siempre tan duro conmigo? —preguntó Lowell, irritado. Se le había escapado, y el corazón le empezó a latir con fuerza. No miró a su padre, pero sabía que había captado su atención. Las tijeras de podar de Shorty habían callado.

—No es que sea duro —dijo su padre con voz queda—. Sólo quiero asegurarme de que conozcas la diferencia entre una planta sana y una maleza.

—Me gustaría que no lo hicieras —dijo Lowell.

Para sorpresa suya, su padre no comenzó una discusión. En realidad, no dijo nada. Los dos se quedaron en el jardín, podando y desmalezando en silencio durante la siguiente media hora. Al final, Lowell se incorporó.

—Tengo que irme a casa para la cena —dijo. Su padre asintió.

Puede que no haya parecido gran cosa, pero para los dos aquel momento fue un punto de inflexión. Lowell empezó a ir más a menudo y a ayudar a su padre en el jardín con más frecuencia. Se sentía más cómodo haciendo otras preguntas. ¿Cómo era el abuelo? ¿Le agradaba trabajar en la construcción? Su padre no le abría su corazón, pero respondía lo que podía. Le contó que su padre criticaba todo lo que hacía, tal como él criticaba a Lowell. En los siguientes seis meses, Lowell aprendió a conocer mejor a su padre. Seguían riñendo, pero las discusiones adoptaron el cariz de un debate, una lucha de dos personas iguales.

La relación de Lowell con su padre cambió para siempre cuando se encontraron sentados en una sala de urgencias una mañana, varios meses después de la sesión conmigo. Su hijo, Brady, se había caído de la bicicleta y le estaban poniendo unos puntos de sutura en la rodilla. Lowell estaba visiblemente irritado y enfadado consigo mismo por no haber vigilado más de cerca a Brady.

Shorty le puso una mano en la rodilla.

—Todos nos arrepentimos de algo con nuestros hijos —dijo. Eran las disculpas que Lowell había necesitado, aunque con muchos años de retraso. Le permitió desprenderse de la rabia que sentía hacia Shorty. Éste, después de haber reconocido finalmente sus defectos, adoptó una actitud más amable con su hijo, algo que Lowell agradeció.

Poco después, Lowell se presentó tarareando una canción en mi consulta. Brady se había recuperado rápidamente de su caída y pasaba cada vez más tiempo con Shorty. Los tres tenían planes para salir a pescar juntos ese fin de semana.

El cambio total de dirección era estimulante, pero sólo podía producirse si tanto el padre como el hijo se desprendían del pasado. Lowell se sentía menos enfadado en la relación con su padre, y también estaba menos irritado con Brady. Hacía grandes esfuerzos por corregir su tendencia a ser hipercrítico, y hacía lo posible para darse cuenta de los momentos en que criticaba a Brady. Incluso se había disculpado con él en un par de ocasiones por haber reaccionado con demasiada dureza.

Al principio, Brady estaba algo desconcertado.

—Papá está raro —me dijo. Pero a medida que aumentó la confianza con su padre, Brady lo acogió con gusto de vuelta en su vida. Desde luego, seguían discutiendo, pero sus riñas habían dejado de ser situaciones donde dominaba uno solo y ahora eran un intercambio respetuoso de opiniones.

Piensa por un momento en tu propio padre. ¿Qué te hacía reír de él o te alegraba el corazón? Uno de mis pacientes no podía parar de reír cuando recordaba que su padre iba y venía por la casa con los calzoncillos por encima de la cintura.

—Parecía salido de *La revancha de los novatos* —dijo.

Otro hombre recordaba que su padre solía volver de sus viajes de negocio con una sorpresa para él en el bolsillo.

—Siempre era muy emocionante —dijo. Su padre sacaba el regalo y le contaba una historia sobre su procedencia. Despertaba su curiosidad por el mundo y, actualmente, él también viaja por cuestiones de trabajo y siempre trae a casa un regalo para sus hijos—. Me ayuda a sentirme cerca de ellos —dice.

Es probable que tú también hayas vivido momentos junto a tu padre que todavía hoy te hacen hervir la sangre. Por desgracia, son los momentos que recordamos con más nitidez. Sin embargo, es importante ir más allá de la rabia que despierta ese recuerdo. Conviene que veas que lo inspira un modelo, y que te asegures de que tú mismo no has caído en ese mismo modelo.

Cuando los padres tienen relaciones conflictivas con los hijos, a menudo les pido que recuerden cómo era su propio padre. Suele ocurrir que no tenemos en cuenta el estilo parental de nuestro padre. Papá es simplemente papá. Pero piensa en ello. ¿Era una persona controladora? ¿Era un débil? ¿Acaso lo tenías en un pedestal? ¿Le tenías miedo? A menudo, el problema que persigue a un padre y su hijo es el mismo problema que persigue a ese hombre y su propio padre. Los modelos parentales van pasando de generación en generación. Lo más probable es que un padre emocionalmente abierto críe a hijos emocionalmente abiertos. Los estudios científicos y mi propia experiencia como terapeuta demuestran que los abusos perpetúan los abusos. La explicación es sencilla. Puede que quieras ser un padre diferente del que tuviste, pero si él es tu único modelo de rol, ¿de qué otra manera te vas a comportar?

Jed vino a verme el año pasado abrumado por un enorme peso. Estaba siempre enfadado. Era capaz de enfurecerse con cualquiera por cualquier cosa, desde con el conductor que se le había cruzado al entrar en el aparcamiento del supermercado, hasta con el jefe que lo fastidiaba por no cumplir con sus cuotas de ventas. Jed vino a verme porque su hijo se metía en peleas en el colegio y su mujer quería que lo calmara. Sin embargo, Jed y su hijo discutían a menudo.

No fue ninguna sorpresa enterarme de que el padre de Jed a menudo lo apocaba cuando estaba con otros niños. Cada vez que Jed tenía éxito en algo, su padre lo convertía en algo insignificante. El padre de Jed sabía mucho de mecánica, pero él era más rápido con los números. Su padre le decía que era un «inútil». Jed tardó meses en darse cuenta de hasta qué punto su rabia tenía su raíz en la manera en cómo lo trataba su padre.

—¿Cómo se ha atrevido a hacerme eso? —se lamentó una tarde.

Jed no había pensado en cuánto había influido su propio progenitor en su manera de ser padre, y cómo eso había afectado el ánimo de su propio hijo. Cada vez que Jed se enfadaba con alguien, su hijo lo observaba. Ahora, cuando su hijo se enfadaba, hacía lo mismo que Jed.

A Jed le costó, pero tuvo que mirarse al espejo. Al principio, no le gustó lo que vio, pero poco a poco entendió la relación entre su conducta y la de su hijo, y empezó a intentar controlar su mal humor. Aprendió a respirar hondo o a darse un puñetazo en la palma de la mano para darle una salida a sus sentimientos y darse tiempo a sí mismo para recapacitar y conservar la calma. Se sentó con su hijo y compartió con él esas técnicas, después de reconocer que su propia conducta había sido un problema. Acordaron trabajar juntos para cambiar aquello, y decidieron que cuando uno de ellos estuviera a punto de perder la calma, el otro gritaría una palabra clave («hirviendo») para poner fin a esa conducta. Jed también habló mucho de su padre y se disculpó ante su hijo por su tendencia a hablarle con enfado.

—Demasiada rabia puede crearte muchos problemas —dijo—. A mí me está creando problemas y a ti te está creando problemas. —Se comprometieron el uno con el otro a poner fin a la herencia familiar de la rabia.

AYÚDATE A TI MISMO

¿Te portas con tu hijo como tu padre se portó contigo?

No quieres pensar que le estás haciendo daño a tu hijo, pero es posible que eso ocurra si te encuentras atrapado en un modelo parental generacional como le ocurría a Jed. ¿Quieres romper el círculo vicioso? Empieza pensando en qué modelo es. Hazte las preguntas siguientes:

- ¿Alguna vez tu mujer ha comentado que actúas igual que tu padre? Si es así, ¿en qué momentos lo dice? Si no, pregúntale si ve alguna similitud. Y escucha atentamente la respuesta.

- Piensa en lo que hacía tu padre para enfadarte. ¿Cómo te sientes hoy en día cuando piensas en ello? ¿Te comportas así con tu propio hijo?
- ¿Cuándo te enfadas con tu hijo? ¿Te ves a ti mismo en él? ¿En qué sentido? ¿En un sentido bueno, malo, o simplemente neutro?
- Dile a tu hijo que quieres ser más consciente de las cosas que haces que a él le molestan, para que puedas hacer de vuestro tiempo juntos una experiencia agradable. ¿Te puede nombrar unas cuantas?
- ¿Cuáles son algunos de los rasgos de los que no te enorgulleces (por ejemplo, la rabia, el cinismo, la rigidez)? Reflexiona sobre su origen y piensa si tienen alguna relación con tu padre.

El padre que nunca quisiste ser

Ryan no estaba precisamente contento de verme, y había tenido que dejar el despacho temprano para llegar a mi consulta a las cuatro. Tenía cuarenta y siete años y lucía unas ojeras muy marcadas. El día anterior, se había quedado en el bufete de abogados donde trabajaba hasta medianoche. Se sentó, todavía con la corbata puesta, y me dejó claro que no era un admirador de los terapeutas —tenía un hermano que ejercía esa profesión y lo analizaba casi todo—, pero su mujer le había rogado que viniera. Su hijo adolescente, Will, estaba faltando a clases, se había vuelto respondón y salía de casa cuando se suponía que le estaba prohibido. Ryan me dijo que estaba dispuesto a hacer lo que fuera para cambiar esa dinámica, porque Will lo estaba volviendo loco.

—Hábleme de su propio padre —le pedí.

Ryan se dio un golpe en la rodilla como muestra de impaciencia y me lanzó una mirada dura. Yo sabía qué estaba pensando: «¿He salido temprano del trabajo para *esto*?»

—¿Qué tiene que ver mi hijo con mi padre? —preguntó.

—Más de lo que se puede imaginar —dije—. Adelante.

Ryan sacudió la cabeza.

—Mi relación con mi padre era una locura —dijo.

—Para entrar en el salón de la fama de mis pacientes, tendría que haber crecido usted junto al asesino del hacha —dije. Los dos reímos, y eso lo relajó un poco. Y entonces comenzó a hablar.

Ryan y sus hermanos habían pasado la infancia de puntillas alrededor de su padre. Su madre temía que los niños hicieran enfadar al padre, así que los obligaba a quedarse en sus habitaciones haciendo los deberes del colegio. Ryan todavía escuchaba el ruido del hielo que tocaba el fondo del vaso cuando su padre se preparaba un *gin-tonic* al volver a casa del trabajo. Tras tomar unas cuantas copas antes de cenar, solía estar borracho hacia las ocho.

—A mí no me iba demasiado bien lo de ocuparme de mis asuntos —reconoció Ryan—. Mi padre no tenía paciencia cuando bebía, y adivine quién era el blanco.

Señalé a Ryan. Él asintió.

—¿Alguna vez participaba en las actividades escolares?

—Asistía a los partidos de baloncesto de vez en cuando —dijo—. Todavía recuerdo aquella vez que se puso de pie en las gradas después de que yo marqué los dos puntos ganadores. Gritó: «¡Ése es mi hijo!» Vaya, me sentí estupendo.

—¿Así que se sentía orgulloso de usted?

—Quizá —dijo Ryan—, pero rara vez lo demostraba.

—Y usted, ¿le hace saber a su hijo cuando se siente orgulloso de él?

Ryan guardó silencio. Dijo que sí, que de vez en cuando.

—No es fácil —aceptó.

—Ahora sabemos por qué —dije.

Cuando niño, Ryan había jurado que nunca sería como su padre. Se prometió que no bebería, que felicitaría a menudo a su hijo y que nunca pecaría de falta de realismo en sus expectativas. Aceptaría a Will por lo que era y lo animaría cuando él diera lo mejor de sí. Sin embargo, en cuanto la estrella de Ryan comenzó a brillar en el firmamento del bufete de abogados, se volvió impaciente con su hijo. No tenía tiempo para estimularlo para ser el mejor. Wil debería *querer* ser el mejor. Ryan se había convertido en un perfeccionista en el trabajo y en la casa, quería que todo se hiciera correctamente.

—Nada de atajos —solía decirle Ryan a Will. Al final de un partido de fútbol americano, no le decía a su hijo: «Buena jugada». Decía: «¿Por qué no eres más agresivo en el ataque?»

Ryan le estaba haciendo a su hijo lo que su padre le había hecho a él, y aquello no les permitía establecer una relación estrecha. Sin embargo, no había perdido de vista las conductas de su padre que no quería repetir (no era alcohólico, estaba presente en las actividades de su hijo y no lo humillaba). Ryan no era responsable de los actos de su padre, pero sí lo era de los suyos, y encontraría una manera de ser buen padre, a pesar de la herencia que lo marcaba. Tendría que controlar sus propias interacciones con su hijo para asegurarse de no replicar las dificultades emocionales que había vivido. Aun así, tenía mucho tiempo para introducir cambios en su propia familia. Will y Ryan vinieron juntos a hablar conmigo y fuimos capaces de despejar el aire de resentimiento que flotaba entre ellos. Will fue capaz de decir que quería el apoyo de su padre, y que no deseaba sentirse vapuleado todo el tiempo. Ryan fue capaz de desprenderse de sus propias expectativas en relación con su hijo y de permitir a Will seguir sus propios intereses sin sentirse mal porque no coincidieran con los suyos. También fue capaz de encontrar una manera nueva de hablar con Will, con la que le comunicaba su afecto y preocupación sin ser hipercrítico.

Los errores generacionales tienen la tendencia a persistir si no hacemos un esfuerzo consciente para desmantelarlos. Los hijos de padres adictos al trabajo tienden a llenar su vacío emocional con trabajos pesados y estresantes. Los hijos de padres divorciados pueden pasarse la vida pensando en qué habría sido de ellos si sus padres hubieran seguido juntos. Los hijos de padres rígidos a menudo echan de menos el amor del padre. Los hijos adultos de padres alcohólicos comparten un conjunto de problemas emocionales y psicológicos.

Un paciente me dijo que su padre le gritaba a toda la familia cuando llegaba a casa, e insistía en que nadie, excepto él, cumplía adecuadamente con sus tareas. Mi paciente se encontró en una situación donde reproducía lo mismo con su familia, y lo detestaba. Se enfadaba fácilmente con su mujer y su hijo cuando ellos se quejaban de que no estaba suficiente tiempo en casa, y oía en sus voces el eco de la voz de su padre: «No haces lo suficiente». Había empezado a mirarlos con el mismo resentimiento con que miraba a su padre y se dio cuenta de que no podía ser insensible ante sus demandas y sentimientos.

Y luego estaba el padre que daba una azotaina al hijo por no ser obediente y luego se sentía tan mal consigo mismo por lo que había hecho que no dormía en toda la noche. En una ocasión se había prometido que nunca pegaría a sus hijos como su padre le había pegado a él. Su padre había llegado incluso a perseguirlo por la casa con un cinturón, aterrorizándolo. De niño, nunca había entendido qué había hecho mal. Sin embargo, ahora de adulto, si alguien en su familia intentaba comentarle algo que había hecho mal, se ponía a la defensiva. Le costaba escuchar el punto de vista de su hijo en una discusión. Al verse a sí mismo como una eterna víctima, siempre el niño al que atacaban injustamente, reaccionaba de forma desmesurada, aun cuando las críticas que escuchaba no tenían nada de abusivas. Cuando se dio cuenta de esto, trabajó para cambiar la visión que tenía de sí mismo y de su lugar en el mundo, lo cual también mejoró la relación con su hijo.

Un paciente me habló, enfadado, de la tendencia de su padre a apocarlo delante de otras personas. Recordaba perfectamente cómo su padre encontraba defectos en casi todo lo que hacía: «Si sacaba tres excelentes y un notable, él se quejaba del notable. Si limpiaba mi habitación, él miraba como un sargento instructor hasta que encontraba la única cosa que había olvidado hacer. Supongo que era su manera de manifestar su dominio y de sentirse mejor». Sin embargo, este paciente se había vuelto igual de crítico con su propio hijo, algo que lo sorprendió cuando se dio cuenta del error generacional inconsciente que había cometido.

La crítica y el abandono emocional debilitan la confianza que las personas tienen en sí mismas y en los demás, y alimenta la depresión. Es triste, pero demasiados hombres repiten patrones negativos que sus padres establecieron para ellos. Sé sincero contigo mismo acerca de tu conducta como padre. ¿Acaso cometes los mismos errores que tu padre cometió contigo?

¿Y cómo se rompe el ciclo? En primer lugar, tienes que entender qué tipo de padre tenías. Una cosa es evaluar a un hombre; otra es evaluar a un padre. Necesitas dar un nombre al modelo de tu padre que no te gustaba, reconocer por qué te afectaba negativamente y darte cuenta cuando hagas lo mismo con tu hijo. Puede que te cueste, pero tu mujer —o incluso tu propio hijo— te pueden ayudar a señalar esos momentos. El ejercicio que sigue te ayudará.

AYÚDATE A TI MISMO

La búsqueda del alma

He llevado a cabo este ejercicio de búsqueda del alma con muchos padres, y realmente es una ayuda. Puedes contestar solo a las preguntas o puedes pedirle a tu mujer que las analice contigo:

- ¿En qué sentido te decepcionó tu padre?
- ¿Cuándo has sentido la fuerza de tu padre?
- ¿Cuál es el mejor momento que has vivido con tu padre? ¿Por qué fue un momento especial?
- ¿En qué sentido has decepcionado a tu hijo?
- ¿Puedes recordar unas cuantas cosas que no te gustaban de cómo tu padre te crió? Haz lo mismo en relación con tu hijo.
- ¿En qué sentido te pareces a tu padre?
- ¿Recuerdas alguna lección importante que te enseñó tu padre?
- ¿Qué expectativas tenía tu padre con respecto a ti, y cómo influyeron en ti?
- ¿Cómo trataba tu padre a tu madre? ¿Se parece a tu manera de tratar a tu esposa?
- ¿Crees que tenías el apoyo y la aprobación de tu padre?
- ¿Tu padre hablaba de su padre? ¿Qué recuerdas?
- ¿Te sientes contento por la relación que tienes con tu hijo?
- ¿Mírate detenidamente? ¿Hay alguna cosa en ti que cambiarías?

¿No conoces a tu padre? Averigua cosas acerca de él

Muchos hombres no conocen bien a su padre, aunque lo quieran y pasen tiempo juntos. Si realmente te pones a pensar en ello,

¿puedes describir a tu padre como persona? A los hombres les gusta hacer cosas juntos —ver un partido, jugar al golf, nadar en la piscina de un club—, pero no suelen sentarse alrededor de una mesa y formularse preguntas profundas de índole personal. Sin embargo, envidiamos a nuestras mujeres cuando ellas hacen eso con sus padres.

Todavía hay tiempo para que conozcas a tu padre. Todas las familias tienen su historiador, aquella persona que conoce los hechos y tiene la perspectiva para contar la historia de la familia, ya sea la abuela o la tía Sadie, el tío John o el vecino de cuarenta años. Sea quien sea esa persona, acércate a ella. Sácale hasta el último trozo de anécdota familiar que pueda recordar. Coloca los trozos del puzle en su lugar. Si entiendes tus raíces, puede que entiendas los resentimientos más arraigados. Tendrás un punto de referencia para saber por qué tu padre actuaba como lo hacía, lo cual puede propiciar un entendimiento y, si es necesario, el perdón. Esta modalidad de investigación es una manera relativamente indolora de llegar a él. No tienes que hablar con él si es una persona difícil. Tienes la ocasión de hablar acerca de él. A menudo, proporciona el incentivo necesario para iniciar un diálogo pacífico con el hombre que más ganas tienes de conocer.

Por ejemplo, pensemos en Peter, que, a los treinta y tres años, no entendía a su padre. Los dos tenían una relación cordial, pero nunca estrecha. Peter hablaba a menudo con su madre, pero si preguntaba por su padre, ella le daba escasa información.

—Es un hombre bueno y tranquilo —decía siempre. Eso hacía pensar a Peter que su madre tampoco lo conocía.

Una noche, Peter le pidió a su tía Elsie, hermana de su padre y cronista de la familia, que se vieran para cenar. A lo largo de los años, la tía Elsie le había contado historias divertidas acerca de su padre, pero él nunca le había preguntado por qué su padre había parecido tan distante, como si tuviera la cabeza en otra parte.

—Siempre ha sido un hombre callado —dijo Peter a la tía Elsie—. Empiezo a pensar que existe un motivo concreto. —Ella asintió para confirmar sus palabras. Le contó que su padre era un alma torturada.

—Siempre fue callado —dijo. Cuando niño, nunca se metió en líos. Trabajaba muy duro en la tienda de la esquina y nunca pedía demasiado. Le había consultado a Elsie a propósito de las chicas, pero, en general, las cosas no le afectaban. Tenía un pequeño grupo de amigos con quienes jugaba al baloncesto, pero, si no, era un solitario. Peter le preguntó a su tía cuál era el mayor motivo de arrepentimiento de su padre. Elsie vaciló. No estaba segura de si debía contárselo. Cuando él percibió que no quería contestar, repitió la pregunta.

—Renunció al amor de su vida —dijo ella—. Era el verano de 1963 y el padre de Peter andaba viajando por Europa con su mochila a cuestas. Estaba escribiendo en su diario en un bar de París cuando una mujer de ojos negros y labios rojos le preguntó si quería más café. Durante el resto de la tarde, él no pudo quitarle los ojos de encima. Le preguntó si quería cenar con él esa noche. Durante la cena, se enteró de que era estudiante de bellas artes. Ella lo invitó a ver sus esculturas. Vivieron juntos los meses siguientes.

—Cuando tu padre volvió —dijo Elsie—, la trajo con él. Creo que se llamaba Juliette. Era muy guapa. —A Juliette no le gustó Estados Unidos, y añoraba el ritmo de la vida en París. Al final, volvió. Le rogó a tu padre que se fuera con ella. Pero él no quería dejar a su familia. Se escribieron durante un tiempo, pero al cabo de varios meses empezaron a distanciarse—. Fue entonces cuando tu padre conoció a tu madre —dijo Elsie—. Tu madre era muy diferente de Juliette. —La joven francesa era un espíritu libre que animaba al padre de Peter a trabajar en su música y a no tomarse la vida tan en serio—. Tu madre cogió el mando desde el principio —dijo Elsie—. Quería tener una casa bonita y joyas elegantes. Ella fue la que lo impulsó a decidirse por su primer trabajo como vendedor.

Peter estaba fascinado con aquella información y sintió que finalmente entendía por qué su padre era como era. Su padre era algo más que aquel vendedor serio con el que él había crecido. Había tenido un lado romántico, había sido un aventurero. Y había sentido dolor. Era un alivio saber que su padre era... humano.

Aquella historia no sólo ayudó a Peter a entender a su padre, sino que también le dio algo de que hablar con él. Cuando Peter se lo mencionó, su padre se pasó la tarde recordando que había estado en la cosecha de la oliva en la Toscana, que se había bañado en los cristalinos arroyos de los Alpes. Se mostró tímido cuando llegó el momento de hablar de Juliette, pero Peter lo entendía. Me dijo que por primera vez en su vida, sentía que no tenía de qué lamentarse en la relación con su padre. Dijo:

—Teníamos más cosas en común de lo que jamás imaginé. No era sólo un hombre tranquilo. Y sentía que la suya había sido una vida plena.

Arrepentimientos no resueltos

Seamos francos. Cuesta construir una relación padre-hijo a una edad avanzada de la vida. A pesar de nuestros mejores esfuerzos, habrá momentos en los que los obstáculos serán demasiado portentosos. Cuando esto ocurra, debes hacer las paces con tu padre tal como es, es decir, debes renunciar a reparar la relación. No suelo ser partidario de esta solución, pero hay casos en los que el intento de mejorar las relaciones con el padre pueden generar una tensión tan grande que la relación empeora. A veces hay que aceptar lo que no se puede cambiar. Y eso requiere mucha fortaleza.

Jimmy habla de sus intentos fallidos para conectar libremente con su padre ahora, pero ha sufrido no poco debido a ellos. Al igual que Lowell y Shorty, Jimmy y su padre eran como dos polos opuestos. Su padre era un hombre de negocios de mucho éxito y un conservador acérrimo. A Jimmy le gustaba Grateful Dead cuando era adolescente, hizo un par de viajes a lo largo del país durante sus años de universitario y, en la edad adulta, tomó partido a favor de la causa liberal y trabajó como voluntario en las dos campañas presidenciales de Bill Clinton. Al acabar sus estudios en la facultad de derecho, consiguió un empleo como abogado de oficio y hoy en día dirige un equipo de doce personas muy convencidas de lo que hacen, trabajan demasiado y ganan demasiado poco.

Su padre nunca aprobó nada de aquello y Jimmy se cansó del desprecio que mostraba por su vida y sus decisiones. Habían discutido durante años, hasta que acabaron distanciándose. Aun así, Jimmy llamaba a su padre por teléfono e intentaba hablar. No hablaba de su trabajo, pero le contaba cómo había sido el primer día del cole de su hija o le hablaba de sus clases de ballet. Su padre no solía hablar mucho. Pedía hablar con su nieta y luego colgaba. En lo que concernía al padre, era como si pensara castigar a Jimmy el resto de su vida por ser tan diferente de él. Al cabo de unos meses de terapia, Jimmy se dio cuenta de que se estaba dando cabezazos contra una pared. Durante años había intentado encontrar un terreno común con su padre, pero éste no estaba dispuesto a ceder. Sin embargo, la hija de Jimmy sigue teniendo una buena relación con su abuelo.

Gil también renunció al intento de hacer cambiar a su padre. Gil es un abogado de treinta y siete años que tiene dos hijos menores, y rara vez ve a su padre. Sus padres se divorciaron cuando él tenía nueve años, y entonces se fue a vivir con su madre, que más tarde volvió a casarse. Su padre, que se mudó a otro estado, pagaba regularmente la pensión alimenticia y durante las vacaciones mandaba a Gil y a su hermana mayor billetes de avión para que fueran a visitarlo. Sin embargo, nunca se habían sentido del todo como en familia. Gil recuerda que se sentía incómodo en casa de su padre. Por ejemplo, tenía que sentarse recto en el sofá mientras miraban la tele. No había ninguna discusión acalorada, ninguna conducta especialmente dolorosa, pero el vínculo entre ellos era muy débil. Gil veía a su padrastro como a su padre. Cuando ingresó en la universidad, hablaba con su padre un par de veces al año. Sin embargo, cuando Gil fue padre, quiso conectar con el suyo de una manera más profunda. Llamaba con más frecuencia, lo invitaba a su casa para las fiestas, hablaba con él de golf (era lo único que hacía su padre). Pero éste no parecía interesado. Solía rechazar las invitaciones, y decía que estaba demasiado ocupado para cruzar todo el país por una visita. Al cabo de un tiempo, Gil se dio por vencido.

Varios años más tarde, vino a verme. Quería saber si se equivocaba al borrar a su padre de su vida.

—Me siento culpable —dijo—. ¿Debería seguir intentándolo?

La respuesta es no. Hay casos en los que lo único que podemos hacer es aceptar la realidad, aunque nos duela. A veces, nuestros padres no resultan ser lo que esperábamos. Gil y Jimmy pensaban a menudo en la decepción que habían sentido con sus padres. De modo que renunciaron y se liberaron de su rabia. Ahora tenían vidas propias. Tenían hijos que necesitaban unos buenos padres. Y se sentían aliviados al saber que habían hecho lo correcto.

La rabia puede consumir una parte importante de tu energía emocional, provocar estragos en las relaciones y teñir tu existencia. Yo creo en la necesidad de trabajar problemas de larga duración no resueltos. Sin embargo, a veces el padre o el hijo impiden esa solución. Uno se negará a estar en presencia del otro. Otro permite que sus quejas influyan en su relación con sus hermanos o sus nietos. A veces, la única manera de lograr la paz es reconocer la falta de acuerdo y evitarse mutuamente. Sin embargo, si te encuentras en un punto muerto, tienes que reconocer que, de alguna manera, tú mismo has contribuido a ello y no limitarte a culpar al otro.

Si las cosas pueden solucionarse, alguien tiene que ceder. Antes de que renuncies a tu padre, sugiero que tú mismo intentes ceder. Tener razón rara vez tiene tanta importancia como estar cerca.

Hay una antigua tradición judía que se celebra durante el Yom Kippur, el Día de la Expiación, durante los oficios en el templo. Se pide a los miembros de la familia que se giren unos hacia otros y digan la palabra hebrea *Selichah,* cuya traducción libre es: «Por favor, perdóname el dolor que pueda haberte causado durante el año». El otro responde con un *Mechilah*, que significa: «Te perdono». Es un ritual simbólico emocional creado para ayudarnos a asumir la responsabilidad por nuestra propia conducta y a abrir las puertas a la reconciliación.

Puede que se presente una oportunidad para que hagas esto con tu padre o tu hijo, y ellos os ofrecerán la posibilidad de un nuevo comienzo.

AYÚDATE A TI MISMO

Conversaciones junto a una tumba

Hay hombres que perdieron a su padre antes de poder resolver los problemas pendientes entre los dos. Es un peso difícil de sobrellevar, pero puedes asumirlo de manera que no lo sientas como una condena a perpetuidad. Cuando empezaba mi carrera, un tutor me sugirió que visitara la tumba de mi madre y le hablara de las cosas que nunca nos habíamos dicho. Al principio, sentí reparos ante la idea. Después decidí llevarla a la práctica.

Al principio era raro. Me giraba a cada rato para cerciorarme de que nadie me miraba. Pero de pronto abrí mi corazón... Le pedí perdón. Le di las gracias. La puse al corriente de mi vida. Cuando mi padre se reunió con ella, diez años más tarde, hice lo mismo con él. Le conté a mi padre que mi hijo ya se había licenciado y que a mi hija la habían aceptado en una universidad. Un día le dije que hubiera deseado que fuera más fuerte y que no siempre cediera ante mi madre. Le dije que lo perdonaba por lo que no había sido (no había sido ni un gran hombre de negocios ni un padre emocionalmente expresivo) y luego le agradecí lo que sí había sido, un hombre bueno y generoso.

—Hiciste todo lo que pudiste —le dije—. Ahora lo veo con mi propio hijo. Yo también lo hago lo mejor que puedo. —Ahora hablo con mis padres una vez al año y he hecho las paces a propósito de algunos problemas que tenía con ellos que me han acompañado a lo largo de los años.

Habría sido ideal tener estas conversaciones en persona, pero es lo único que tengo. El cementerio es un refugio seguro y apacible donde tenemos la oportunidad sagrada de sentir el espíritu de nuestros padres. Te animo a hacer lo mismo.

¿Qué tipo de arrepentimientos sentirás?

Hemos hablado mucho en este capítulo sobre los resentimientos a propósito de nuestros padres. Sin embargo, ¿tienes remordimientos a propósito de tu actitud como padre en tu vida actual?

Cuando me encuentro con padres jóvenes, los estimulo a pensar en el tipo de padres que quieren ser, y luego a evaluar el tipo de padres que son en la realidad. Les pido que imaginen que se acercan a las blancas puertas del cielo y se les entrega una tarjeta de puntuación con las siguientes preguntas:

- ¿En qué medida estabas presente cuando tu hijo te necesitaba?
- ¿En qué sentido llevaste una vida que sentara un ejemplo positivo para tu hijo?
- Mirando retrospectivamente, ¿dirías que lo hiciste lo mejor posible?
- ¿Tú y tu hijo estaríais de acuerdo en que tuvisteis una buena relación?

Les digo a los hombres que sean sinceros consigo mismos cuando se evalúen como padres. No conseguirán puntos extras por el tamaño de su casa, por los coches que conducen ni por lo abultado de sus cuentas bancarias. A lo largo de los años, los hombres a quienes he dado a leer estas preguntas han tenido tres tipos de reacciones. Algunos se ponen incómodos con sólo leerlas. Tienen problemas para enfrentarse a su condición de padres a medias y de padres periféricos. Otros se juzgan a sí mismos con dureza y reconocen que ya tienen remordimientos por el hecho de no estar con sus hijos con suficiente frecuencia. Y sólo unos pocos han dicho que no cambiarían nada.

El vínculo padre-hijo es una cuestión tácita, un hecho aceptado, pero a menudo no discutido. Los padres *suponen* que sus hijos saben qué sienten por ellos. Suponen también que sus hijos entienden por qué están demasiado cansados para hablar de la victoria del equipo de fútbol de su hijo o de sus malas notas en matemáticas. Sin embargo, los hijos no entienden el porqué. Tu hijo entiende tanto como tú a su edad y cree que lo tienes en un segundo plano. Tu larga jornada en el despacho no es una excusa.

A veces es necesario que casi ocurra una tragedia para que entendamos qué es más importante.

Carl era el cerebro creativo de una importante empresa de publicidad. Tenía cuarenta y cinco años, pero le fascinaba su trabajo y le dedicaba muchas horas.

«Uno de estos días me lo tomaré con más calma», le decía a su mujer, que siempre le pedía que dedicara más tiempo a sus dos hijos, uno en cuarto curso de básica y el otro en sexto. Al contrario, él pasaba la mayor parte del tiempo corriendo de un lado a otro. Asistía a las actividades de sus hijos, pero luego volvía a toda prisa al trabajo. Iba a ver la obra de teatro donde actuaba su hijo, pero se saltaba la fiesta de celebración y el helado que venían después.

Una noche, hablando en la cama con su mujer, Carl sintió un dolor agudo en el pecho. Era un hombre joven, y pensó que se trataba de una acidez, así que se tomó dos antiácidos. Sin embargo, el dolor persistió. Unas horas más tarde, se despertó cogiéndose el pecho y sintiéndose débil. Su mujer lo metió en el coche y lo llevó a urgencias. Nada más llegar, lo enchufaron a un monitor; él estaba convencido de que en cualquier momento se derrumbaría, víctima de un infarto. Una enfermera verificó sus constantes vitales.

—¿Qué pasará si...? —empezó a decir Carl. Su mujer lo hizo callar. Sin embargo, él no pudo dejar de pensar en todas las veces en los últimos años que se había saltado el «helado de celebración» con sus hijos. No recordaba cuándo había sido la última vez que había estado un rato a solas con sus hijos. ¿Qué pasaría si no tuviera ni un minuto más que compartir con ellos?, pensó.

Al cabo de unos minutos, entró el médico con el electrocardiograma. Sonrió.

—No es un infarto —dijo—, sino un ataque de pánico. ¿Se encuentra usted bajo mucho estrés? —Carl le hizo un resumen de su trabajo, sus horas, su vida. Miró a su mujer.

—Las cosas tienen que cambiar —dijo. Era un momento decisivo. Carl volvería a casa del hospital, pero también volvería en espíritu—. Quiero conocer a mis hijos —dijo.

Los abuelos que reclaman a los hijos

A medida que se acerca el final de la vida, algunos hombres se sienten cómodos reconociendo sus remordimientos, al menos para sí mismos. Algunos se esfuerzan de verdad por desarrollar mejores relaciones con sus hijos adultos, para compensar toda una vida de distanciamiento, dedicando más tiempo a la familia. Los padres que lucharon en la relación con su hijo suelen compensar sus errores convirtiéndose en abuelos atentos. Tienen la sabiduría de la experiencia. Saben qué cosas funcionaban en la relación con sus hijos y qué no funcionaba. Tienen una oportunidad para enmendar las cosas.

Puede que un hombre sienta el amor de su padre sólo a través de sus hijos. Un paciente me contó que su padre, un hombre disciplinado de costumbres rígidas, manifestaba un aspecto más suave cuando dedicaba tiempo a estar con su nieto.

—Salía con él a comer helados y le compraba osos de peluche —dice—. Yo estaba desconcertado. Nunca hizo eso conmigo. —Era evidente que su padre estaba compensándole por el tiempo perdido.

Dennis, un hombre de ochenta y cuatro años, se había casado dos veces y ahora había vuelto a comprometerse. Disfrutaba de una exitosa carrera como médico y había vivido una vida plena, pero tenía remordimientos con respecto a su hijo Mark, de cincuenta y cuatro años. Mark era todavía pequeño cuando Dennis comenzó a afianzarse y a crecer.

—No le prestaba demasiada atención —dice Dennis—. Al menos no tanta como debería haberle prestado. —La relación era aún más tensa porque Dennis no se relacionaba con Mark, que era todo un deportista, siempre estaba compitiendo en partidos de la liga de baloncesto o rogándole que le apuntara a un campamento de béisbol en verano. Dennis prefería la orientación creativa de su hijo mayor, Paul—. Paul era lo que yo siempre quise ser —dice Dennis.

Mark fue a la universidad y se convirtió en profesor. Paul se dio a las drogas y vivió en casa hasta que murió de hepatitis en 1997. Aun así, Dennis protegía a Paul.

—Era un chico al que le gustaba pasárselo en grande —dice—. Yo nunca llegué a hacer eso, y lo entendía.

Mirando retrospectivamente, Dennis cree que su hijo Mark se daba cuenta de su preferencia, y que aquello causaba tensión en su relación. Surgieron más tensiones cuando Dennis se separó de la madre de Mark, una mujer alcohólica. Después de años pidiéndole que consiguiera ayuda, Dennis abandonó. Nunca habló con su hijo Mark de la adicción de su madre, porque prefirió evitarle el dolor. Sin embargo, Mark creció odiando a su padre por haber dejado a su madre.

—Lamento no habérselo contado —dice Dennis—. Creo que nuestra relación habría mejorado espectacularmente. Le he hablado a mi hija de estos sentimientos, pero no a Mark. Nunca me he sentido cómodo con él.

En los últimos años, Dennis decidió que quería acercarse a Mark.

—A un hombre de mi edad no le queda mucho tiempo —dice.

Empezó a visitar a Mark, a su nuera y a sus dos nietas siempre que podía. Mark llevaba a su padre a jugar al golf con un grupo de sus amigos, pero se cuidaba de no pasar tiempo a solas con él, algo que Dennis entendía. Cuando su hijo mencionó que estaba preocupado por los despidos en el trabajo, Dennis lo animó a hablar de ello.

—Me aseguraba de escuchar todo lo que decía —dice Dennis—. Me convertí en un confidente, que era más de lo que nunca había sido.

Dennis dijo que el mejor momento que había compartido con su hijo fue cuando Mark había planeado un día de golf con su padre y unos amigos, pero éstos cancelaron su asistencia en el último momento, con lo cual dejaron al padre y al hijo jugando solos una fría mañana de otoño en Virginia. Dennis, en realidad, no jugaba. Se limitaba a observar a su hijo. Mark le reveló el secreto para obtener un par en cada hoyo. Admiraron las montañas en la lejanía y hablaron de la belleza de la naturaleza. Mark estaba tan emocionado compartiendo su mundo con su padre que parecía casi inocente, como un niño pequeño, y en ese momento Dennis sintió que era capaz de ser el padre atento que siempre quiso ser.

—Suena como si no fuera gran cosa —comenta Dennis—. Pero para mí lo significaba todo. Lo seguí por todas partes, escuchándolo. Estábamos de acuerdo en todo. Fue maravilloso. Nunca habíamos estado tan conectados.

Bud, un analista de la CIA jubilado de setenta años, dice que es mucho más fácil ser abuelo que padre, sobre todo porque no te tienes que dedicar a ello todos los días. Sus hijos siempre han sido importantes para él, pero adora a su nieto de tres años más que a nadie en la vida. Pasa un día a la semana con él y realmente espera con ansia el momento de hacer cosas juntos. Van al parque, al zoológico y miran la tele. Le pregunté si había dedicado tanto tiempo a su hijo como a su nieto.

—¿Y faltar al trabajo? —preguntó, y luego sonrió—. Nunca.

Muchos abuelos con los que he hablado expresan sentimientos similares. Es más fácil dedicarse a los nietos, pues cuando eres viejo tienes más tiempo y sabes dónde te equivocaste la primera vez.

—Disfruto de verdad —dijo un abuelo de sesenta y ocho años—, pero es bueno saber que estás pagando tu deuda con tus hijos.

Otro abuelo observó:

—Es probable que pase más tiempo con mis nietos de lo que pasé con mi hijo. Cuando envejeces, el tiempo es precioso, y uno piensa seriamente en aquello a lo que lo dedica.

—Es muy revelador —confesó otro abuelo—. Me siento como si diera a mis nietos el tiempo que no dediqué a su padre.

Lamentablemente, los remordimientos de muchos abuelos se parecen. Dicen que desearían haberse involucrado más con sus hijos.

—Pasaba demasiado tiempo preocupándome de cuánto dinero ganaba. Es probable que haya dejado que mi mujer se ocupara demasiado de nuestros hijos. Siempre es más fácil mirar atrás y decir lo que habrías hecho. Sin embargo, todavía queda tiempo. Creo que puedo compensar por algunas cosas que dejé de hacer.

Un investigador jubilado de setenta y tres años me dijo que esperaba ansioso el momento de estar con su nieto, porque podía estar a solas con él, sin que estuviera presente su ex mujer. Cuando su nieto era un bebé, él disfrutaba encargándose de cuidados básicos, como darle el biberón, cambiarle los pañales, etc.

—Mi mujer ni siquiera me dejaba entrar en la habitación cuando mi hijo era un bebé. Nunca había cambiado un pañal en mi vida. Ahora siento que participo más. En realidad, me siento más competente como abuelo que como padre.

En su libro *Cartas a Samuel*, Daniel Gottlieb escribe unas cartas muy amables a su nieto en la vida real, compartiendo su sabiduría en todo tipo de cosas, desde el descubrimiento de las chicas hasta cómo seguir siendo joven de espíritu. Uno de los momentos más conmovedores del libro trata de historias que cuenta a su propio padre, al que llama Pop-Pop. Él y Pop-Pop demuestran muy poco afecto el uno por el otro. Cuando Pop-Pop fallece en su apartamento de Atlantic City, Gottlieb aprende que no sabemos lo que lamentaremos hasta que nuestros seres queridos se van.

> Él y yo nos vimos por última vez el día antes de que muriera. Cuando llegué al apartamento, estaba sentado frente a la ventana, calentándose al sol. Acerqué mi silla a la suya. Dejé descansar el brazo sobre su hombro y miramos juntos la playa, sin decir gran cosa.

Un viento fuerte soplaba la arena hacia el mar, borrando de paso todas las huellas de pisadas. Daba la sensación de que si el viento no amainaba, toda la arena acabaría en el océano. El viento barría la playa hasta dejarla impecable. Cuando vi que la playa se renovaba, acerqué la mano al pecho de mi padre y lo estreché. Sin levantar la mirada, él me cogió la mano, me besó el pulgar —la única parte de la mano donde tengo alguna sensación— y frotó cariñosamente su mejilla contra mi dedo.

Al día siguiente, la enfermera lo encontró muerto en el mismo lugar, sentado en su silla preferida en el salón, mirando el mar... Sin embargo, durante varios días después de su muerte, cada vez que alguien me preguntaba si necesitaba algo, empezaba a llorar.

«Sí», pensé. «Necesito sentir su mejilla en mi pulgar una vez más.»

Mientras viva, siempre que me encuentre junto a ti, me alegraré de poderte hablar de Pop-Pop. Era un hombre pequeño, pequeño de estatura y pequeño por la marca que dejó en el mundo. No fue líder de ningún grupo ni organización. Lo único que hizo fue casarse con una mujer a la que adoraba y criar a dos hijos capaces de sentir amor y compasión. Vivió y amó, y dejó el mundo más o menos como lo había encontrado.

Algún día, Sam, verás la medida de tu propio padre. Verás el rol que cumple en la vida de la familia, en tu vida y en la vida de tu madre. Verás el alcance de su huella en este mundo. Sin embargo, sé que ninguno de estos juicios ni medidas tiene demasiada importancia. Lo que importa es cómo miráis juntos el océano.*

* De *Letters to Sam* © 2006, Daniel Gottlieb. Citado con la autorización de Sterling Publishing Co., Inc.

Así que, como puedes ver, a un buen padre no se le juzga por sus logros ni por las posesiones materiales que acumula a lo largo de los años. Se le recuerda por lo que era, un hombre dedicado a su mujer, que enseñaba a sus hijos a través del ejemplo, o que estaba presente cuando sus hijos lo necesitaban. La medida de un hombre corresponde a lo que es interiormente, no a quien proyecta ser exteriormente. Demasiados «hombres de las cavernas», «superpapás» y «padres a medias» dan a sus hijos oportunidades en lugar de emociones, una herencia generacional que debemos detener. Juzga a tu padre por lo que fue y reconoce quién no fue, y utiliza esta información para reescribir la relación que tienes con tu propio hijo hoy en día y en los días que vendrán.

3

La evolución de los hijos

La tarea del padre a través de las etapas de desarrollo

Mi padre me dio el mejor regalo que se puede dar
a otra persona: creyó en mí.

JIM VALVANO, entrenador de baloncesto
de North Carolina State University,
Equipo de baloncesto de la Liga NCAA

Hank tenía treinta y dos años cuando su mujer se quedó embarazada. Aunque se habían casado a los veinte años, habían esperado deliberadamente para tener hijos porque, creía Hank, él sería un hombre maduro y tendría una estabilidad económica. En otras palabras, estaría preparado.

—Qué equivocado estaba —me dijo.

Después de haber observado a sus amigos con sus hijos, y pensando que, al parecer, se divertían, Hank pensó que llevaría a su hijo al estadio de béisbol y dormiría con él en tiendas de cámping bajo las estrellas. No pensó que, antes de hacer eso, su hijo primero sería un niño de pecho que lloraría y tendría necesidades. Hank descubrió que el recién nacido significaba mucho trabajo. Cuando vino a verme, estaba abrumado.

—Vuelvo del despacho agotado y mi mujer espera que coja el

relevo después de cenar —dijo—. No quiero coger el relevo, necesito un respiro.

A veces la mujer le dejaba el bebé en brazos, le daba un beso en la mejilla y se iba al gimnasio. En esos momentos, Hank no sabía qué hacer. Su hijo lloraba y él se ponía muy nervioso cuando el llanto se prolongaba demasiado. Llamaba a su mujer por el móvil cada cinco minutos: «Cariño, ¿dónde está su chupete?» «¿Qué biberón tengo que darle?» «Cariño, no para de llorar».

Cuando su hijo cumplió un año, la mujer de Hank decidió que su marido necesitaba tiempo para «crear vínculos» con él. Además, quería que la dejaran dormir el sábado por la mañana. A él le correspondía dar de comer al bebé, cambiarlo y jugar con él. Hank quería a su hijo, pero reconocía que era un padre reacio a ocuparse de él. Pensaba que tenía que renunciar a demasiadas cosas.

—Mi hijo se despertaba y enseguida quería jugar —contaba Hank—. A mí me gusta esperar un par de horas antes de hacer cualquier cosa. Relajarme. Leer el periódico. Luego ya puedo arrancar. Pero la paternidad no funciona de esa manera.

Las investigaciones son tajantes. Los niños que no tienen a un padre y un modelo de rol masculino adecuado no tienen un buen rendimiento escolar. Corren mayor riesgo de meterse en problemas y es más probable que tengan dificultades en el terreno relacional más tarde en su vida. Los niños, e incluso los hombres, luchan sin sus padres. Los padres tienen una manera de ser diferente de las madres. No suelen ser los que mejor cuidan de los hijos, pero pueden hacer algo por ellos que las madres no pueden. Les enseñan a defenderse y a orinar, a hacerse el nudo de la corbata y a afeitarse. Los padres recuerdan lo que sucede con las erecciones durante las clases y cómo lidiar con ello. Un padre no es una madre en versión masculina, ni debería serlo. Sin embargo, hay situaciones en las que los padres pueden intentar cuidar mejor de sus hijos. Por ejemplo, cuando un niño está empezando a dar sus primeros pasos, y se cae y se hace daño, no es el momento ni la edad de decirle que no llore. Tienes que saber consolar y animar a tu hijo en todas las etapas. Adquirirás tu propio estilo en el cuidado a partir de la experiencia. Escucha atentamente la voz de tu hijo, observa a otros padres y adáptate a la situación.

Todos los hombres quieren ser buenos padres. Sin embargo, es una tarea difícil. Cuando nuestros hijos nacen, no nos entregan un manual diciéndonos lo que hay que hacer, qué sentir y cuándo modificar nuestras prioridades. Sin embargo, deberíamos tener ese manual, y eso es lo que pretendo abordar en este capítulo.

Los primeros pasos del niño

Nunca olvidaré la primera vez que cambié los pañales a mi hijo. Había preparado todo lo necesario (pañales, toallitas, talco, todas esas cosas que me eran ajenas), tendí a mi hijo e intenté hacerlo todo a la velocidad de la luz. Lo mantenía en su lugar con una mano mientras cogía lo necesario con la otra, pendiente de que su pequeño cuerpecito no se deslizara y cayera de la mesa. ¿Y si le hacía daño? Decidí ponerlo sobre una manta en el suelo y volver a comenzar desde el principio.

Su llanto, mis temores, sus piernas que no paraba de mover... Estábamos sometidos a un sinfín de estímulos sensoriales, y todavía no le había puesto el pañal nuevo. No tardé en aprender que se trata de una forma de arte. Le levantaba el culito y deslizaba el pañal por debajo, pero, al bajarlo, él se las arreglaba para quitarse el pañal de un par de patadas. Yo repetía la operación y se lo volvía a poner. Era frustrante. ¿Cómo podía ser tan difícil poner un maldito pañal?

En mis primeros años, era un padre torpe, como les ocurre a muchos hombres que empiezan a vérselas con el cuidado de sus hijos. Los bebés son como una repentina aparición en nuestras vidas. Ponen nuestro mundo patas arriba. Los hombres que están acostumbrados a acercarse a sus mujeres en momentos espontáneos de intimidad se ven ocupados ante el cambiador de pañales. En lugar de preparar un café irlandés junto a la chimenea, tienen que calentar biberones. Y cuando el bebé llora durante las horas nocturnas…, se supone que mamá no es la única que se levanta.

Sin embargo, muchos hombres desempeñan un rol secundario cuando se trata de cuidar de sus hijos en los primeros años. Dependen de sus mujeres para que asuman la mayor parte de los cuidados del niño, alegando que los «instintos maternales» superan con mucho su torpe capacidad. Se borran a sí mismos de la ecuación parental. Por otro lado, los «instintos maternales» que una madre experimenta por primera vez a veces impiden que un padre dedique más tiempo a su recién nacido.

Por ejemplo, Craig, un padre de treinta y cuatro años, dice:

—Mi mujer y mi hijo tienen una historia de amor.

Desde el momento en que nació su hijo, él se sintió como un elemento accesorio. Gillian siempre estaba con el bebé, dándole el pecho, haciéndole carantoñas y hablando de él. El bebé definía su existencia. Craig estaba acostumbrado a ser el centro de atención de su mujer, pero desde el momento en que llegó el bebé, «estaba demasiado agotada para mí», dice Craig.

—A veces me pregunto si se dan cuenta de que estoy presente. Desde luego, yo colaboro con pequeñas tareas y recados, y en la logística, pero siempre tengo esta sensación desagradable de que soy prescindible.

Se supone que los padres no deben reconocer esto cuando son padres por primera vez, pero tienen problemas para compartir a su mujer con hijos e hijas. Por mucho que un hombre celebre el nacimiento de su primer hijo, también se resiente por perder a la mujer que conocía.

—Estás diferente desde que nació el bebé —dijo a su mujer un hombre de treinta y cinco años—. No puedo decir exactamente qué es. Pero somos diferentes.

Las mujeres reconfiguran su mundo alrededor de su bebé recién nacido. Y si la madre es la luna para su hijo, que es la Tierra, los padres suelen ser las estrellas más distantes.

Existir en la periferia de lo doméstico es un gran cambio para la mayoría de los hombres. No quieren decirlo porque les parece que sería ridículo, pero inicialmente son celosos de la relación entre sus mujeres y sus hijos. No sólo se debe a que las energías de la mujer ahora están repartidas, sino a que no siempre saben cómo conectar con el bebé.

—¿Por qué a mí no me ocurre con esa facilidad? —preguntó un joven padre.

Tienes que saber desde el comienzo que eres un actor de primer orden en la vida de tu hijo. No tienes por qué quedarte en la periferia. Tu mujer te necesita, y tu hijo también. No puedes desentenderte, asustarte ni dejar que tu mujer se las arregle sola. Las madres establecen vínculos con los hijos porque pasan mucho tiempo con ellos. Se esfuerzan en fortalecer sus vínculos a través de todas las pequeñas tareas del cuidado del bebé. La mayoría de las madres —como los padres— se enfrentan al aprendizaje de ser madre. No están naturalmente dotadas para ello. Tú también puedes y debes participar en estas pequeñas tareas. Olvídate de ser Superman. A los hombres les gusta hacer listas, ocuparse de recados, pagar las facturas, trabajar en el jardín, cambiar pañales y calentar biberones, todo lo cual es sumamente útil, pero también tienen que dedicar tiempo a estar con el bebé. No se puede esperar que un vínculo brote de la nada. Tu bebé necesita saber que su padre se siente cómodo con él. Si tu bebé chilla cuando lo dejan en tus brazos, necesitas estar más tiempo con él, no menos.

He aquí una manera de mantenerte cerca de tu mujer, e incluso más cerca de tu hijo.

Aprovechar todas las oportunidades

Obsérvalo y escúchalo. Aprende a conocer sus gestos. Quédate a su lado, es así de sencillo. Aprende a jugar un rol activo en la vida de tu hijo desde el principio. Ofrécete para llevarlo al pediatra, aliméntalo. Abandona tus temores cuando se trata de hacer preguntas. Es normal que no sepas qué hacer.

Cuando cojas a tu hijo, habla con él y consuélalo. Juega con él. El bebé se vuelve muy consciente de tu presencia. Un bebé fijará la mirada en su padre y la mantendrá fija mientras su padre interactúe con él. En un par de meses, el bebé sonreirá y gorjeará cuando su padre llegue a casa. Los padres que dedican tiempo a crear vínculos con sus hijos de esta manera recibirán una bella recompensa.

—Me sentí como si hubiera ganado la lotería cuando las primeras palabras de mi hijo fueron «Pa-pa» —me confesó un hombre.

Modifica tus horarios. Levántate a medianoche cuando el bebé llora. Aprende a vivir con menos horas de sueño. Todo ello forma el carácter. Si tu bebé se despierta a las seis de la mañana y se duerme a las siete, necesitas sacar el tiempo para verlo despierto. Si no lo haces, acabarás siendo un «papá de fin de semana».

No es «sólo un bebé»

No cometas el error de decir: «Es sólo un bebé. Haré más cosas con él cuando crezca». Es una pobre excusa para no participar. Estás sentando los cimientos de la relación con tu hijo, definiendo el tipo de interacción para toda una vida. Los bebés sintonizan con las personas que hay a su alrededor desde la más tierna edad. ¿Esperará ansiosamente tu hijo que vuelvas del trabajo o apenas se dará cuenta de tu llegada?

Colin, de veintinueve años, no se dio cuenta de lo importante que eran los primeros años de su hijo.

—No le dediqué demasiado tiempo cuando era un bebé —reconoce—. Le dejaba casi todo el trabajo a mi mujer, pensando que ella era la especialista y que sabría hacer lo necesario. Aunque me sentía marginado, me decía a mí mismo que tenía cosas más importantes que hacer que cambiar pañales, como forjar una carrera profesional y pagar las facturas. Cuando mi hijo cumplió tres años, mi mujer estaba enfadada conmigo por mi falta de participación y porque mi hijo tendía a permanecer junto a ella. Yo me sentía como si tuviera que distraerlo de ella para captar su atención. Si lo hacía, él preguntaba: «¿Dónde está mamá?» Tardé un año en compensar aquel tiempo tan valioso que perdí. Pero ahora esperamos otro hijo. Esta vez, me pondré manos a la obra desde el comienzo. He aprendido de la manera más difícil.

Parlotear con el bebé

He oído a muchos hombres decir que parlotear como los bebés es una tontería. Es como decir que la jerga del fútbol o la del sexo es una tontería. No lo es. El parloteo es el habla de los bebés. Cuanto antes lo sepas, mejor. Los bebés responden al sonido y tono de nuestras voces tanto como a las palabras. Repetir «Hola, bebé», «Ahí está» o «Hasta luego» cientos de veces será más beneficioso de lo que te imaginas. Cuando tu hijo emite un sonido como de arrullos, respóndele con el mismo sonido. No sugiero con esto que no debes también hablarle normalmente a tu bebé. De hecho, deberías hacerlo, ya que es otra manera de conectar con tu hijo. Nombra los objetos en la habitación, habla acerca de ellos. Habla de tus días, tus sentimientos, dónde piensas llevarlo el fin de semana. Es evidente que no entenderá, pero eso no importa. Al hablar con tu bebé, sientas las bases de una comunicación en el futuro. Con ello, le dices de forma no verbal a tu hijo que disfrutas estando con él, y los dos os sentiréis cada vez más cómodos con la presencia del otro.

Cuando los bebés empiezan a dar sus primeros pasos, comienzan a utilizar su voz, y hay momentos en que te sientes como si necesitaras un intérprete. Cuando mi hijo tenía un año, empezaba a parlotear mirando por la ventana del coche cada vez que pasábamos por una calle. Mi mujer y yo estábamos perplejos, hasta que oímos que hacía lo mismo cuando vio pasar una ambulancia y nos dimos cuenta de que era su manera de expresar excitación. Muchos padres también se sienten excitados cuando descifran las divagaciones de sus hijos. Uno recuerda que su hijo gritaba «pájaro» cada vez que aparecía Paco Pico en *Barrio Sésamo*, y de pronto relacionó ese pájaro con los pájaros de verdad que volaban en el parque. Otro reía de buena gana cuando me contó que su hijo decía «adiós» al camión que recogía la basura cada semana. Es fascinante ver cómo ese pequeño comienza a darle sentido al mundo a su alrededor, lo cual te incluye a ti.

A medida que tu hijo comience a encontrar su voz, anímalo y conversa con él. Yo les aconsejo a los padres hablar con sus bebés que dan sus primeros pasos como le hablarían a un niño de ocho años. Cuéntale de tu vida. Hazle preguntas y responde a las suyas para acostumbrarlo al toma y daca de estar con otras personas. Descubre qué le hace reír y, al final, acabaréis riendo los dos.

Vuelve a ser un niño

El mundo para los pequeños que se aventuran en sus primeros pasos es una maravilla. Cada día es una nueva aventura. ¿Por qué no acompañar a tu pequeño en esa aventura? Algunos de los mejores padres son los que están dispuestos a encontrarse con sus hijos en el país de los juegos. Ponte a gatas, arrástrate por el suelo, imita ruidos de animales, diviértete todo lo que puedas. No necesitas un arsenal de juguetes para ser un buen padre. Lo que haces con los juguetes es más importante que los juguetes en sí. Puedes convertir un animal de peluche y una marioneta normal y corriente en un mundo de acción. A los pequeños les fascina cuando prestas tu voz a los animales y los haces hablar unos con otros.

Las madres a veces se quejan de que sus maridos juegan de una forma demasiado brusca. Una madre me contó que sufría cada vez que su marido lanzaba al pequeño —muerto de risa— al aire, pero su marido lo cogía cada vez. No hay nada de malo en estos juegos, es la manera que tienen los hombres de jugar. Sin embargo, hay que tener cuidado. Algunos pediatras me han contado historias de bebés heridos sin querer por padres demasiado entusiastas.

Lleva a tu hijo contigo

Ya se trate del colmado de la esquina o del patio de tu casa, encuentra una manera de incluir a tu hijo. Es parte del proceso de creación de vínculos. Trabaja junto con tu hijo en el jardín o llévalo a hacer la compra. Sí, mantenerlo ocupado significa más trabajo, pero no me cansaré de subrayar la importancia de pasar momentos juntos. Sigue a tu hijo a su propio mundo. Acompáñalo a jugar con los demás niños donde tu mujer suele llevarlo y observa cómo juega. Conocerás a otros padres e intercambiaréis anécdotas. Además, mamá tendrá un respiro.

Claves para captar la atención del padre

Cuando mi hijo tenía cuatro años, tenía miedo a la oscuridad. Yo lo ponía en la cama, le leía un cuento y, cuando era incapaz de mantener los ojos abiertos, salía de puntillas de su habitación. A menudo se despertaba justo después de que cerraba su puerta. Una noche me llamó porque dijo que había oído un ruido, y estaba seguro de que había algo o alguien en su armario. Al principio, le dije que era ridículo. No había nada ahí dentro. Pero mi hijo estaba intranquilo y convencido de que había algo en el armario. Y entonces me di cuenta de que tenía que abandonar la lógica y pensar como un niño de cuatro años.

Decidí montar una historia y entré en el armario como si fuera uno del bando de los «buenos». Abrí la puerta con alarde de valentía y exclamé:

—¡Venga, tú, sal de ahí! —Mi hijo me miró. Al no haber respuesta, dije—: Si le pones la mano encima a mi hijo, te romperé la nariz y te haré llorar. Será mejor que no vuelvas a aparecer por aquí o lo lamentarás. Te convertiré en caca de perro. —Mi hijo comenzó a reír con una risa nerviosa. Luego apoyó la cabeza en la almohada y cerró los ojos, seguro de que el intruso no volvería. Y ahí estaba yo, el matador de dragones. Es lo más cerca que he estado de interpretar a un superhéroe, y me fascinó.

Los bebés crecen, comienzan a caminar y luego son niños pequeños antes de lo que los padres se imaginan. Al cabo de un par de años, un padre tendrá a su lado un niño hecho y derecho que lo sigue a todas partes, demanda su atención y está pendiente de cada una de sus palabras. Más que nada, los niños desean amor y ser aceptados por sus padres, y a menudo lo preguntan directamente. Cuando los padres participan en el mundo de su hijo, suelen escuchar: «Papá, cógeme en brazos», o «Papá, hazme cosquillas», o «Papá, abrázame», o «¿Hoy me llevarás al zoo, papá?» Sin embargo, los niños dejan de hacer estas preguntas cuando los padres no responden. Empiezan a guardarse sus sentimientos para sí y dejan de pedirle al padre lo que necesitan.

Peor aún, puede que aprendan la desafortunada lección de que una atención cualquiera es mejor que ninguna atención. Por ese motivo, a veces los niños se portan mal, sólo para conseguir la atención de sus padres, lo cual constituye el comienzo de un círculo que muchos hombres han conocido con sus propios padres: una relación físicamente cercana, aunque distante, una relación en la que pasan mucho tiempo con papá, pero no siempre le cuentan lo que les pasa por la cabeza.

Presta atención

Los padres pueden tener una relación abierta y estrecha con sus hijos desde el comienzo, pero parece que muy pocos se dan cuenta de que es necesario que estas interacciones comiencen a temprana edad. Cuando un niño dice: «Papá, abrázame», la mayoría de los padres cogerán a su hijo y lo estrecharán como respuesta a una demanda clara y emocionante. Sin embargo, también es importante responder a las demandas aparentemente sin importancia, como: «Papá, juega a los coches conmigo», o bien: «Hoy quiero ver a los tigres, papá». Es su manera de pedir que le prestes atención. Un niño no se pondrá a saltar y gritar: «¡Fíjate en mí!» Al contrario, el pequeño intenta establecer una relación con su padre cuando le pide que le haga cosquillas o que lo coja en brazos. Sus ganas de estar cerca de su padre corresponden a un impulso innato.

Es evidente que el padre está cansado cuando llega a casa del trabajo, y jugar con el hijo puede parecer un asunto banal comparado con el pago de la hipoteca y los asuntos del trabajo que ocupan su pensamiento. Sin embargo, jugar a los coches es muy importante. Aunque te puedas sentar en el sofá, encender la tele y tener al hijo jugando cerca de ti —feliz por el sólo hecho de estar cerca—, mirar la tele juntos no estimula la relación con tu hijo. Te limitas a existir con tu hijo, pero no te adentras en su mundo ni respondes a su necesidad de atención.

Muchos padres desperdician momentos con sus hijos. Yo sé que yo lo he hecho a lo largo de los años. Pero uno puede hacer progresos cuando se trata de reconocer las señales del propio hijo. Sólo entonces podemos llevar la cuenta de la frecuencia con que nos negamos a las demandas de los hijos, y tener la seguridad de que decimos sí con más frecuencia que no.

En la temprana infancia, la imaginación de los niños se dispara, y los buenos padres encuentran una manera de alimentar las fantasías de sus hijos en lugar de desmontarlas. Los niños dicen «sí» cada vez que pueden. Ya se trate del Papá Noel, del ratoncito Pérez o del hombre del saco, tú te conviertes en parte del juego, y es parte de tu trabajo honrar los mitos venerados y temidos de la infancia. Un padre que conozco le dijo a su hijo que el ratoncito Pérez era una «tontería» y que él no participaría en esa «ridícula tradición». Si el hijo quería dinero, podía hacer algún trabajo en casa. He ahí un padre que había olvidado cómo convertirse en niño y que, con el tiempo, contagiaría a su hijo esa pésima actitud.

Recuerdo a Tennyson, que escribió: «Un hombre sobrio, entre sus hijos/cuya juventud estaba llena de ruidos necios». Nos recuerda que hay demasiados hombres que olvidan lo que es ser niño, lleno de esperanza y optimismo y abierto a las posibilidades. Yo también lo había olvidado, hace muchos años, hasta que mi hijo me ayudó a darme cuenta de que tenía que entrar en su mundo imaginario para matar al dragón que él había oído dentro de su armario. Ese momento cambió mi perspectiva, y nos acercó el uno al otro.

Establece límites

Además de ayudarle a tu hijo a desarrollar su imaginación y sus sueños, una de las lecciones más importantes que le enseñas en los primeros años tiene que ver con aceptar ciertos límites y aprender a controlarse. ¿Qué quiero decir con «límites»? Es importante que tu hijo sepa qué conductas son apropiadas y cuáles no lo son, cuándo puede hacer travesuras y cuándo no, cuándo sus demandas son razonables y cuándo pide demasiado. Todos hemos visto a pequeños en un supermercado que sufren un ataque de rabia. Si observamos al padre, veremos que o ignora al hijo, obligando a todo el mundo a soportar los chillidos, o pierde de inmediato la paciencia. Ninguna de las dos respuestas es apropiada para fijar los límites adecuados para el hijo. Tienes que ser consecuente para que tu hijo aprenda a controlarse.

Uno de mis pacientes, Mickey, recuerda cómo él y su hijo tenían sesiones de lucha libre. Rodaban por el suelo, gritaban y chillaban.

—Cuando llegaba el momento de parar, mi hijo todavía estaba a cien. Tardaba unos minutos en calmarlo —me contó. Mickey no sabía demasiado bien cómo calmar a su hijo. En otras palabras, necesitaba aprender a fijar límites. Le dije que la próxima vez que jugara con su hijo, lo sentara un momento y le explicara que cuando papá decía basta, significaba basta. Mickey volvió a casa y esa noche practicó con su hijo. Le dijo al pequeño que había que saber cuándo parar. Empezaron a luchar. Cuando Mickey le dijo a su hijo que había que parar, éste le dio en la cabeza con una almohada. Mickey pensó esa primera vez que no le había oído, pero la segunda se puso firme. Le recordó sus palabras acerca de cuándo calmarse. Hizo lo mismo la vez siguiente, y la siguiente. Tardó unas cuantas semanas, pero su hijo aprendió a poner fin al juego cuando su padre se lo pedía.

El juego les enseña a los hijos a refrenarse, a expresar sus sentimientos y a respetar los derechos de los demás. Si hablamos con cualquier maestra de jardín de infancia, nos dirá lo mismo: los niños aprecian los límites. Los añoran. Les gusta saber que hay cosas que están bien y otras que están mal, y que ellos escogen la buena manera. Con los niños pequeños, cualquier instancia de juego puede convertirse en una instancia de aprendizaje.

Otro ejemplo. Billy tenía un hijo de nueve años, Lee, que se frustraba tanto jugando con los videojuegos que lanzaba el mando al suelo y tenía arrebatos de rabia. Billy y su mujer querían que Lee dejara de hacer eso y se dieron cuenta de que podían ayudarle a aprender a expresar sus sentimientos a partir de los videojuegos. Billy habló a solas con Lee y le preguntó qué le hacía enfadarse tanto con los videojuegos. El niño le dijo que no lo sabía, así que Billy le hizo la misma pregunta de diferentes maneras:

—¿Qué te molesta? ¿No te gustan los personajes? ¿Te enfadas contigo mismo?

Finalmente, Lee reconoció lo que le ocurría.

—Me siento estúpido porque no puedo ganarle al juego —confesó a su padre.

Billy intuía algo de lo que le molestaba a Lee y le dijo que sabía cómo se sentía.

—Siempre quería ganar premios cuando era un niño e iba a las salas de juego. A menudo volvía con las manos vacías.

—Pero hay muchas cosas que no sé hacer, papá —dijo Lee—. Me enfado, me enfado mucho. A veces, otros chicos se burlan de mí. Me dan ganas de gritar.

Billy se emocionó con la confesión de su hijo. No tuvo que decir nada profundo. Sólo tuvo que ser sincero consigo mismo, escuchar a su hijo y decirle lo que le decía su corazón.

—¿Sabes una cosa, Lee? Puede que no seas el mejor en todo, pero siempre que lo intentes, estaré orgulloso de ti —dijo—. Si alguna vez quieres practicar algo e intentar mejorarlo, dímelo. Yo te ayudaré.

El valor de la paciencia

Los hijos recuerdan los momentos en que sintieron el amor de su padre y se enorgullecen de ello. Chris, un profesor de historia de treinta y un años, nunca olvidará una experiencia vivida a los nueve años.

—Nunca había jugado de lanzador, y el entrenador me llamó para que lanzara en un partido —dice—. Yo obedecí sólo porque tenía que hacerlo, pero tenía mucho miedo de fallar. Es una de esas cosas que uno nunca olvida. No recuerdo en qué campo jugábamos, pero recuerdo la valla del fondo del terreno de juego. Estaba oscureciendo y el árbitro era un joven que se lo tomaba muy en serio. Lancé las bolas de esa primera entrada y eliminé a los tres primeros bateadores. Recuerdo que la multitud gritaba mucho. Era un partido importante de la liga infantil, y yo estaba avergonzado por la atención que despertaba, y también estaba emocionado. Recuerdo muy bien a mi padre sentado a una mesa de *pic-nic* detrás de la base de *home*, y que agitaba los brazos a cada bola, y luego se ponía de pie y saltaba cuando eliminaba al jugador contrario. Me sentía como si lo hubiera enorgullecido, como si nunca lo hubiera visto tan feliz conmigo. Recuerdo que se alegró en otras ocasiones, pero todavía guardo ese recuerdo de hace veinte años...

Aquél fue un momento decisivo para Chris, pero podría haber sido diferente. La paciencia cumple un rol fundamental cuando se trata de la conducta parental, pero he visto a padres que estropean momentos como éste para su hijo y para el resto del equipo. Gritan a sus hijos para que lancen la bola con más fuerza o chillan cuando un chico lanza mal y se enfada.

—No llores como un crío —dicen. Los niños humillados no aprenden demasiado bien. Su seguridad se resiente, y no quieren estar con un padre que lo humilla. No quiero sugerir que nunca se le debe gritar a un hijo, pero asegúrate de que sabes ser paciente cuando tratas con él. Es una condición indispensable para ser un buen padre.

Si la paciencia no es tu fuerte, piensa en el siguiente consejo para la próxima vez que tu hijo se enfade. Piensa en cómo te sientes cuando alguien pierde los nervios y te grita. La rabia magnifica una experiencia negativa. Tu hijo probablemente ya se siente herido y triste por haberse decepcionado a sí mismo o a ti de alguna manera, así que es probable que tu rabia le impida hacer un esfuerzo mayor en el futuro. ¿Es así como quieres que se sienta? Es probable que recuerdes un tiempo en que tu padre te gritaba y lo mal que te sentías. ¡Tienes tanta orientación, cuidados y estímulos que dar a tu hijo! ¿Por qué minar tu autoridad y su confianza en ti mostrándote enfadado? La próxima vez que te enfades con él, intenta lo siguiente. Cuenta hasta diez para mantener la calma. O imagina algo agradable durante un minuto antes de reaccionar. Ya que el resultado más probable de tus gritos es que empeore la situación, haz un comentario neutro o hazle preguntas acerca de su conducta y motivación.

Si no puedes mantener la calma, quizá te convendría pensar en la meditación o en el yoga, en las clases de autocontrol o en ir a una terapia para sacar a la luz la raíz de tu rabia. No quieres perpetuar este tipo de emociones descontroladas en tu hijo.

Kyle, un hombre que solía gritar, explicó que lo que más le costaba era rebajar las expectativas en relación con su hijo. Siempre perdía los nervios cuando su hijo no daba de sí todo su potencial.

—No sé por qué espero que sea tan perfecto —confesó—. Yo, desde luego, no lo soy.

Sin embargo, volvía a perder la paciencia una y otra vez. Después de trabajar para remediarlo durante unos meses, Kyle empezó a darse cuenta de que su mal humor iba a manifestarse y lo controlaba antes de herir los sentimientos de su hijo. A veces reincidía, pero poco a poco fue dominando su conducta irascible. Como dijo su mujer, cuando se castigaba a sí mismo por perder la paciencia:

—Haces todo lo posible por mejorar. Eso te hace ganar puntos conmigo y con tu hijo. Así que date también un poco de crédito a ti mismo.

Conversaciones entre padre e hijo

Mi hijo tenía cinco años cuando recibí una llamada de un vecino relacionada con él. Lo habían descubierto a él y a su mejor amiga jugando desnudos en el armario de la pequeña. Según todos los indicios, los dos eran cómplices en el delito, pero era evidente que teníamos que hablar. Fui a su habitación y le pregunté tranquilamente qué habían hecho en el armario.

—Estábamos jugando —dijo.

—Pero estabais los dos sin ropa —dije.

—Lo sé —dijo él—. Hacía mucho calor ahí dentro.

—No deberías hacer ese tipo de cosas.

—¿Por qué? —quiso saber mi hijo—. Era divertido.

Me di cuenta que tropezaba con las palabras. No sabía por dónde empezar a explicar ese porqué.

Todos tenemos nuestras caídas en los primeros años. Aunque yo era un psicólogo infantil con una buena formación, que había hablado muchas veces con padres e hijos acerca de la sexualidad, y aunque debería haberme sentido más cómodo, de alguna manera parecía que las mismas reglas no se aplicaban a mí y a mi hijo.

Está bien luchar. Puede que no te hagas entender la primera vez, y que balbucees o vayas a tropezones. Habrá veces en que tu hijo te dejará sin habla. Lo importante es que te des cuenta de que no es grave si no eres capaz de lidiar con algo. Son los momentos en que deberías buscar consejo con tu mujer o con tu propio padre, con un terapeuta o un psicólogo escolar. Aunque quieras evitar el tema de conversación (puede que te sientas incómodo explicando cuestiones del sexo o quizá no sepas cómo explicar por qué te vas a divorciar), es necesario tener la conversación y no dejar correr el tema. Tu hijo no «renunciará» a una conducta ni la entenderá de manera milagrosa. Cuando mi hijo de cinco años me preguntó por qué no podía jugar desnudo en el armario, yo no sabía dónde meterme. No quería tener esa conversación. Pero dejé que siguiera adelante. Sabía que él tenía que entender por qué estaba mal.

—Los niños y las niñas no deberían jugar juntos desnudos —le dije a mi hijo en esa ocasión—. No es respetuoso.

—¿Qué significa eso, papá?

—Significa que no debemos hacer cosas que puedan herir a otras personas —dije.

—Pero ella es mi amiga —dijo él, confundido—. No nos hemos hecho daño.

—Lo sé, pero os lo podríais haber hecho —le dije—. ¿Qué pasaría si ella no tuviera ganas de quitarse la ropa? ¿O si tú no tuvieras ganas? Uno de los dos podría haber resultado herido.

Él asintió con la cabeza.

—Quiero que respetes a las chicas, ¿vale? —pregunté. Siguieron otros minutos de silencio. Él volvió a asentir.

Eso es lo que nosotros, los padres, tenemos que hacer, intentar explicar lo que está bien y lo que está mal con las palabras y con nuestros propios actos. Tenemos que mantenernos conectados con nuestros hijos en las situaciones y desafíos cotidianos del crecimiento. Si los padres se acercan a sus hijos, hay muchas lecciones que los hijos pueden aprender. Les hizo un excelente trabajo hablando con su hijo, Tim, de once años, cuando se enteró de que acosaba a un chico más pequeño en la parada del autobús. En lugar de gritarle, Les le preguntó cómo creía que se sentía el otro niño cuando lo molestaba un chico más grande que él mientras otros observaban. Al principio, su hijo se mostraba reacio a contestar. Les insistió.

—¿Preferirías que sencillamente te castigara? —preguntó.

—No —dijo Tim.

—Entonces, intenta contestar a mi pregunta —dijo. Se sentía la rabia que afloraba en la voz de Les.

—No tienes por qué gritar, papá —dijo Tim, y empezó a llorar.

Les guardó silencio y se dio cuenta de lo que suscitaba esa reacción. Le contó a Tim que cuando él mismo era niño, tres chicos lo cogieron en una calle. Le quitaron los pantalones y escaparon con ellos.

—Estaba muy enfadado y avergonzado —le dijo a Tim—. Así que contesta a mi pregunta. ¿Cómo crees que me sentí?

Tim entendió lo que su padre le insinuaba, y dijo que el niño probablemente estaba enfadado porque no podía hacer gran cosa.

—Seguro que también estaba avergonzado —dijo Les—. Seguro que sus amigos se reían de él.

Les pidió a su hijo que se imaginara cómo se sentiría si alguien lo acosara a él. Tim reconoció que no le gustaría. Les lo abrazó. Se sentía como si él y su hijo se hubieran entendido bien, y pensaba que Tim ahora sabía el tipo de persona que su padre quería que fuera. Y Les le mandó hacer una cosa más.

—Quiero que vayas a su casa mañana y le pidas disculpas —dijo.

Al principio, Tim se negó, pero luego accedió, aunque a regañadientes. Esa tarde Les le enseñó a su hijo una lección importante, a saber, el poder de la empatía y el respeto por los demás y sus sentimientos. Es esencial para crear un buen carácter.

Saber escuchar

Escucha atentamente. A veces los niños hacen preguntas que revelan preocupaciones o miedos más importantes.

—¿Le pueden romper a uno la nariz si le pegan en la cara, pero no sangra? —le preguntó a Lenny en una ocasión su hijo de ocho años.

Lenny no contestó, pero le preguntó a su hijo si alguien le había golpeado en la nariz. Su hijo sonrió.

—Sí —dijo—. ¡Michael me pegó ayer! —Los niños a veces intentan decirles cosas a sus padres sin realmente contárselas. Pero tú puedes hacer de detective y leer entre líneas.

Preparar a los hijos para el mundo de la adolescencia

A medida que los niños crecen, su tendencia a estar en desacuerdo con los adultos y a afirmar su independencia se convierte en una actividad casi de jornada completa. Los padres suelen decir que incluso los preadolescentes quieren saber «por qué» y protestan porque las decisiones del padre «no son justas». Como dice el viejo proverbio: «A los ocho años, tienen todas las preguntas. A los dieciocho tienen todas las respuestas».

Los niños comienzan a ponerse a prueba unos a otros a medida que se vuelven más competentes y aprenden a dominar su entorno. Ya sea en el comedor, en la pista de atletismo o en la casa de un amigo, comienza la batalla de la competencia. Los chicos adolescentes —o preadolescentes— cambiarán de voz y flexionarán los músculos de su cuerpo, y los padres necesitan ayudarles a moderarse un poco y a aprender a usar sus manos al mismo tiempo. Como me dijo en una ocasión un chico de diez años:

—Cuando estamos en el recreo, siempre discutimos quién es el mejor y quién estará en qué equipo. Es muy importante que sepamos defendernos, o los demás creerán que somos unos debiluchos.

Eso es relativamente normal, pero es necesario que tu hijo sepa que puede oponerse si las fanfarronadas y poses traspasan los límites y se convierten en acoso o en amenazas. Saber defenderse no siempre significa estar con la mayoría ni estar de acuerdo con lo que ésta hace porque siempre se ha hecho así.

En la preadolescencia de tu hijo, es necesario que establezcas límites. Tienes que enseñarle a controlar sus impulsos y a comportarse en el marco de un mundo más amplio, fuera del hogar familiar. Como el padre en la sección anterior, que le enseñaba a su hijo a calmarse después de jugar a la lucha libre, este aprendizaje de la autocontención y la inteligencia emocional generalmente es necesario para vivir los años de adolescencia.

Hace unos años conocí a Manny, uno de los alumnos más brillantes de su clase de cuarto de primaria, un líder admirado por muchos compañeros. Sin embargo, a los once, Manny se había convertido en el payaso de la clase y a menudo molestaba a los profesores con sus ocurrencias. Su maestra se había cansado de su falta de respeto ante su autoridad, y mandó una nota a los padres del chico diciendo que Manny no paraba de hablar y que solía salvarse gracias a su brillante personalidad. «Pero ya casi me es imposible hacer clases», decía la nota.

El padre de Manny, Bruce, estaba furioso con su hijo. ¿Por qué actuaba de esa manera si sabía que se metería en líos? ¿Tanta atención necesitaba? ¿Había algo en la profesora que le molestaba? Todas estas preguntas estaban en la mesa de mi despacho unos días más tarde, cuando Bruce y Manny vinieron a verme. Le pregunté a Bruce si él se portaba de manera similar cuando tenía la edad de Manny. Él sonrió apenas y asintió con la cabeza.

—Yo también era el payaso de la clase —dijo—, pero nunca me metí en líos, como Manny.

Éste dijo que conocía la historia de su padre.

—Así que haces un poco lo mismo que tu padre, ¿no? —pregunté. Manny asintió, orgulloso. Yo me devanaba los sesos por encontrar una solución porque no quería decir algo que alterara ese sentido de conexión que Manny tenía con su padre. Y Bruce dijo:

—Cuando estaba en sexto, mi maestra me ponía delante de la clase cada cierto tiempo y me pedía que contara chistes durante un par de minutos —dijo Bruce—. Aquello me ayudaba a calmarme y era muy divertido. ¿Crees que algo así podría ayudarte, Manny?

El chico dijo que creía que podría funcionar y estuvo de acuerdo con que su padre llamara a su maestra y le preguntara si era posible una solución como ésa. Padre e hijo llegaron a un acuerdo. Unas semanas más tarde, Bruce me llamó para decir que había hablado con la maestra, que se había mostrado de acuerdo con el experimento. Manny era el centro de atención durante unos minutos dos veces a la semana.

—De verdad, funciona —me dijo Bruce—. Su maestra me informó de que su conducta es más tolerable.

Para tener una conversación como la de Manny con su padre, tú y tu hijo no tenéis que ir a la consulta de un terapeuta. De hecho, las mejores conversaciones a menudo no se corresponden con el estereotipo de la conversación de sentarse a hablar seriamente y mirar al padre a los ojos, de hombre a hombre. Normalmente, los padres e hijos dedican más tiempo a compartir actividades que a conversar acerca de sus sentimientos, pero durante estas actividades puede que se produzca una conversación necesaria y que se pueda llegar a un necesario entendimiento. Dedica tiempo a hacer cosas con tu hijo que te ofrezcan la oportunidad de una conversación —ir al cine o al estadio, jugar a la pelota o a las cartas, construir una casa en un árbol o trabajar en un proyecto científico para el colegio, ir de compras (sí, los hombres también van de compras), salir a caminar o a correr, ir a la piscina o a mirar los escaparates de una tienda de artículos electrónicos—. Es evidente que tu hijo te puede acompañar en algunas actividades, aunque diga que es un aburrimiento. No hay ningún motivo para que tu vida gire en torno a la suya. Al fin y al cabo, tiene que aprender a familiarizarse con el toma y daca de las relaciones, acerca de los acuerdos entre dos personas y de las diferentes maneras de compartir los momentos. Así que puedes estar en casa, de excursión o de vacaciones, aprovecha esas oportunidades.

Tampoco tiene nada de malo ver la tele juntos a veces, compartir algún videojuego, jugar al tenis de mesa o incluso trabajar en cosas diferentes dentro de la misma habitación. Sin embargo, evita montar sofisticados sistemas de diversión y entretenimiento en la habitación de tu hijo, ya que esto lo desincentiva a compartir con la familia y te obliga a sacarlo de ahí. Crea un espacio común en tu casa donde se encuentren el ordenador, la televisión y las sillas más cómodas. Luego todos estarán en la misma habitación. Los padres que hacen un ritual del tiempo en familia cuando sus hijos son pequeños tienen que luchar menos cuando sus hijos entran en la adolescencia. No tendrás que batallar para pasar un tiempo en familia cuando tus hijos ya estén acostumbrados a ello.

El despertar y los desafíos de la adolescencia

Si la infancia es el lugar donde padre e hijo se encuentran mutuamente, entonces la adolescencia es el momento en que se pierden uno a otro. Muchos padres le tienen pavor a la adolescencia de sus hijos. ¿Es posible que todas esas horribles historias acerca de los adolescentes sean verdad? ¿Es la adolescencia una montaña rusa hormonal, con actitudes sexuales relajadas, mucha bebida y consumo de marihuana? ¿Son los adolescentes de hoy en día una generación de jóvenes exigentes y oportunistas preocupados sólo por sí mismos?

La respuesta es sí y no, dependiendo de la persona a la que preguntemos. La Partnership for a Drug-Free America (Asociación para un Estados Unidos sin Drogas) informa de que el consumo de alcohol y drogas ha disminuido en los últimos años. Cada vez hay más alumnos de instituto que van a la universidad y siguen sus estudios para adquirir una formación después de la secundaria. Sin embargo, en un libro fascinante titulado *Generation Me*, la psicóloga social Jean Twenge revela que en la cultura juvenil de nuestros días hay una actitud más informal con el sexo, que los jóvenes desconfían de la autoridad y de las costumbres sociales tradicionales, y a pesar de que su autoestima es superior a la de cualquier generación anterior, también sienten más ansiedad y están más deprimidos.

Para mí y para otros psicólogos y educadores, es evidente que demasiados jóvenes se sienten hoy en día con derecho a muchas cosas. Los padres que dan a sus hijos todo lo que quieren suponen que es por su bien, pero a menudo no lo es. Puede que su generosidad propicie una mayor demanda de ropa y calzado de marca, chismes electrónicos y dinero, bienes que los chicos no necesitan. Cuando se ponen límites a la conducta de los hijos, también hay que poner límites a sus expectativas. Si le das a tu hijo todo lo que pide, sólo estás abonando el terreno para futuras decepciones. No entenderá la importancia de fijarse objetivos y de trabajar duro para conseguirlos. Vivirá suponiendo que todo le será dado, entre otras cosas, una carta de admisión de una universidad de primera categoría.

Bill Marriot Jr., el patriarca de la cadena de hoteles Marriot, insistía en que cada uno de sus hijos y todos sus nietos trabajaran en uno de los hoteles de la familia cada verano. Todos adoptaban un nombre falso con el fin de que nadie supiera que eran Marriot y no recibieran un trato especial diferente al de los demás empleados. Todos sus hijos reconocen a su padre el mérito de hacer de la familia Marriot lo que es hoy día, a saber, un conjunto de hermanos que trabajan arduamente, decididos a ser el número uno en la industria hotelera.

Por lo tanto, piensa en lo que enseñas a tu hijo cada vez que le haces un regalo. ¿Qué quieres que piense de sí mismo y acerca de ti? ¿Aprecia lo que le dan? ¿Agradece a los amigos o a la familia que le regala cosas y se muestra recíproco? ¿Qué tipo de impacto tendrá a la larga un regalo en efectivo?

Lo que tienes que saber de los chicos adolescentes

He conocido, querido y cuidado a adolescentes con todo tipo de problemas, entre ellos la depresión, la rebelión, el consumo de sustancias prohibidas, el fracaso escolar, los conflictos familiares y las crisis menores de inseguridad. También me he cruzado con muchos adolescentes que obedecen a las reglas y son motivo de orgullo para sus padres. A menudo, las similitudes entre ambos grupos son más que las diferencias. Sin embargo, es posible que tengas que hacer un esfuerzo adicional para entender a tu hijo adolescente e introducir nuevas maneras de relacionarte con él en el plano cotidiano.

Un padre me dijo que detestaba ver a los adolescentes paseándose por el centro comercial en rebaños y vestidos como gánsteres y vagabundos. Hasta que su hijo se convirtió en uno de ellos, y él se sintió como si ya no lo conociera. Este sentimiento es un estribillo habitual de los padres a propósito de los hijos a lo largo de los años. La adolescencia es un periodo de grandes cambios. Los niños adorables que conocíamos crecen y se vuelven irreconocibles. Entre los doce y los quince años, el cuerpo de tu hijo se desarrolla con rapidez, aunque su desarrollo mental no sigue el mismo ritmo. Partes del cerebro, el cuerpo calloso y el córtex prefrontal, no se desarrollan plenamente hasta la edad del adulto joven. Esto es especialmente importante cuando piensas que esas partes del cerebro son los centros del control emocional, de freno a las conductas impulsivas y del buen juicio. Ya que el cerebro de tu hijo aún no ha madurado, tienes que poner límites claros en lo relativo a la conducta. Tienes que insistir para que respete las reglas que fijas y tienes que tomar medidas ante la desobediencia. Ya que él no puede prever las consecuencias que seguirán a sus impulsos, los límites que tú fijas le ayudan a protegerse.

Los chicos adolescentes más jóvenes se preocupan especialmente de sus cuerpos y de los cambios asociados que aparecen en la pubertad. Se muestran tímidos y a menudo se comparan con sus compañeros, buscan ser aceptados y miran constantemente al lado para ver qué está haciendo el otro. Se preocupan por los granos, la ropa que visten o el volumen de sus músculos; se ven a sí mismos a través de un microscopio. Si no les gusta lo que ven, suelen culpar a mamá y papá por los defectos que han observado.

El padre de un chico de catorce años me contó que su hijo le pidió unas pesas para hacer ejercicios. El chico le gritó a su padre, e insistió en que era culpa suya el hecho de que sus amigos se burlaran de él por ser tan delgado.

—¿Qué se supone que debo hacer? —preguntó el padre. Según los médicos, los adolescentes no deberían levantar grandes pesos, así que le sugerí que le comprara a su hijo dos pesas de 4,5 kilos para hacer sus ejercicios y, si al cabo de tres meses el chico todavía las usaba, podía pensar en regalarle un pequeño conjunto de pesas para Navidad. Desde luego, a su hijo no le agradó la solución, pero fue lo bastante listo como para saber que algo era mejor que nada. Hizo ejercicios unas cuantas semanas con las pesas pequeñas, pero acabó perdiendo interés. Los adolescentes son volubles.

También son sarcásticos. No es poco habitual que se burlen de sus padres. A cierta edad, se convierten en maestros de la salida graciosa. Para ellos, los padres son unos seres anticuados, obsesionados con el control, que se lo pasan en grande arruinando las vidas de sus hijos. Los padres no pueden decirles qué es peligroso, sobre todo si sus amigos hacen exactamente lo mismo. Si un padre pide hablar con los padres de un compañero para averiguar si de verdad ellos dejan a su hijo fijar su propia hora de llegada por la noche o si lo dejan beber en casa, su hijo lo acusará de violar su espacio. Tendrás que ignorar eso e investigar tú mismo.

Es un error responder al sarcasmo de un adolescente con otro sarcasmo. Por muy duro que parezca, los adolescentes se sienten fácilmente heridos. En un ejemplo más bien extremo, conocí a un adolescente de quince años que atacaba a sus padres por todo lo que representaban. Con sarcasmo y hostilidad, insistía en que su padre y su madre eran unos falsos. Gran parte de su enfado se debía a las reglas que su padre imponía. Su padre respondió enfadado. Dijo que su hijo era un niño mimado y desagradecido que no se merecía nada de lo que tenía. La respuesta del hijo fue:

—¿Lo ves? Es justo lo que decía, siempre me reprimen y nunca me toman en serio.

Había olvidado completamente su ataque verbal de hacía unos minutos. Después de unas cuantas sesiones, alcanzamos un consenso: todos los miembros de la familia tenían que reconocer su rol en el problema. El padre tenía que escuchar más atentamente las demandas de su hijo, sin rechazarlas. El hijo debía plantear su caso sin formular acusaciones, y debía aceptar un no por respuesta. Al cabo de pocos meses, el respeto mutuo que antes no existía empezó a mejorar la relación y, aunque de vez en cuando reincidían en el mismo patrón, trabajaban sus defectos y prometían cambiar nuevamente. Sin embargo, la relación general mejoró a medida que se volvieron cada vez más conscientes de lo que se estaban haciendo el uno al otro.

Gran parte de este pulso responde a la intención del hijo de comenzar a separarse de su padre y a definirse a sí mismo como una persona independiente. Por difícil que esto sea a veces, es parte de una saludable transición hacia la adolescencia media —a grandes rasgos, entre los catorce y los dieciséis años—. Los padres normalmente pueden superar las protestas de sus hijos dejándolos que suelten presión. Es necesario decirles que entiendes su frustración. Pero también tienes que fijar límites acerca de lo que se puede y no se puede decir en una discusión. Puede que tu hijo esté profundamente en contra de una opinión, pero eso no justifica decir palabrotas, amenazar, tirar objetos ni portarse de manera abusiva o violenta. Lo mismo puede decirse de los padres. Debes dar el ejemplo para discutir de forma apropiada y constructiva. Debes especificar qué cosas tolerarás y cuáles serán las consecuencias si tu hijo se pasa de la raya. Primero hay que darle un aviso. Después debe atenerse a las consecuencias. Es más probable que los jóvenes no se pasen de la raya si saben lo que les espera.

El ánimo de un adolescente puede cambiar rápidamente. Si no, pregúntale a Stuart. Una noche, su hijo de dieciséis años, Rex, mientras cenaban, hablaba tranquilamente con su padre de su participación en una obra de teatro del colegio a punto de estrenarse. Unas horas antes, Stuart se había encontrado a su hijo en la cocina y le había preguntado:

—¿Qué tal van las cosas?

Rex respondió con una bronca acerca de lo entrometido que era su padre.

—Déjame en paz —le contestó.

Stuart se sintió herido y confundido por su tono confrontacional, pero no reaccionó. Después descubrió que Rex acababa de hablar por teléfono con su novia, que le había dicho que salía con sus amigas el viernes por la noche, y no con él. En lugar de hablar de sus celos y de su dolor, Rex descargó su enfado en su padre. Stuart podría haber respondido comentando el estado de ánimo de su hijo, y haber dicho:

—Pareces enfadado... Supongo que habrá pasado algo que te ha molestado. —Una frase abierta como ésa da al hijo la posibilidad de contestar. Puede que una pregunta haya sido el motivo por el que Rex se sentía interrogado. Quizá el chico habría picado el anzuelo y hablado de su sentimiento, aunque también puede que no, porque todavía estaba a la defensiva. Siempre merece la pena intentarlo. Tarde o temprano, la ley de las probabilidades favorecerá al padre.

Los chicos adolescentes luchan por encontrar su identidad. En el colegio, ya desempeñan un rol determinado: el deportista, el pijo, el popular, el artista o músico, y los que irán a la universidad. La mayoría de los adolescentes tienen una «imagen», un rol prescrito que han adoptado para sus compañeros, y no paran de evaluarse una y otra vez. Independientemente de que tu hijo hable de ello o no, piensa en qué tipo de persona es, dónde está su lugar en el mundo y cómo lo ven otros. Un joven adolescente intenta simultáneamente complacer a su padre y rebelarse contra él. A lo largo del prolongado proceso de maduración de tu hijo, le proporcionas un modelo para su conducta. Tú y tus palabras y tus acciones le servirán de referencia incluso cuando pienses que no te escucha ni te observa.

Herbie recuerda muy bien haber vivido esta etapa con su hijo de quince años, Jared, que es un muchacho tranquilo e introspectivo la mayor parte del tiempo. Cada cierto tiempo le preguntaba a su padre por qué había decidido ser arquitecto. Herbie respondía a sus preguntas e intentaba que su hijo compartiera lo que pensaba con él. Un día, Jared le confesó que se sentía diferente a otros chicos del colegio, como si no encontrara su lugar. Herbie no entendía a qué se refería su hijo y le pidió que le aclarara lo que quería decir. Jared le dijo que era difícil explicarlo, pero en la conversación siguiente Herbie tuvo una visión más nítida de la mente singular de Jared. Su hijo era una mente creativa, y no se relacionaba fácilmente con otros chicos. Le interesaba más el mundo interior del pensamiento e imaginar qué le depararía el futuro, en lugar de los dramas sociales de sus compañeros adolescentes. Jared buscaba la aprobación de su padre, y quería que Herbie le dijera que no había ningún problema con ser diferente. Puede que a Jared le hubiera costado mucho más aceptar sus diferencias si su padre no le hubiera aclarado que él lo amaría, pasara lo que pasara.

La comunicación: raíz de las buenas relaciones

La buena comunicación genera confianza y un genuino sentido de compartir. La buena comunicación no significa darle sermones a tu hijo. Los padres e hijos que pueden hablar tranquilamente tienen muchas menos dificultades para superar los retos del joven adulto. Pueden expresar sus diferencias de opinión respetuosamente, negociar las soluciones a los conflictos de forma amigable, compartir experiencias y sentirse cómodos en presencia del otro. En los chicos adolescentes que hablan regularmente con sus padres se observa la tendencia a no meterse en líos y a establecer relaciones sanas y estrechas con otras personas de ambos sexos.

Sin embargo, lo más frecuente es que los padres y sus hijos adolescentes no puedan hablarse. Un chico de quince años me dijo que sus padres eran ajenos a lo que ocurría en su vida, quiénes eran sus amigos o qué cosas le pasaban por la cabeza. Otro adolescente que vino a verme insistía en que su padre no lo conocía para nada.

—Ni siquiera le podría decir qué tipo de música escucho —dijo. Miré a su padre, que asintió tristemente con la cabeza. No podía nombrar ni un solo grupo. Por otro lado, los padres no pueden sacar a sus hijos de sus cuevas —también conocidas como habitaciones— para hablar con ellos, incluso cuando los adultos hacen el esfuerzo de averiguar qué los absorbe por completo dentro de ese espacio.

Cuando padre e hijo han creado un vínculo sólido durante la infancia, pueden adentrarse con más facilidad en los asuntos más íntimos y complejos de la adolescencia. Pero incluso para padres e hijos que tienen vínculos estrechos, los años de adolescencia pueden ser especialmente difíciles. Muchos chicos que hablan y conversan con su padre cuando niños comienzan a separarse y a cerrarse cuando llega la adolescencia. Son tímidos, celosos de su privacidad, y tienden a inhibirse emocionalmente cuando sus preocupaciones se vuelven cada vez más personales. Puede que hayas observado que tu hijo siempre parece llevar prisa. Puede que te hable brevemente, pero que te interrumpa antes de que hayas tenido tiempo de decir lo que piensas. También habrá momentos en que vive uno de sus estados de ánimo, y entonces no hablará con nadie. Puede que te sientas herido cuando lo escuches hablando por teléfono con sus amigos o cuando lo veas chateando y riendo. Ten paciencia. Es la manera de actuar de los adolescentes, que parecen amar a todo el mundo, excepto a su padre y a su madre.

Los adolescentes detestan hablar del colegio, pero a sus padres les fascina, quizá porque algunos miden el éxito de su hijo por sus logros académicos, así que aquello se convierte en un tema de discusión. Para un chico que empieza secundaria, puede que el futuro parezca estar a años luz de distancia y que las notas no tengan importancia. Henry estaba decidido a averiguar por qué Ellis tenía notas mediocres, pero Ellis le aseguró que todo iría bien si lo dejaba en paz. He aquí una de sus típicas conversaciones:

PADRE: Lamento darte la lata, pero ¿no tienes que entregar un trabajo importante dentro de tres días?

ELLIS: Sí, pero todavía queda mucho tiempo.

PADRE: Siempre dejas todo para el último momento. Creo que es el motivo de que saques notables y bienes, en lugar de excelentes.

ELLIS: Déjame en paz, papá. Ya lo acabaré.

PADRE: Sin embargo, he mirado la página web de tu profesor y decía que ayer tenías que entregar un resumen.

ELLIS: Pues le he dicho que me atrasaría.

PADRE: Eso es lo que quería decir. Nunca acabas los trabajos según el programa del profesor.

ELLIS: Siempre me estás criticando. Sólo sabes hablar del cole.

PADRE: Quizá si tuvieras mejores resultados, no andaría detrás de ti molestándote.

No hay que ser psicólogo para saber que esta conversación es un caso perdido. Pero veamos qué habría ocurrido si Henry hubiera abordado a su hijo de otra manera.

PADRE: Supongo que tus clases son muy aburridas. No pareces muy interesado en ellas.

ELLIS: Sí, me cuesta meterme en las cuestiones del colegio.

PADRE: Es una pena. Recuerdo que yo me sentía igual que tú cuando comencé el instituto. No estaba muy contento y el primer curso fue mi peor año.

ELLIS: ¿Y qué hiciste?

PADRE: Supongo que aprobé, pero muy ajustado. Y luego nos mudamos al final de curso, así que empecé de nuevo el año siguiente. Las cosas mejoraron.

ELLIS: No creo que quisiera cambiar de colegio. Tengo a mis amigos, y aunque el cole no es nada especial, puedo intentar esforzarme más.

PADRE: Intentemos pensar en algo. Quizá pueda ayudarte. Podemos conseguirte un profesor particular, intentar cambiar las clases para el año próximo, o tener una reunión con el psicólogo del instituto. Estoy abierto a cualquier idea que se te ocurra.

ELLIS: Tengo que pensármelo, papá. No sé demasiado bien lo que quiero hacer. No es que no me importen las notas, pero es como si no pudiera concentrarme.

PADRE: Entiendo que es una situación difícil. Volvamos a hablar dentro de un par de días. Entretanto, dime si necesitas ayuda con el trabajo que tienes que entregar esta semana.

Ha sido una conversación mucho más productiva. El padre escucha, no juzga ni critica, y luego ofrece su ayuda. Mantiene la puerta abierta para un diálogo en el futuro y su hijo reacciona bien. Ambos acaban la conversación sintiéndose comprendidos y cómodos el uno con el otro. No han resuelto el problema, pero padre e hijo están en sintonía, dispuestos a trabajar para obtener un buen resultado.

Entra en el mundo de tu hijo. Afortunadamente, hay muchas cosas que puedes hacer para cerrar la brecha comunicacional. Así como puedes hacer muchas cosas para entrar en el mundo de un niño pequeño, puedes tratar de familiarizarte con diversos aspectos del mundo de tu hijo adolescente. Una manera de conocer a tu hijo es pasar algún tiempo en su habitación. ¿Qué carteles hay en la pared? ¿Los nombres de los grupos de rock o de las estrellas deportivas te son desconocidos? Son temas fáciles para comenzar una conversación. Pídele a tu hijo que te cuente algo acerca de esas celebridades. Si temes el ridículo por no estar al corriente, hay una estrategia alternativa, buscar el nombre de la estrella en Google o en Wikipedia. Así estarás más preparado para empezar una conversación y no encontrarte totalmente desorientado.

Es responsabilidad tuya conocer la cultura adolescente. Mira *E! News* , lee la revista *Rolling Stone* o *People*, navega por Internet. Tu hijo te tomará más en serio, y es más probable que se abra contigo cuando sienta que lo entiendes. Conocer el mundo de tu hijo demuestra que te importa.

A medida que tu hijo adolescente crece, por difícil que sea, tienes que encontrar maneras nuevas y diferentes de demostrarle que lo amas. Piensa en las investigaciones que haces como un ingreso en un banco de emociones. Puede que tengas que esperar un poco para sacar dinero, pero los dividendos son enormes. Así que ponte en sintonía con tu hijo, ya sea que coleccione mariposas o grandes éxitos del hip-hop, coma y duerma con el fútbol, o esté obsesionado con la moda gótica. Son maneras de entrar en su conversación y establecer contacto.

Nunca menosprecies los intereses de tu hijo o lo inhibirás y dañarás la confianza que te tiene. En realidad, cualquier forma de rechazo, por sutil que sea, es peligrosa. Muchos chicos me han dicho que sus padres les hacían regalos de cumpleaños que ellos no querían para intentar distraerlos de algo que les fascinaba. Un chico pidió un nuevo videojuego y, en su lugar, recibió unas zapatillas deportivas para un deporte que él no quería practicar. No soy un defensor acérrimo de los videojuegos, pero con la presión que sus padres ejercían para que él dejara un pasatiempo por otro que ellos querían que practicara, no ganaban puntos. Al contrario, demostraba lo poco que lo entendían. Otro chico me contó que su padre hacía comentarios sarcásticos sobre el corte de pelo de sus amigos. El padre pensaba que era gracioso, pero los sentimientos de los adolescentes son muy frágiles, y cuando su padre hablaba mal de sus amigos, el hijo sentía que hablaba mal de él.

A veces, los padres tienen que esforzarse de verdad para conectar con sus hijos. Howard me confesó que no sabía de qué hablar con su hijo de catorce años, J.R., porque tenían muy pocas cosas en común. A Howard no le gustaba el rap, pero a J.R. le fascinaba, y estaba obsesionado con Ludacris y Nelly, Dr. Dre y Jay-Z. Escuchaba rap, bailaba rap e iba a conciertos. A diferencia de Howard, a J.R. no le decían nada los deportes, la carpintería o incluso los videojuegos.

Le sugerí a Howard que invitara a J.R. a un concierto de rap en la ciudad, pero él se negó enseguida porque no le apetecía tener que soportar uno de esos conciertos.

—¿Y qué pasa si eso significa conectar con J.R.? —pregunté—. Nada de lo que has probado ha dado resultados.

Howard me entendió, buscó en el periódico y encontró un concierto de rap que se iba a celebrar próximamente. Preguntó a otra pareja de padre-hijo si querían ir con ellos —para hacerlo más soportable—. Su hijo estaba entusiasmado, lo cual sorprendió a Howard, que pensó que J.R. quizá se burlaría de su repentino interés.

Durante el concierto, J.R. se soltó en la relación con su padre. Rieron a propósito de algunos números y hablaron de los temas de las canciones. J.R. le dijo a su padre que pensaba que estaba muy bien que lo invitara a salir un día entre semana, y Howard reconoció que la música no estaba tan mal. Lo más importante es que padre e hijo dieron un paso hacia una relación más estrecha. Dos semanas más tarde, cuando J.R. supo que sus padres buscaban una casa nueva, dijo que los acompañaría ese fin de semana. J.R. llevaba muchos meses sin pedirles que hicieran algo juntos.

Entablar conversación. Si vas a cultivar una estrecha relación con tu hijo, tendrás que hablar con él regularmente. Hacerlo de diez a quince minutos al día es un objetivo razonable. Pasa por su habitación antes de irte a dormir o pídele que venga a tu estudio cuando tenga un momento libre. Distrae a tu hijo del ordenador o la televisión. No intentes hablarle cuando está a punto de salir. Es probable que no te haga caso, o que te lance una respuesta de dos palabras: «Sí, vale». Si ésa es su manera habitual de responderte, dile que te gustaría verlo unos minutos cuando pueda prestarte toda su atención. También puedes intentar hablar con él si vais juntos en el coche, cuando esté comiendo algo tarde por la noche o cuando ya no tiene nada que hacer y anda dando vueltas por la casa.

Si le preguntas a tu hijo por el colegio o los amigos y recibes un gruñido como respuesta, cambia tu estrategia. Los adolescentes suelen decir que no pasa nada y se quejan de que los padres hacen las mismas preguntas una y otra vez. Habla de las noticias locales, por ejemplo, de una pelea en el partido de fútbol de la noche anterior, o de las drogas incautadas en el centro comercial. Habla del coche que piensas comprar, y pídele su opinión. Las dos palabras más importantes que puedes emplear para iniciar la conversación son: «¿Qué piensas?» A los adolescentes les fascina compartir su opinión y demostrar que ellos también saben algo, una oportunidad que aprecian de verdad. Y cuando hables con tu hijo, asegúrate de que la conversación fluye en los dos sentidos. Eso significa que papá habla y el hijo calla. Después, habla el hijo y papá calla. Nada de sermones unilaterales.

Comparte algunas de tus propias experiencias de adolescente. Los hijos suelen interesarse en saber lo que sus padres aprendieron cuando cometieron errores similares. Los hace sentirse seguros al compartir sus propias preocupaciones. Pero no hay que hablar de lo buen alumno que eras, de lo difícil que lo tenías cuando pequeño, o de que nunca habrías hablado a tus padres como tu hijo te habla a ti. Los adolescentes interpretan esto como una crítica jactanciosa de su carácter, en lugar de como una invitación a compartir sus sentimientos y experiencias. En otras palabras, aquello que tú has hecho bien, ellos lo hacen mal.

Brett y su hijo de trece años, Corey, tardaron tiempo en aprender a hablarse. Una noche, el chico necesitaba que lo llevaran a dormir a la casa de un amigo que quedaba a cuarenta minutos de la suya. Brett dijo que lo llevaría con una condición, que Corey apagara su iPod. Desesperado por que alguien lo llevara, el muchacho dijo que sí. Al principio del viaje, guardaron silencio.

—¿Cuántos chicos duermen en casa de tu amigo esta noche? —preguntó Brett.

—Puede que tres o cuatro —dijo Corey.

—Seguro que será divertido. ¿Qué crees que haréis? ¿Mirar unas pelis?

Corey entornó la mirada.

—No estoy seguro, papá. Ya veremos.

Brett se sintió rechazado. Muchos padres renuncian a hablar con sus hijos en momentos como ése. Algunos padres hablarán del partido de baloncesto de la noche anterior. Otros no dirán absolutamente nada. Brett no se dio por vencido y siguió hablando, decidido a encontrar un tema que pudiera compartir con su hijo.

—¿Sabes?, cuando era niño —dijo Brett a su hijo—, solíamos hacer algunas jugarretas muy pesadas cuando nos juntábamos a dormir en casa de alguien.

Corey se enderezó en su asiento.

—¿Como qué? —inquirió.

—Hacíamos llamadas telefónicas falsas a personas cuyos apellidos encontrábamos en la guía telefónica. Por ejemplo, el apellido Feito. Llamábamos, preguntábamos «¿Es usted muy feíto?», y luego colgábamos. Para nosotros, era la cosa más divertida del mundo.

Corey reía.

—¿Y nunca os pillaron?

—Hubo algunas llamadas en las que casi nos pillaron, pero los teléfonos no tenían identificador de llamada en aquella época.

—Nosotros también hacemos cosas —dijo Corey.

—¿Como qué?

—Hace unas semanas, mandamos un correo electrónico a un chico fingiendo ser una chica que le gusta, diciéndole que quería enrollarse con él. Fue para troncharse de la risa. A veces llamamos y pedimos pizzas y decimos que las entreguen en casa de alguien —dijo el chico.

—Eso es un poco bestia —dijo Brett.

Los dos rieron y hablaron durante el resto del trayecto. Brett le dijo a Corey que sabía que las bromas eran divertidas, pero que debía tener cuidado. Dijo que podían realmente herir los sentimientos de alguien.

—No estoy orgulloso de lo que hice —dijo su padre—. ¿Me prometerás que tendrás cuidado y al menos pensarás en lo que haces?

Corey asintió con un movimiento de la cabeza. Luego se prometieron el uno al otro que seguirían hablando.

—Quiero saber lo que ocurre en tu vida —dijo Brett.

Si Brett hubiera renunciado a hablar al comienzo de la conversación, nunca habría conectado con su hijo de una manera tan profunda.

Cuando tu hijo se cierra, encuentra otra manera.

Fijar límites razonables

Tendrás que seguir fijando límites para tu hijo en los años de la adolescencia. Los jóvenes deben aprender a respetar las reglas y a poner límites a su conducta como preparación para ingresar en la vida adulta. Como la «voz masculina» de la autoridad que recuerda lo que se siente al ser un chico adolescente, tú eres la mejor persona para ayudarles en ese rol. Sin embargo, fijar límites es tarea de los progenitores, y cuanto más de acuerdo estén, mayores son las posibilidades de que un adolescente responda a sus expectativas. Como hemos visto en los capítulos anteriores, los hombres suelen poner sobre la mesa su experiencia con su padre. Si tu padre pertenecía a la corriente de mano dura, puede que tú lo imites, o puede que decidas hacer lo contrario. Sin embargo, tienes que equilibrar el hecho de fijar límites con dar a los adolescentes una libertad apropiada para su edad. A los tiranos no les va mucho mejor que a los condescendientes. Según los resultados de un conjunto amplio de investigaciones, los padres excesivamente controladores suelen crear adolescentes rebeldes, así como los padres excesivamente permisivos crean adolescentes conflictivos. De manera que evita los extremos y adopta una actitud mesurada y bien fundamentada.

Los límites que fijas —horas de llegada a casa, conducción del coche, salidas a fiestas, actividades de grupo— deberían basarse en la edad de tu hijo, en lo responsable que ha demostrado ser en otras ocasiones. Sería poco razonable dejar a un chico de trece años quedarse hasta las once de la noche durante un fin de semana sin nadie que lo vigile, pero sería igual de irrazonable esperar que un chico de diecisiete esté de vuelta en casa a las diez, sobre todo si es un «buen» chico y todos sus compañeros pueden quedarse hasta mucho más tarde. En cualquiera de los dos casos, el padre debería saber a dónde va su hijo y con quién sale, y enterarse si sus planes cambian. Tienes que saber qué ocurre cuando tu hijo sale, así que averigua dónde van los chicos y qué es una libertad considerable según otros padres. Si sigues teniendo dudas acerca de lo que se considera «típico», consulta con el tutor de la escuela para tener más información.

Establecer las reglas no basta. Tienes que explicar tus razones a los adolescentes y darles la posibilidad de defender su postura. Eso no significa que cedas, pero das la oportunidad a los chicos de desahogarse, de sentirse escuchados y comprendidos. Es probable que sigas oyendo frases como «Déjame en paz» o «No es nada importante». Ese tipo de actitudes es una señal de que hay que ir más allá en el diálogo. La anticuada frase «Porque yo lo digo» no sirve de nada. «Porque yo lo digo» frustra a los adolescentes. Ellos quieren saber de dónde provienen esas reglas. Quieren discutir sobre la lógica que las sustenta. Si las reglas parecen arbitrarias o sin sentido, tu hijo se sentirá más irritado cuando las apliques sin dar una explicación.

Es el momento de fijar con claridad las expectativas y los límites.

El colegio. La asistencia regular es algo que no se discute, pero también debes hacerle saber a tu hijo que esperas que haga un esfuerzo sostenido para hacerlo lo mejor posible, aunque eso no signifique siempre obtener excelentes. No tienes que saber todo lo que ocurre en el colegio, pero deberías saber algunas cosas. Dile claramente a tu hijo que compartir información acerca de su vida no es una cuestión opcional, sino obligatoria. Tienes que conocer a sus amigos, compañeros de equipo y sus actividades extraescolares.

La hora de llegada a casa. Los adolescentes las necesitan. Negociar la hora en la que el hijo vuelve a casa puede ser un punto conflictivo entre padres e hijos. Cada vez que tu hijo cumple años, puedes recompensarlo aflojando un poco las riendas, pero sólo si él cumple y demuestra ser responsable. Darle más libertad crea confianza entre vosotros. Cuando discutes sobre una hora de llegada razonable, negocia hacia arriba, no hacia abajo. En otras palabras, empieza con una hora temprana. Si tú sugieres que la hora de llegada sea a las once de la noche, es probable que él pregunte:

—¿Y por qué no a medianoche?

Entonces se sentirá como si hubiera contribuido a decidir la hora de su llegada, aunque la medianoche era la hora que tú mismo habías pensado.

Las drogas y el alcohol. Demasiados adolescentes prueban el alcohol y las drogas a una edad muy temprana, y todo el mundo coincide en que es algo que plantea graves riesgos para la salud. No mires para otro lado si sabes que tu hijo consume alcohol. Tienes que enfrentarte a ello. Algunos padres establecen una prohibición total. Otros reconocen que es probable que los hijos experimenten y les ofrecen abundantes consejos sobre cómo manejarse con toda la seguridad posible. Una vez más, no tienes que darle sermones a tu hijo, porque puedes obtener mejores resultados cuando cuentas anécdotas de tu propia vida. La historia de un amigo que sufrió un coma etílico puede ilustrar los peligros de beber descontroladamente. Una anécdota sobre el chico que vive en la esquina y que asiste a cursos de rehabilitación o que está internado en un reformatorio por fumar demasiada marihuana es una lección sobre los peligros de la adicción. Los cuentos ejemplares pueden dar buenos resultados. Sin embargo, es conveniente que aclares a tu hijo que el consumo de drogas y alcohol está prohibido. Si das la impresión de que permites los experimentos, puede que resulte difícil invertir la tendencia.

Establecer las reglas es sólo la mitad de la batalla, quizá la mitad más fácil. El verdadero desafío consiste en hacer cumplir estos límites de manera eficaz. El castigo debe guardar relación con el delito. Una primera falta no debería ser sancionada con tres meses sin salir, pero una falta recurrente debe ser abordada seriamente. Los castigos deben enseñar cuáles son las consecuencias, pero no deberían ser un ejercicio sobre cómo infligir dolor. Siempre háblale de lo que ha hecho mal, por qué lo ha hecho y cómo podría lidiar con la misma situación de otra manera si volviera a ocurrir. Lo más importante es que, si ves que no paras de castigar a tu hijo y que ello no da resultados ni hace que su conducta cambie o mejore, tienes que probar con otra estrategia.

A veces un padre siente tanta aprensión por que su hijo ha tomado el camino equivocado que prácticamente lo encarcela, y lo hace en nombre del amor y de la inquietud de los padres. Seth, el hijo de dieciséis años de Andre, era un buen chico, pero rara vez cumplía con las expectativas del padre, y en el colegio sacaba notables y bienes. Tocaba el saxo en la orquesta del colegio y estaba en el equipo de atletismo. La mayoría de sus profesores lo describían como un chico tranquilo. No era el participante más activo de la clase, pero siempre prestaba atención. Seth tenía un pequeño círculo de amigos que, normalmente, no se metían en líos, pero nadie lo hubiera dicho por cómo lo trataba su padre.

Andre seguía atentamente las actividades de Seth, creyendo que tenía que proteger a su hijo «de las malas influencias». El chico tenía que volver a casa a las nueve y media los viernes y sábados por la noche. Andre le olía el aliento para asegurarse de que no había bebido alcohol, lo cual era humillante para Seth. Le molestaba que su padre no le creyera cuando él le decía que no había bebido. Andre solía escribir a los profesores de Seth para tener información sobre su rendimiento escolar. A menos que la respuesta fuera brillante, Andre le pedía explicaciones a Seth, creyendo que tenía que presionarlo en sus estudios para que no desperdiciara su vida.

Andre no se daba cuenta de que muchas de sus conversaciones con Seth tenían que ver básicamente con los deberes. Cada vez que su hijo volvía a casa con un bien, no podía utilizar el ordenador durante una semana. Aun así, Seth no era un alumno brillante. En lugar de esforzarse más para complacer a su padre o de rebelarse contra su control, se inhibió. Seth pensaba que su padre no lo conocía y que nunca hablaba con él sin un propósito que naciera de sus expectativas. Era un patrón que existía desde hacía varios años antes de que vinieran a verme: el padre estaba decidido a fijar estrictos límites, pero su hijo no le correspondía. La mujer de Andre le dejó ser el padre alfa y no intervenía cuando era duro con Seth. Le dejaba hacer lo que él creía correcto.

Un domingo por la mañana, Andre se enfadó porque Seth no se había levantado a las nueve de la mañana. Sabía que su hijo tenía que comenzar su proyecto de historia oral. Andre entró en su habitación y le dijo que se levantara. Cuando Seth no se movió, Andre lo sacudió. El chico tenía los ojos en blanco. Estaba caliente y parecía que deliraba. Andre bajó corriendo y llamó a una ambulancia. Seth había tomado una sobredosis de Tylenol por decisión propia y en urgencias le hicieron un lavado de estómago.

Unos días más tarde, Andre, su mujer y Seth vinieron a verme. El muchacho parecía pálido y demacrado y no tenía que decir gran cosa ese día. Tardamos un tiempo en desvelar los detalles de su historia, a saber, que el padre de Andre había sido tan controlador como el propio Andre. Le dije que sus reglas no servían y que tendría que cambiarlas.

—Por eso estamos aquí —dije. Cada miembro de la familia habló a su vez y juntos elaboramos un plan. Andre aflojaría las riendas. Seth asumiría más responsabilidades en casa. Y la madre velaría por que los dos cumplieran su promesa. Andre estuvo de acuerdo con ampliar la hora de llegada de Seth a cambio de que su hijo se comprometiera a crear un plan de estudios. Cuando insistí, padre e hijo acordaron pasar algún tiempo juntos los fines de semana. Había una condición, a saber: que no se podía hablar del colegio.

A lo largo de los seis meses siguientes, las relaciones de Andre y Seth siguieron siendo tensas y difíciles, pero fueron relajándose progresivamente en cuanto empezaron a superar los roles de celador-prisionero en los que se habían quedado atrapados. Su visión unilateral del otro también cambió en la medida en que Andre se abrió para suavizar sus tendencias disciplinarias. Seth se sentía más cómodo revelando sus propios gustos y disgustos, su aburrimiento en el colegio, y su sensación de que las clases no le ayudaban a prepararse para el futuro, ni eran relevantes para nada de lo que pensaba hacer en el futuro. Han descubierto algunos intereses comunes en sus salidas juntos los fines de semana. Sin embargo, siguen buscando algo que estimule a Seth y le proporcione una orientación durante sus años de adolescentecia, hacia la universidad y más allá. Ya que no lo han abordado con el método superplanificado y militarista con el que creció Andre, sus exploraciones los están acercando el uno al otro poco a poco.

La forja del carácter

Todo lo que hemos abordado en este capítulo contribuye a un objetivo, a saber, criar un hijo que tenga buen carácter. Hay pocos placeres más intensos que mirar a tu hijo y sentirte orgulloso por lo que ha logrado ser. El alcance de tu influencia está directamente relacionado con la calidad de la relación con tu hijo. ¿En cuántos adolescentes puedes pensar que siguen los consejos de un padre que no respetan? Volvamos a mirar tres ingredientes básicos que tienes que cultivar en tu hijo: respeto de sí mismo, valores y empatía.

Los jóvenes que sienten verdadero respeto de sí mismos creen que son chicos decentes, amables, responsables y competentes. No son dominados fácilmente por la influencia de otros y creen firmemente en sus propias convicciones. Reconocen sus defectos y no sienten la necesidad de impresionar a otros con sus logros. Un profesor lo resumió perfectamente:

—Son el tipo de jóvenes con los que uno disfruta.

Ya que se respetan a sí mismos, también respetan a los demás.

En psicología, existe una polémica a propósito de los problemas de autoestima. Hay cada vez más educadores y psicólogos que sugieren que los adolescentes de hoy en día tienen una autoestima demasiado alta y que la sociedad ha hinchado sus egos más allá de lo que es bueno para ellos como individuos o para el bienestar general de la sociedad. A los adolescentes se les hace creer que pueden hacer cualquier cosa y convertirse en lo que quieran, lo cual les hace pensar que lo conseguirán sin poner en ello demasiado esfuerzo. Algunos adolescentes no entienden que se tienen que ganar lo que desean, y una autoestima excesiva puede convertirse en arrogancia.

Puedes fomentar una autoestima equilibrada, basada en la autoeficacia, empujando a tu hijo cuando necesite un impulso y haciéndolo aterrizar suavemente cuando su ego se hincha. Hace unos años, un padre se acercó a hablar conmigo después de una conferencia que di y que versaba sobre la creación de la confianza en sí mismo. Me dijo que a menudo alababa a su hijo e intentaba que se sintiera como alguien único entre sus hermanos. Le pregunté cómo lo hacía. Me contó que tenía un hijo con un agudo sentido del humor, otro que era aficionado a los temas de actualidad y un tercero que era atleta.

—Valoramos a nuestros hijos por lo que son e intentamos no comparar manzanas con naranjas —dijo. Ni él ni su mujer tenían expectativas no realistas con respecto a sus hijos y pensaban que la clave para estimular su autoestima consistía en aceptarlos tal como eran.

Tiene toda la razón. La mayoría de las veces a los chicos no hay que presionarlos ni controlarlos demasiado. Hay que alentarlos, estén donde estén. Un chico que saca notable y bien no se convertirá en alumno de una universidad selecta porque su padre elabore un rígido plan académico ni porque desee que su hijo mejore su rendimiento. El hijo tiene que desearlo lo suficiente para realizar el esfuerzo sostenido necesario para ser el más listo de la clase. Los padres deben ser realistas y animar al hijo que saca notables y bienes a trabajar y a retarse a sí mismo, pero tu hijo no debería sentirse atrapado o desesperado intentando complacerte.

Una parte integral del respeto de sí mismo es un sistema de valores bien fundado. Tú modelas las conductas que expresan las ideas que quieres que tus hijos tengan. No hay mejor manera de enseñar a los hijos que vivir en la práctica la vida que intentas fomentar e inculcar valores esenciales como la honestidad, el respeto y la generosidad. Todas las Navidades, una familia que conozco dona todos los juguetes viejos al hospital de niños de su localidad con el fin de inculcar en sus hijos la generosidad. Un chico que conozco vio a su padre devolver un billete de diez dólares a una cajera en un McDonald's cuando ésta le dio el cambio incorrecto. Otro padre intervino cuando el padre de un chico de un equipo visitante empezó a gritarle al entrenador de fútbol de su hijo, y fue capaz de calmar los ánimos de todos.

Los adolescentes aprenden a respetar a base de repetir. Los jóvenes suelen llevar prisa y olvidan decir «Gracias», «Por favor» y «Lo siento». No lo dejes pasar. Recuérdales ser atentos cuando son jóvenes y no dejes de hacerlo hasta que ellos lo digan por iniciativa propia. Explícale a tu hijo que si quiere que las personas lo traten con respeto, él tiene que tener las mismas cortesías con los demás. Puede que tardes meses y años para que este mensaje llegue a su destino.

Algunos adolescentes maldicen a sus padres. Los progenitores suelen gritarles a su vez o castigarlos, pero eso no servirá de gran cosa. Si tu hijo hace esto, te sugiero que salgas de la habitación y le digas que no hablarás con alguien que te trate de esa manera. Un padre lo intentó.

—Poco después, me vino a pedir algo y yo le dije que no, y le recordé que era difícil ser amable con alguien que no era amable conmigo. No se ha convertido en un ángel, pero empieza a aprender a controlar sus palabrotas.

La gente compasiva sintoniza más fácilmente con los sentimientos de los demás. Si ayudas a una mujer mayor con las bolsas de la compra o si ayudas a un minusválido a ir por una acera bloqueada por bolsas de basura, cajas de reparto y gente, quizá tu hijo acabará siendo alguien que comparte su bebida con un amigo que no tiene dinero para pagarse una, o quizá hará un esfuerzo para defender a la víctima de los abusos de un tercero o para rescatar a un perro o a un gato maltratado. Verá la importancia de cuidar de las demás personas.

Es un trabajo difícil saber vigilar a tus hijos y enseñarles lo que tienen que saber. Irás mejorando poco a poco cuanto más participes activamente en las emociones y etapas que viven. Tu hijo te escuchará. Tu mujer te lo agradecerá. Puede que incluso duermas mejor. Recuerda, hay numerosas oportunidades para corregir errores, reconstruir relaciones y convertirte en el padre que quieres ser.

4

Cosas que los padres no quieren decir

Los temores secretos de los padres y cómo enfrentarse a ellos

Conocí a Barry hace varios años. Comenzó nuestra reunión con los típicos comentarios, diciendo que «todo va bien». Su mujer estaba bien. Su hijo también. Sin embargo, los dos sabíamos que había venido a verme porque las cosas no iban bien. Su mujer estaba enfadada con él y su hijo estaba deprimido. Nuestra sesión tenía que tratar de sus problemas, no de los de ellos. Barry se hundió en el sillón y, al principio, ni me miraba a los ojos. Se sentía raro en una terapia, casi falso, y se sentía incómodo, como les ocurre a algunos hombres en su primera conversación.

—No parece feliz —le dije—. Debe estar sometido a una gran presión en el trabajo. —Él asintió con un gesto de la cabeza. Tenía unas ojeras de color púrpura.

—Es muy difícil para mí estar aquí —dijo. Yo lo entendía y le dije que me alegraba de que hubiera venido.

—Tendrá que quitarse esos pesos de encima si quiere superarlo —dije.

—Créame que lo intento, doctor —dijo—, pero estoy hecho un lío. Mi matrimonio es un desastre, y me cuesta enfrentar esa verdad. Llevamos meses así. Cada vez me quedo en el despacho hasta más tarde. Cuando estoy en casa, mi mujer no se relaciona conmigo y mi hijo sabe que algo no va bien. Está muy callado cuando estamos juntos, y yo no sé muy bien qué decirle.

—¿Habla con alguno de sus amigos de esto? —pregunté.

—No —dijo—. A decir verdad, soy una persona muy celosa de su privacidad.

—¿De qué tiene miedo, Barry? —Es una pregunta que no se hace a los hombres a menudo. A Barry se le llenaron los ojos de lágrimas.

—Me da miedo pensar que pueda perder a mi mujer y a mi hijo —murmuró—. Temo que nunca me perdonen por no estar con ellos lo suficiente.

Los hombres no se sienten cómodos hablando de cuestiones privadas. Barry no es el único hombre que sufre en silencio. Muchos padres se guardan sus sentimientos, y sólo los revelan a unos pocos escogidos de su círculo más estrecho. Algunos consiguen guardarse del todo los sentimientos y se cierran a aquellos que más podrían ayudarles. Sin embargo, en las circunstancias adecuadas, con apoyo y comprensión, lo contarán todo, lo cual puede abrir un nuevo capítulo en sus vidas.

Hay padres que pueden tener muy buen aspecto o decir que están muy bien y que, en realidad, no lo están interiormente. Quizá tú seas uno de ellos, un buen hombre que lucha por dar lo mejor de sí, aunque siempre sabiendo que algo no va bien. Quizás estés enfadado, triste o resentido, o incluso te sientas como un incompetente. Pero si has de convertirte en el padre que quieres ser y el padre que tu hijo necesita, tienes que llegar al fondo de estos sentimientos y contar tu historia.

Suele ocurrir que estoy hablando con un padre y de repente reconoce que ocurre algo importante. También le cuesta mucho hablar de aquello que retiene porque teme que al reconocer este sentimiento tan bien guardado se convertirá en un alud de introspecciones que versan sobre más sentimientos íntimamente guardados y que todo conducirá a un cambio. Y tiene razón. Muchos hombres expresan temores, resentimientos y añoranzas similares. Algunos lo reconocen ante su esposa, otros no. Reconocer estos sentimientos secretos no sólo te ayudará a entenderte mejor a ti mismo, también ayudará a tu mujer o a tu pareja a empatizar contigo y a entenderte mejor. Por ejemplo, muchos hombres están acostumbrados a decir cosas que parecen poco sensibles cuando, de hecho, intentan decir algo estimulante o amable. Se sienten incómodos expresándolo. Cuando son capaces de reconocerlo ante sí mismos, pueden acercarse a su mujer o a sus hijos de tal manera que logran conectar en lugar de alejarlos aún más.

En las páginas que siguen, encontrarás un mapa del corazón de un padre, un complejo laberinto de emociones blindado por el orgullo y las coerciones. Puede que te reconozcas a ti mismo o reconozcas a tu padre en las imágenes, y que descubras que tu padre quizá no era el que pensabas, y que encuentres aspectos de ti mismo que entenderás con más nitidez.

¿Qué dicen los hombres a puertas cerradas?

«Me siento más cómodo en el trabajo que en casa»

El trabajo es un lugar seguro para los hombres. En el trabajo pueden hablar el lenguaje de los hechos en lugar del lenguaje de los sentimientos, algo que casi todos los hombres prefieren. A menudo, los hombres creen que pueden controlar mejor el entorno del trabajo que el del hogar. Su papel en el trabajo está definido con claridad. En casa, eso no es así. Homer Simpson y Al Bundy nos divierten tanto porque los hombres se reconocen en estos personajes torpes que no saben hacer bien las cosas en casa. Un paciente llamado Arthur resume lo que piensan muchos hombres.

—Cuando estoy en casa, nunca sé muy bien qué hacer —dice—. En el trabajo, me siento el rey del mambo, pero por la noche espero instrucciones de mi mujer sobre lo que debo hacer. Supongo que en gran parte es culpa mía. Estoy seguro de que podría aprender a hacer la mayoría de las tareas en casa, pero dejo la mayor parte del trabajo a mi mujer. No me siento orgulloso de ello, pero, en el fondo, creo que lo prefiero así.

En el trabajo, a los hombres rara vez se les pregunta por sus sentimientos, de modo que no tienen que tratar con las emociones ni sentirse incómodos con ellas. Ya que los hombres han tenido una formación mucho más completa en sus empleos de la que han tenido como padres, es más fácil para ellos solucionar los problemas del trabajo que los de casa. Cuando le pregunté a Arthur, padre de tres niños pequeños, por qué dejaba que su mujer le dijera lo que tenía que hacer en casa, se encogió de hombros.

—Sé que se supone que no es lo que tiene que hacer un padre moderno —dijo—, pero resulta fácil hacer las cosas como ella las quiere. Luego yo puedo retirarme a mi estudio y ella se ocupa de lo que haga falta.

Para algunos hombres, el hogar es un lugar incómodo. Se sienten como si no encajaran, porque no siempre saben cómo comportarse, qué hacer, qué sentir. Se sienten impotentes, como un pez fuera del agua. Algunos se inhiben y optan por lo más cómodo, a saber, mirar la tele, terminar algún trabajo que se han traído a casa, pasar horas delante del ordenador. Los hombres que se sienten incómodos en casa a menudo tienen éxito en el trabajo, y creen que las personas los juzgan por su éxito. A algunos les preocupa tanto lo que piensan todos acerca de ellos que no toman en cuenta lo que piensan su mujer y sus hijos.

—A mí me educaron en la creencia de que el valor de un hombre se define por sus logros en el trabajo. Todos los días tengo que salir a demostrar quién soy a los que me rodean. A veces me siento mejor en el trabajo, porque ahí soy productivo. En casa, no logro hacer gran cosa.

Algunos padres niegan todas las dificultades en casa e insisten en que ellos trabajan mucho para darle a su familia una vida holgada. En ocasiones, es verdad. Sin embargo, en muchas otras los padres son ciegos a la añoranza que tiene el hijo del padre y no tienen ni idea de las ganas que tienen sus mujeres de que participen más en la vida del hogar.

—La gente en el trabajo me deja tranquilo —manifestó un padre—. En el trabajo hay menos problemas. Mi mujer no está riñéndome todo el rato. No hay nadie que tire de la pierna de mi pantalón para atraer mi atención. En el trabajo, apoyan mi gestión de forma incondicional, de modo que no es difícil saber si he hecho algo mal.

He conocido a padres que administran su casa como si fuera un despacho. Sin embargo, el estilo de estos padres altos ejecutivos no da muy buenos resultados. De hecho, fomenta un resentimiento considerable. Los miembros de la familia, sobre todo la mujer y los hijos mayores, quieren ser tratados como iguales, no como empleados con una agenda de tareas y obligaciones. Los padres altos ejecutivos carecen de las destrezas emocionales para entenderse bien con la familia, y a menudo recurren a aquello con lo que se sienten más cómodos, es decir, «el control». Este tipo de padre a menudo ha tenido un modelo de rol (su propio padre) que se mostraba distante y no participativo, y puede que sea una persona solitaria y con rabia. Están sometidos a mucho estrés, tienen muchas dificultades para expresar su intimidad y sus hijos sufren.

Trabajé con Dennis, un padre de cuarenta y ocho años, y con su hijo, Devin, de diecisiete, hace un tiempo. Dennis estaba en permanente conflicto con Devin, y no fue uno de mis grandes éxitos. El chico tenía rabia, era rebelde y le iba mal en el instituto. Pasaba más tiempo castigado que en clase. A veces, los fines de semana no volvía a casa por la noche, y a sus padres les preocupaba y lo esperaban hasta altas horas de la noche. A Devin no le agradaba demasiado la terapia hasta que le pregunté por su padre. Podía pasarse sesiones enteras insultándolo. Lo veía como un hipócrita, siempre hablando de los valores de la familia, aunque rara vez llegaba a casa a cenar. Dennis se unió a su hijo en la terapia, aunque a regañadientes, porque yo insistí en que él estuviera presente si queríamos trabajar correctamente para hacer cambiar al chico. En varias ocasiones, Dennis me recordó que tenía un trabajo importante en Capitol Hill y que se perdía una reunión importante para estar con nosotros. Miraba su reloj con cierta frecuencia. En cuanto abordábamos los problemas de Devin, Dennis intervenía.

—Este chico tiene una actitud horrible —decía—. Tiene que madurar.

Le pregunté a Dennis si acaso era posible que algunos problemas de Devin se debieran a su incapacidad de anteponer la familia al trabajo, pero él adoptó una actitud defensiva.

—Trabajo mucho para darle a mi familia un buen nivel de vida —dijo—. Él no agradece nada de eso.

Devin contestó diciéndole a su padre que se metiera el dinero por el culo. Fue la última vez que vi a Dennis, que me dijo que si yo no lograba controlar a su hijo y lo obligaba a respetarlo, no volvería. Le expliqué que ésa era su tarea, no la mía, pero a él no le interesaba.

Por desgracia, muchos padres son incapaces de ver cómo sus decisiones profesionales afectan a sus familias. Otros padres tienen tantas dificultades económicas que están obligados a trabajar muchas horas y prescindir de los momentos con la familia para mantenerla a flote. Sin embargo, algunos padres estresados realmente no quieren reconocer que prefieren el trabajo a la familia. Lo reconozcan o no, son los hijos los que pagan el precio por ese conflicto en que están inmersos los padres. Muchos padres son hombres buenos atrapados entre la espada y la pared. Sin embargo, algunos ven las consecuencias, pero no cambian. Por ejemplo, Nathan me dijo que se avergonzaba de haber creado un monstruo —su hijo tenía problemas en el colegio—, pero él no se atrevía a hacer el sacrificio económico necesario para solucionar los problemas del hogar. Al contrario, se escapaba a su despacho todos los días. Su mujer y su hijo se alejaban cada día más de él.

«Mi hijo estará bien si va a los mejores colegios y yo le presto mi apoyo económico»

Se trata de una excusa por no tener una relación adecuada con el hijo. Para estos padres, como los descritos más arriba, es evidente que el trabajo es más importante que la familia. A veces estos hombres sencillamente se sienten incómodos en su papel de padre e interactuando con niños. No han participado demasiado como padres y creen que siempre y cuando «preparen» a su hijo para una buena vida, éstos acabarán teniéndola. Sin embargo, las cosas materiales rara vez sustituyen la falta de participación del padre. Puede que los hijos «triunfen», aunque sigan sintiendo una gran pérdida a lo largo del camino. No tienen buenos modelos de rol, no se sienten amados ni emocionalmente conectados con sus padres. Estos niños pueden acabar siendo unos «consentidos», que creen que tienen derecho al éxito en el futuro y carecen de la capacidad para establecer relaciones íntimas en su propia vida. Es probable que sientan rabia contra sus padres por no estar presentes, una rabia que puede manifestarse de forma inapropiada en todo tipo de situaciones.

En cierto sentido, muchos padres saben que se buscan excusas por el tiempo que pasan fuera de casa, y niegan muchas cosas. Derek, un agente de bolsa de cuarenta y dos años, vino a verme respondiendo a la insistencia de su mujer, Lorraine. Ésta se encontraba molesta porque creía que Derek tenía una relación superficial con Richie, su hijo de doce años. Lorraine pensaba que a su marido sólo le importaba su carrera profesional y su imagen en el barrio. Juraba que prefería conducir su Porsche descapotable a ir al recital de piano de su hijo.

—No es verdad —dijo Derek, riendo. Y luego me guiñó un ojo—. Pero es verdad que adoro ese coche.

Lorraine no lo encontró divertido. Se encaró con él y le reprochó:

—Richie necesita un verdadero padre. —Derek sabía qué quería decir. Había reconocido que siempre intentaba aparecer un rato en los recitales y partidos de baloncesto de su hijo «sólo para que mi mujer crea que soy un buen padre», y ahora veía que Lorraine se daba cuenta de ello. Derek explicó que había tenido mucho trabajo últimamente porque lo habían ascendido hacía poco.

—Hace ya seis años que Richie asiste a un colegio privado —dijo—. Es un muchacho excelente. Le va muy bien con los estudios y participa mucho en las actividades escolares. Me siento muy orgulloso de él.

Le pregunté a Derek si creía que Richie quería que pasara más tiempo con él.

—Qué va —contestó—. Está tan ocupado que a veces sólo consigo estorbarlo en sus actividades. Yo cumplo con mi parte, y le doy una buena vida. Él cumple con la suya haciendo que yo me sienta orgulloso.

Era evidente que, según Derek, no había ningún problema, pero le expliqué que el hecho de que su hijo sacara buenas notas no significaba que no añorara una relación más estrecha con su padre. Lorraine sentía que Richie quería que su padre mostrara más interés en su vida, pero que no se le ocurría pedirle más atención, y ella no quería que su hijo se alejara de la familia al final de la adolescencia o que le guardara resentimientos a su padre. Derek tardó un par de meses en darse cuenta de lo lejos que estaba de su hijo. Respondiendo a lo que Lorraine y yo le pedimos, empezó a invitar a salir a su hijo un par de veces a la semana y prometió que estaría en casa a la hora de la cena tres días a la semana. Derek no observó un gran cambio en su hijo —Richie ya era un buen muchacho—, pero se dio cuenta de que empezaba a conocer mejor a su hijo. También reconoció que, desde que había recortado sus horarios de trabajo, la familia estaba más unida. Y Lorraine había dejado de mostrarse huraña con él.

Después del último recital de piano de Richie, éste le había agradecido a su padre que asistiera. Y luego quiso que sus profesores lo conocieran. Daba la impresión de que le fascinaba «enseñar a su padre» de la misma manera que a Derek le había fascinado enseñar su Porsche. Cuando Derek vio que su hijo estaba contento sólo porque él había asistido al concierto, que su presencia significaba un mundo para Richie, se le humedecieron los ojos. Me confesó que había tenido una especie de iluminación.

—Richie me quería de verdad en su vida —dijo—. Ya sé que suena ridículo. Es evidente que el hijo quiere que su padre forme parte de su vida. Pero yo me había convencido de que tenía tanto apoyo de Lorraine y de los profesores en el colegio que el hecho de que yo estuviera ausente no significaba ningún problema. Esa noche me di cuenta de que no era verdad.

Lucha contra el miedo. En los capítulos anteriores, hemos hecho diversas observaciones sobre cómo puedes sentirte más cómodo con tu hijo en casa. Dedicarle tiempo es clave. Tienes que darte tiempo para combatir ese miedo. Y puede que, al principio, el tiempo que le dedicas te haga sentirte incómodo o raro. Pero la única manera de vencer el miedo es vivir la experiencia.

«Nunca seré lo bastante bueno.»

Simpatizo con aquellos hombres que hacen todo lo posible, pero se sienten abrumados por la falta de confianza en sí mismos. A diferencia de los padres que buscan excusas por su falta de participación, estos hombres son dolorosamente conscientes de sus defectos como padres. Algunos se fijan unos criterios muy elevados que son difíciles, cuando no imposibles, de cumplir. Son sus propios peores enemigos. Algunos también tienen mujeres muy críticas que les hacen creer que son padres incapaces. Otros tuvieron padres sumamente críticos que les hicieron sentir que no eran importantes cuando pequeños. Y otros son proclives a la depresión y a la negatividad, lo cual no ayuda a sus hijos a crecer en un entorno emocionalmente sano.

A estos padres les cuesta mucho creer que hacen lo suficiente, que cuidan bien de sus hijos o influyen en ellos de alguna manera. A menudo, lo hacen bastante bien y no necesitan ser mejores padres. Tienen que aprender a aceptarse a sí mismos. Un hombre de cuarenta y cuatro años, Saul, vino a verme porque le preocupaba que quizás estuviera pasando demasiado tiempo en el trabajo y no dedicara a su hijo todo el tiempo que debiera. Saul nombró todos sus temores, uno después de otro.

—Debería jugar con mi hijo y animarlo a conversar. A veces, soy demasiado estricto con él. Me enfado cuando deja su ropa tirada por toda la casa y lo riño. Después pienso que soy demasiado duro con él y me paso la mitad de la noche sin poder dormir.

Saul estaba tan obsesionado con ser un padre mejor que ya no confiaba en sí mismo. Sin embargo, su mujer lo apoyaba.

—Siempre dice que lo hago bien —comenta—. Pero mi padre cometió tantos errores conmigo. Yo no quiero cometer errores con mi hijo.

Le dije a Saul que ese objetivo no era realista. Todos los padres cometen errores. Saul pudo salir bien parado. Le pregunté si hacía todo lo posible.

—Creo que sí —dijo.

Le aseguré que era lo único que podía hacer, y que tenía que intentar desprenderse de esa falta de confianza en sí mismo. Su hijo parecía un chico normal, bien adaptado y contento, y Saul mantenía un equilibrio adecuado entre los estímulos y la disciplina que le daba. En los meses siguientes, trabajé con él sus instintos paternales, lo cual reforzó la relación con su hijo.

La disciplina no es lo mismo que ser un mal padre. A los hijos hay que castigarlos y reñirlos cuando es necesario. Necesitan dureza y ternura, no una o la otra. Es evidente que no dejarán de amar a su padre porque éste los corrija y les enseñe a comportarse adecuadamente.

Trabajé con otro padre que se preocupaba porque creía que no era un buen modelo para sus hijos. Jackson era un representante de deportistas con unos cuantos clientes de renombre, y le fascinaba su trabajo. Una semana se encontraba en Nebraska reclutando a una revelación del baloncesto de tan sólo dieciocho años, y a la semana siguiente estaba en Los Ángeles acompañando a una estrella de los Raiders a un acto de beneficencia. Como viajaba tanto, Jackson hacía lo imposible por pasar momentos de calidad con sus gemelos de diez años cuando volvía a casa.

—A veces estoy muy estresado cuando llego a casa y me tomo un par de copas y les digo a los chicos que necesito relajarme un momento antes de jugar con ellos o leerles un cuento —dice—. Pero me siento muy culpable por no perseguirlos por la casa o por no jugar un videojuego con ellos.

Le pregunté a Jackson cuánto tiempo solía pasar con los niños antes de que fueran a la cama.

—Una o dos horas —dijo—. Pero no estoy seguro de si eso es suficiente. Siempre me piden unos minutos más por la noche.

Todos los pequeños piden a los padres seguir jugando o quedarse despiertos hasta más tarde. Eso no significa que lo estén pasando mal. Cuando sean adolescentes, tendrá suerte si consigue esos diez minutos con sus hijos.

Lucha contra el miedo. Saul y Jackson se entregan demasiado a una manera negativa de pensar. Son muy duros consigo mismos y tienen que examinar su conducta parental más objetivamente. Si tú encajas en ese perfil, ten en cuenta lo siguiente:

- *Pregunta a personas en quienes confías.* Pregúntale a tu mujer qué tal lo haces como padre. Puede que te sorprenda saber que está más contenta de lo que crees. Si expresa sus inquietudes, escucha atentamente y haz todo lo posible por abordarlas. No vaciles en preguntar a tu hijo si quiere pasar más tiempo contigo. Si reacciona entusiasmado, puedes estar tranquilo, y si vacila, no te desanimes. Anímalo a que te diga qué otra cosa querría de ti. Te sentirás mejor cuando veas que tus esfuerzos no pasan inadvertidos.
- *Cuestiona tus pensamientos negativos.* Si a menudo te dices que no eres lo bastante bueno, que no estás presente lo suficiente, o que eres demasiado crítico, intenta contrarrestar esos pensamientos con afirmaciones más objetivas y positivas. Por ejemplo, si te dices que no eres lo bastante bueno, pregúntate: ¿quién lo dice? E intenta no darle más vueltas a tus errores. Es probable que hayas tenido otras tantas iniciativas que merecen un golpecito en la espalda.
- *Evalúate según expectativas realistas.* Si hablas con tu hijo regularmente, incluso cuando viajas por cuestiones de trabajo, si asistes a muchos de los acontecimientos deportivos del colegio u otros, es probable que lo estés haciendo muy bien. Recuerda que los hijos permiten un leve margen de error. No

esperan que seamos perfectos, así como nosotros tampoco esperamos que ellos lo sean.

«No quiero que mi hijo sea como yo»

Hace muchos años, Sófocles dijo: «Hijo mío, ojalá seas más feliz que tu padre». Los hombres de hoy en día repiten esta frase. Haciendo acopio de gran valor, los padres suelen confesarme que pronuncian a menudo su oración secreta: «Por favor, no dejes que mi hijo sea como yo». Cada padre tiene razones diferentes. A veces no cree que haya tenido éxito suficiente y quiere que su hijo sea más afortunado y tenga más opciones que él. Otros saben que son demasiado duros con sus hijos y quieren que sean mejores personas, más amables y más flexibles. La verdad es que estos hombres están descontentos consigo mismos y quieren que sus hijos tengan una experiencia en la vida distinta a la suya. Un padre de cincuenta y tres años me dijo que se detestaba cuando se veía a sí mismo en su hijo.

—Me irrita mucho cuando se pone testarudo en una discusión —me contó—. Cuando pienso en ello, se me revuelve el estómago. Yo soy igual de testarudo. ¿Recuerda aquella vieja canción de Harry Chapin, «Cat's in the Cradle» (El gato está en la cuna)? El cantante llega a una triste conclusión («Mi hijo es igual a mí»). Por algún motivo, ése es mi temor, que mi hijo sea igual a mí.

A los hombres les cuesta hablar de estos sentimientos. Para eso, tienen que reconocer una insatisfacción general con su vida. Muchos crecieron jurando que nunca se comportarían como sus padres, y luego ven a esos padres manifestándose en sus propios pensamientos y acciones. Se avergüenzan, creyendo que no son buenos modelos de rol, pero en lugar de modificar su propio comportamiento, presionan a sus hijos para que sean diferentes, lo cual crea tensión en las relaciones.

Louie es un hombre de negocios que creó una empresa de construcción multimillonaria, y daba trabajo a unos cien hombres en la construcción de hoteles y centros comerciales. A los cuarenta y un años, a ojos de todo el mundo, era un hombre de éxito. Una casa grande, un bonito coche, una familia estupenda. Lo mejor de todo era que a su hijo de dieciocho años, Tanner, le fascinaba acompañarlo al trabajo y que, a lo largo de los años, habían cultivado una relación muy estrecha. De pequeño, Tanner había sido la sombra de su padre en el despacho y lo acompañaba a las obras en construcción. En el colegio, empezó a llenar cuadernos con edificios famosos e hizo sus pinitos en carpintería. Incluso había construido un muro de ladrillos en el jardín trasero de sus padres. A Tanner le fascinaba todo lo relacionado con la construcción y soñaba con comprar una casa antigua y restaurarla a partir de los cimientos.

Al comienzo de su último curso de instituto, vino a verme porque él y su padre habían comenzado a discutir a menudo.

—Todos quieren ir a la universidad, y él quiere que yo también lo haga —me contó Tanner—. Pero ¿qué pasa si yo no quiero ir?

Me explicó que le había dicho a su padre que quería trabajar con él, que empezaría por ser el chico de los recados, si era necesario. A Louie le chocaban los intereses de su hijo. Quería que Tanner fuera a la facultad de medicina.

—Está constantemente pidiendo folletos en Internet de los programas de estudios de diferentes universidades. Y luego me los deja en mi mesa de trabajo o en mi cama. A mí no me interesa para nada ser médico, pero me encuentro esos folletos por todas partes. Me dijo que tenía que ir a la universidad. Le dije que yo sólo quería hacer lo mismo que hace él. No veo qué hay de malo en eso.

Cuando hablé con Louie, me explicó que era importante para él que Tanner fuera a la universidad.

—Sería el primero en la familia —dijo—. Yo no me he roto el culo todos estos años para que él acabe manejando una grúa.

Mientras hablábamos, observé que estaba orgulloso de la empresa que había creado, pero no la consideraba lo bastante buena para su hijo. Sin importar el éxito que había tenido ni lo diestros que eran sus hombres, Louie todavía se veía a sí mismo como un tipo con un martillo buscando trabajo. Quería que su hijo se diera el lujo de ponerse un traje todos los días, de aplicarse loción en el cuello después de afeitarse cada mañana. En resumen, Louie quería que su hijo no se le pareciera en nada. Trabajamos para encontrar un punto de acuerdo para padre e hijo. Tanner iría a la universidad, pero estudiaría ingeniería o arquitectura, o alguna carrera que le ayudaría a conocer mejor la empresa de su padre. Luego pasamos meses consiguiendo que Louie aprendiera a apreciarse a sí mismo y a pensar que su vida podía ser lo bastante buena para Tanner.

A los hombres les cuesta ser buenos padres cuando no se respetan a sí mismos. Los hijos aprenden muchas lecciones observando al padre. Si un padre se subestima, si se muestra descontento y frustrado, o intenta ser algo que no es, su hijo se dará cuenta. A veces, el niño empezará a mirar a su padre sin respeto, pero a veces incorporará esos sentimientos negativos a la visión que tiene de sí mismo, y sufrirá de falta de confianza en sí mismo. Los efectos de los pensamientos negativos pueden ser sutiles, algo que Hank había observado cuando vino a verme, diciendo que a menudo estaba deprimido.

—Hay ocasiones en que siento que mi vida carece de sentido —dijo—. Intento que los niños no lo vean, pero ellos perciben que algo va mal. Siempre dicen: «¿Qué ocurre algo malo, papá?» Entonces me siento culpable porque sé que se ponen ansiosos. No quiero que se sientan como me siento yo.

Hank temía que sus hijos heredaran su visión pesimista. Pregunté si había algún motivo para pensar que su estado de ánimo los afectaba mucho. Dijo que no, hasta ese momento, pero que le preocupaba el futuro. Los hijos de padres depresivos pueden sufrir de diversas inseguridades y ansiedades, y la depresión también se puede heredar. Hank trabajó conmigo y con un psiquiatra que le ayudó a encontrar el medicamento adecuado para su trastorno anímico. Cuando eres padre, no quieres que tu mal ánimo, tu tristeza o tu ansiedad se contagie a tus hijos o les preocupe, porque podría sentar las bases de su propio trastorno anímico.

Lucha contra el miedo. He conocido a muchos padres que se preocupan porque piensan que su hijo acabará siendo como ellos y, aun así, pueden ser buenos padres. Si eso es lo que te preocupa, intenta lo siguiente:

- *Puede que no quieras que tu hijo sea como tú, pero te estás preocupando de algo que quizá no ocurrirá, sobre todo si reconoces y remedias algunos errores.* Guardo una cita de Mark Twain en mi mesa: «Me he preocupado por que podían ocurrir muchas cosas a lo largo de mi vida, pero ninguna de ellas ocurrió». Lo más probable es que a tu hijo las cosas le vayan bien, tomando lo mejor de lo que puedas enseñarle y desechando lo negativo. ¡Deja de preocuparte!
- *Haz una lista de los rasgos que quieres que tu hijo herede de ti.* Tienes más cosas que ofrecer de las que piensas. Este sencillo ejercicio puede servir de recordatorio.
- *Define tus temores con precisión.* ¿Qué hay en tu vida o en tu personalidad que quieres que tu hijo evite? Si sabes lo que quieres cambiar, es más fácil hacerlo. Por ejemplo, si tienes mal genio, céntrate en controlar tu rabia, y habla con tu hijo acerca de lo que hiciste bien o mal en determinadas situaciones. Puede que esto sea difícil porque tienes que estar dis-

puesto a reconocer tus debilidades y faltas ante tu hijo, pero te hará más consciente de tu necesidad de cambiar y te ayudará a motivarte.

«Nunca me perdonaré por la experiencia que he hecho vivir a mis hijos»

Es una de las confesiones más conmovedoras que puede hacer un padre. No hay nada más doloroso que ver que a tu hijo las cosas le han ido mal, sabiendo que has tenido una responsabilidad directa en la creación de esa situación. Hace que un padre se sienta como si hubiera fallado a su hijo, o decepcionado a su familia, o como si no hubiera sido «lo bastante hombre» para lidiar adecuadamente con el problema. El dolor es peor cuando hay un problema grave, como la depresión aguda de un hijo o sus amistades con la gente equivocada, o un final trágico, si un hijo muere de una sobredosis, un accidente conduciendo bebido o un suicidio. Algunos problemas se pueden solucionar cuando los padres se enfrentan de verdad a ellos y cambian su manera de ser padres. Algunos no pueden, pero tienes que sentirte lo bastante cerca y conectado con tu hijo para saber dónde reside la diferencia.

A menudo, esta confesión de autoculpa proviene de hombres que se han mudado con frecuencia, que han bebido demasiado, que han vivido divorcios dolorosos o que han tomado malas decisiones económicas que han perjudicado el estilo de vida de su familia. Un hombre me contó que había tomado una mala decisión comercial que le había hecho perder miles de dólares, con lo que se había visto obligado a vender su casa e irse a vivir a un barrio menos agradable cuyo colegio los chicos detestaban. Se sentía tan avergonzado de lo que había hecho que se apartó de sus hijos. No podía mirarse en el espejo cada mañana, y menos aún a sus hijos. Otro padre me contó que había perdido el dinero destinado a la educación universitaria de sus hijos en una mala inversión tecnológica. Se sentía tan estresado por la necesidad de contárselo que vino a verme durante meses sólo con el fin de prepararse. Se odiaba a sí mismo por haber tenido tanta ambición como para llegar a jugarse un dinero que había ahorrado durante décadas. Sin embargo, ninguno de estos hombres debería menospreciarse tanto. Tenían buenas intenciones, intentaban mejorar la vida de su familia. No tenían intención de hacer daño a sus hijos, que probablemente serán lo bastante flexibles como para salir de su situación económica desfavorable. Y sin duda aprenderán valiosas lecciones acerca del trabajo, la carrera profesional, el dinero y el mercado.

Algunos hombres no pueden evitar su situación. Wes era un coronel del ejército cuyas funciones lo llevaban a cualquier lugar del mundo que figurara en los titulares de las noticias de la CNN. Su familia había vivido en bases militares desde Guam hasta Alemania. Sus hijos —dos niños y una niña— no paraban de llorar cada vez que tenían que volver a mudarse. En su último trabajo, en Virginia, a los niños les fascinaban los ciervos que se acercaban hasta su patio trasero y la montaña que veían en la distancia. Se habían hecho amigos de todos los chicos del barrio. El hijo mayor de Wes, Coburn, tenía doce años. Una noche, Wes estaba junto a la cama de Coburn.

—Prométeme que nunca nos iremos —dijo el chico. Había algo tan desesperado en los ojos del niño que Wes dijo:

—Lo prometo.

Sin embargo, al cabo de unas semanas, Wes estaba en mi despacho, con la cabeza hundida entre las manos, sintiendo una gran culpa por haber hecho una promesa que no podía cumplir. Sabía que a sus hijos se les negaba la estabilidad necesaria para echar raíces. Solía pedirles perdón, pero les recordaba todas las cosas que sus amigos de Virginia no habían visto. ¿Cuántos chicos pueden decir que han andado a lomos de un elefante en Filipinas? Sin embargo, en su corazón, Wes sabía que Coburn añoraba la permanencia, sentirse en un lugar estable, un grupo de amigos con quienes establecer lazos estrechos que él no le podía prometer. Así que antes de su siguiente traslado, Wes supo que tenía que tener una seria conversación con Coburn y confesarle que había hecho una promesa que probablemente no podría cumplir.

Los hombres también se culpan a sí mismos cuando ven los efectos negativos de haber tenido mano dura y haber obligado a un niño a ir a un colegio, a practicar un deporte que no le agradaba o a hacerse amigo de los chicos que le caían bien a papá. A veces, la presión es necesaria —por ejemplo, cambiar a un colegio mejor o a una escuela privada—, pero, aun así, puede dañar la relación padre-hijo. Si ha sido una decisión adecuada para la salud, la educación o el futuro del niño, y no una expresión de tu ego ni el deseo de manipularlo, entonces deberías ser capaz, con el tiempo, a medida que tu hijo madura, de reparar la relación.

Hay momentos, desde luego, en que la conducta de un niño se vuelve intransigente e intolerable, y tienes que tomar medidas para proteger a toda la familia, como cuando el hijo manifiesta un desafío o una agresión extrema, si consume drogas o si se observa en él una conducta antisocial. En estos casos, puede que sea conveniente y necesario apuntar al hijo a un programa terapéutico. Puede que tu hijo no te lo perdone al principio, pero, con el tiempo y a medida que madure, llegará a entender que esto también era un acto de amor, no de rechazo.

He aquí un ejemplo de presión sobre un hijo cuyo objetivo no era el bien del hijo. Conocí a Caleb, un estudiante universitario de veinte años, que estaba tan enfadado con su padre que se negaba a ir a una terapia con él. La relación con su padre cambió cuando Caleb anunció que dejaría el fútbol, al que había estado jugando durante los años de instituto, para integrarse en el equipo de lacrosse durante el último curso.

—No pasa nada, ¿no? —me preguntó. Yo asentí con la cabeza—. Se equivoca —dijo él.

A Caleb le fascinaba el lacrosse y había sido miembro fundador del equipo de su colegio unos años antes. Durante su último curso, el instituto reconoció el lacrosse oficialmente como un deporte escolar, por lo cual el equipo tenía un programa, uniformes, y un entrenador pagado. Así que Caleb decidió que dejaría el fútbol americano e ingresaría en el equipo de lacrosse, ya que los horarios de los partidos solían solaparse. Su padre se enfadó.

—Hubo gritos e imprecaciones —me dijo—. Yo ya no podía soportarlo, así que acabé quedándome en el equipo de fútbol. Sin embargo, todas las semanas asistía a los partidos de lacrosse que podía y mi rabia hacia mi padre seguía aumentando. Cuando fui a la universidad, ya no podía decirme qué debía hacer. Así que empecé a jugar lacrosse. ¿Sabe que no ha ido a ver ningún partido? Llevo dos años en el equipo y se pregunta por qué no le hablo cuando voy a verlos a casa.

El divorcio cambia enseguida el carácter de la relación padre-hijo. A los hombres les cuesta especialmente vivir con el dolor que han causado a sus hijos con un divorcio cuando saben que podrían haberlo evitado. Por un lado, se divorcian porque creen que serán más felices y que sus hijos también pueden ser más felices, pues dejarán de presenciar discusiones y desavenencias en casa. Por otro lado, piensan que es un acto egoísta que hará daño a los hijos. Después de que se ha establecido un programa para el tiempo que los hijos pasan con el padre, es posible que éste se acerque al hijo, pero también es posible que los aleje. Cuando un padre vuelve a casarse y tiene hijastros u otros hijos, su hijo tiene que competir con otros por su atención.

Un padre vino a verme a causa de su hijo de diez años. Acabamos hablando de su divorcio, quince años antes, y de la relación que había tenido con su primer hijo, que ahora tenía veinte años.

Temía que le fallaba a su hijo preadolescente como le había fallado al hijo de su primer matrimonio.

—Fue la decisión más difícil que he tenido que tomar en mi vida —me dijo—. Sabía que le causaría a mi hijo el dolor más grande de su vida. Ahora ando de puntillas cuando estoy con él y con su hermano más pequeño. Temo mucho hacerles daño.

Con el tiempo, este padre entendió que no podía proteger a sus hijos de las transiciones inevitables de la vida, pero que podía ayudarlos a lidiar con el cambio. Se disculpó por el daño que le había hecho a su primer hijo, aprendió a comunicarse abiertamente y se integró cada vez más en la familia. Incluyó a su primer hijo en todas las actividades de su nueva familia y animó a estrechar todo lo que pudo la relación de los hermanastros.

He conocido a muchos padres divorciados en terapia. Algunos tienen remordimientos, otros se sienten vengativos. Otros sencillamente tienen miedo. Terry, de cuarenta y un años, y su mujer, Sandy, se separaron después de que Terry tuvo una aventura.

—Apenas me atrevo a mirar a mi hijo a los ojos —me dijo—. Tiene nueve años y no sé si tiene idea de lo que hice, pero no importa. Con sólo pensar en lo que he hecho, me siento fatal. Quisiera remediarlo todo.

A veces, las consecuencias de un matrimonio frustrado influyen en nuestra manera de ser padres. Harris reconoció que le compraba más cosas a su hijo después de que él y su mujer se divorciaron.

—Es difícil decir no —dice—, porque me siento tan culpable. Aunque me cueste reconocerlo, intento superar a mi ex mujer. No me siento orgulloso por ello y sé que no les hace ningún bien a los críos, pero no puedo evitarlo. Quiero que me amen más.

Lucha contra el miedo. Los padres abrumados por la culpa deben entender que los objetos materiales y la permisividad no sanan las heridas, y no compran el amor y el respeto. Te ganas el amor y el respeto de tu hijo participando en su vida y estando disponible a lo largo del tiempo. Si te tomas el tiempo de sentarte y hablar con regularidad acerca de los momentos dolorosos, si tomas en cuenta los sentimientos de tu hijo y modificas tu manera de actuar consecuentemente, tendrás una relación más estrecha con él.

«Mi hijo tiene una relación más estrecha con mi mujer que conmigo»

Simon, padre de Luke, un niño de ocho años, me dijo:

—Me da la impresión de que Luke siempre busca a su madre. Jugamos a menudo y nos divertimos. Sin embargo, nuestras conversaciones siempre se limitan a la actividad en la que estamos inmersos. Cuando un niño lo molestó en el parque la semana pasada, él se lo contó a su madre, no a mí. Me sentí muy tocado. Aunque me cueste reconocerlo, me siento un poco raro cuando estoy con él, como si él prefiriera estar con mi mujer. ¿Es normal que piense de esta manera?

La verdad es que los hijos suelen estar más cerca de su madre cuando son pequeños. Las madres están, por naturaleza, más pendientes de su cuidado, más disponibles y más sintonizadas con las necesidades emocionales de los niños. Esta dinámica suele cambiar durante la preadolescencia y la pubertad, cuando el niño comienza a identificarse con su padre. Aun así, los padres se desconciertan durante los primeros años porque no entienden el porqué de la cercanía de sus hijos con la madre. Algunos padres, cuando se dan cuenta de que los hijos buscan siempre a la madre cuando les duele algo o necesitan ayuda, sienten como si recibieran una cachetada en su ego cuando, en realidad, es algo que corresponde a una etapa natural en la vida de los niños. Algunos padres se sienten marginados y se enfadan y se resienten, y llaman a sus hijos «niñatos de mamá».

Los hijos que son más sensibles y artísticos tienden a estar más cerca de su madre porque las mujeres suelen brindar la aceptación y la comprensión que estos niños necesitan. Los padres no siempre saben qué hacer con este tipo de niños.

—No entiendo cómo este niño puede ser hijo mío y no gustarle el fútbol —me dijo un padre—. Ni siquiera entiendo qué relación hay entre nosotros.

Ethan, un hombre de cuarenta y tres años, vino a verme porque él y su hijo de doce años no conectaban fácilmente. Ethan siempre había pensado que conectaría con su hijo de la misma manera que su padre había conectado con él, es decir, a través del deporte. Pero a Gabe no le gustaban los deportes. Prefería diseñar juegos de ordenador o leer libros.

—Sé que no es políticamente correcto menospreciar a los chicos que no practican deportes —dijo Ethan—. Pero no me puedo desprender de la sensación de que mi hijo y yo somos diferentes, como si fuéramos diferentes porque él no sabe decirme quién ganó el partido de béisbol de la semana pasada.

Los hombres que tienen dificultades para aceptar a los hijos que son diferentes a ellos son típicamente más rígidos, menos flexibles y se ajustan a las definiciones estereotípicas de la masculinidad. Gabe había sentido esta actitud enjuiciadora en su padre, así que se había inhibido y no hablaba demasiado con él. Sin embargo, podía pasar horas hablando con su madre. Gabe y su padre no tenían una relación altamente conflictiva… No tenían ningún tipo de relación. Debido a esto, Ethan estaba celoso de su mujer y había comenzado a criticarla.

—Deja de mimarlo tanto —protestaba—. Estás siempre tan encima de ese chico que ni siquiera sabe lo que es ser un hombre.

Cuando se enfadaba con su hijo, le decía que fuera «corriendo a ver a su mamaíta». Ethan no quería reconocer que con esa actitud de abuso verbal se distanciaba aún más de Gabe, y se negaba a creer a su mujer cuando ésta le hablaba de ello. Sin embargo, acabó por venir a verme a instancias de su esposa, y empezamos a analizar su propio papel en los problemas que tenía con su hijo. Sólo cuando Ethan empezó a respetar el hecho de que su hijo era diferente, comenzó a cultivar una relación con él. Se esforzó para ver el mundo con los ojos de Gabe y aceptarlo tal como era, lo cual significaba conversar con él acerca de sus intereses, sus creencias y su manera de ser. Ethan tuvo que darse cuenta de qué era más importante para él, a saber, la felicidad de Gabe y su buena relación o moldear a su hijo según la visión que él tenía de cómo debía comportarse un niño. Fue un duro trago, pero Ethan aprendió a apurarlo, hasta que padre e hijo empezaron a pasar más tiempo juntos.

En un artículo publicado en mayo de 2007 en la revista *Best Life*, un padre escribe acerca de las cosas que haría de forma diferente si pudiera volver a criar a su hijo. El tercer punto en la lista era: no le enseñaría «una concepción tan estrecha acerca de lo que significa ser un hombre». Les dice a los lectores que revisen sus supuestos: «Hay que tener cuidado con los mitos hipermasculinos y debemos evitar inculcar el espíritu de "los niños son fuertes", algo que empezamos a hacer cuando reñimos a nuestro hijo de un año por llorar, y que se convierte en el tema de fondo de la vida de ese niño. Desde luego, el modelo de género del tipo fuerte y silencioso es el motor de tres cuartas partes del comportamiento normativo en la historia de nuestra especie, si bien es difícil tratar con su vertiente emocional. Si se supone que un hombre de verdad es duro y seguro de sí mismo, un niño se avergüenza cuando se siente débil e inseguro (que es la realidad prevalente, si recordamos bien). Lidiamos con esa vergüenza escudándonos en la rabia o el silencio, y ambos son sucedáneos de la fuerza masculina que, supuestamente, tenemos. No es una fórmula para tener buenas relaciones y es, más bien, una receta para adoptar una conducta de riesgo».

Cuando los pequeños buscan a su madre, muéstrate objetivo, no resentido. Reflexiona si tu hijo acude naturalmente a su madre en busca de consuelo o si tú de alguna manera lo has empujado para que la busque a ella. ¿Intentas acercarte a él? ¿Reaccionas irritándote cuando tu hijo te busca a ti o si no te elige a ti primero? Los niños pequeños, por debajo de ocho años, rara vez asimilan el amor expresado con dureza. Puede que sean bruscos jugando, sepan lanzar una pelota y compitan para ver quién nada más rápido, pero sus egos son frágiles, y puede que todavía se pregunten por el lugar que ocupan en tu corazón. Las madres rara vez dictan sus ideas acerca de la virilidad a sus hijos, pero los padres lo hacen a menudo. Si un niño se hace un rasguño en la rodilla y vuelve a casa llorando, puede que su padre le diga: «Chúpate la sangre», o «Para de llorar». En el caso de la madre, es probable que coja al niño en brazos, lo acune y le diga que se pondrá bien. Los niños pequeños necesitan este tipo de mimos. Los padres que se «reprograman» para proyectar un lado más acogedor y comprensivo suelen establecer una mayor cercanía con el hijo. Una vez más, no digo que tendrías que portarte como su madre, pero vuestra relación saldrá favorecida si incorporas algunas de las actitudes tiernas de la madre.

Lucha contra el miedo. Un poco de ternura puede dar mucho de sí. Abraza a tu hijo cuando puedas, consuélalo cuando se haga daño y demuéstrale que entiendes cómo se siente. Los hijos, al igual que las hijas, responden a los gestos de ternura y a las palabras amables. Tu masculinidad no está en entredicho cuando demuestras afecto por un niño. De hecho, tu hijo estará feliz de recibir esas atenciones tuyas (a veces, los niños están celosos de la relación de amor de sus hermanas con el padre) y es probable que tu hijo recurra menos a su madre.

«Soy un machista redomado y no sé si puedo cambiar»

Temo que los hombres sean los más secretos cuando se trata de expresar sus sentimientos a propósito de su matrimonio y cómo afecta a su conducta como padre, y los más callados de todos son los machistas. Los hombres rara vez se muestran abiertos a propósito de estos sentimientos, sobre todo con sus mujeres. Ya no es políticamente correcto pensar que la mujer debería ocuparse de la casa, y los padres modernos saben que ésta es una posición egoísta. Sin embargo, incluso los padres que se ven a sí mismos como compañeros al mismo título que su mujer, a veces tienen ideas preconcebidas acerca de cómo criar a los hijos y del trabajo en casa. Yo los oigo en mi consulta:

—No soy la canguro de la casa —me dijo un padre—. Yo gano el dinero para que podamos contratar a una canguro.

—Yo la ayudo todo lo que puedo —decía otro padre—, pero, en realidad, no es trabajo mío bañar a los niños y prepararles la comida, ¿no?

Los padres de hoy en día están más que dispuestos a «echar una mano» en casa, pero suele ser después de que las mujeres les piden su ayuda.

—Sé cómo se supone que tienen que ser los padres y las madres —decía un padre—. Compañeros iguales que comparten las responsabilidades de ser padres. Intento desempeñar mi papel lo mejor posible. Sin embargo, en el fondo pienso que no tendría que ayudar con los platos sucios, la colada o llevar a los niños al cole. Trabajo mucho más duro que mi mujer, y estoy agotado cuando llego a casa, pero sé que no es políticamente correcto que se lo diga a ella. Así que no se lo digo.

Estos padres son «papás de las cavernas», el salto hacia atrás del que hablábamos al comienzo del libro. Sus actitudes subyacentes están cargadas de la «tradición machista» y muchos de ellos tienen escasos deseos de cambiar. No son hombres malos y, de hecho, quieren mucho a sus familias. Pero se sienten muy contentos con el statu quo. Y se pierden uno de los regalos más valiosos de la vida, a saber, el sentimiento de serenidad, seguridad y paz interior que significa estar emocionalmente abiertos a los hijos en todo tipo de situaciones. Muchos de estos hombres tuvieron padres que se comportaban de una manera igualmente distante, y entonces son padres de la única manera que saben. Sin embargo, estos padres no son muy buenos modelos de rol para sus hijos. No los animan a expresar sus sentimientos y su vulnerabilidad, y cuando los hijos lo hacen, ellos se lo toman a la ligera. Hablan de deportes y van a los partidos con sus hijos, pero evitan las actividades de «madres», es decir, dar de comer a la familia, limpiar, ir a las reuniones de padres y profesores, llevar a los niños al cole, etc.

Gene, un piloto de cuarenta y cuatro años, recibió un aviso durante una conversación con su mujer, Carolyn. Hablaba de su trabajo, recurriendo a los típicos lugares comunes, y explicaba que solía dejarle el resto de las cosas a su esposa «para que cumpliera con su parte». El problema era que su parte consistía en criar a los hijos, ocuparse de la casa, trabajar media jornada y dar permanentemente disculpas por las ausencias de Gene. Los dos estaban polarizados en sus roles y Carolyn estaba enfadada y frustrada. Le pregunté a Gene si creía que él y su mujer eran socios iguales.

—Creo que sí —dijo él—. Yo gano más dinero que ella, que compensa su parte del trabajo ordenando la casa. Lo hace mejor que yo.

—Te diré una cosa, Gene —gritó ella—. Trabajo mucho más de lo que te imaginas, y si no fuera por mí, es probable que nuestros hijos ni te hablaran. Tal como están las cosas, apenas los conoces. La semana pasada preguntaste cómo le había ido a Mike en su partido de fútbol. Y él había jugado un partido de béisbol,

Gene. ¡De béisbol! —Carolyn me miró—. Estoy harta de este numerito nuestro —dijo—. Yo soy la que trabaja y él se cree que puede darse el lujo de entrar y salir de nuestras vidas. Ya no aguanto más. —Carolyn pensaba seriamente en divorciarse de su marido.

Se trataba de una mezcla potencialmente explosiva, una mujer enfadada y resentida y un marido complaciente que siente escaso deseo de cambiar. Los reparos de Gene para ser un participante activo en la vida familiar eran evidentes. Su mujer se lo decía desde hacía un tiempo y ahora también se lo decían los hijos. Lo peor de todo era que Gene transmitía a sus hijos una visión insostenible de los roles de hombres y mujeres, es decir, que aquéllos se centran en el trabajo y éstas en la familia. En realidad, Gene quería que sus hijos vieran los dos roles como iguales, pero se daba cuenta de que el modelo que transmitía era un estereotipo anticuado. Aun así, estaba firmamente enraizado en su psiquis y en su conducta.

Los hombres suelen avergonzarse cuando se dan cuenta de sus tendencias machistas, pero es más conveniente que reconozcan estos sentimientos e intenten cambiarlos que no que los nieguen. Gene y Carolyn siguieron viniendo a terapia durante varios meses. Él prometía asumir iguales responsabilidades y luego no cumplía sus promesas. Sin embargo, mientras yo continuaba trabajando con Gene a propósito de las cosas que podía hacer con sus hijos, Carolyn observó que la relación de su marido con los chicos mejoraba, así que empezó a dejar de regañarlo por no participar en las tareas de la casa.

—Puedo ocuparme de la colada —dijo—. Lo que no puedo hacer es ver que a mis hijos su padre los decepciona una y otra vez.

Lucha contra el miedo. Incluso los hombres de las cavernas pueden cambiar. Tú puedes cambiar. Una vez que te des cuenta de que amas a tu familia y de que les haces daño a ellos y a ti mismo con tus actitudes anticuadas, tienes que realizar unos cuantos ajustes para asegurar que compartes la responsabilidad y la condición de padres.

- *Toma las medidas necesarias para participar en la vida de tu hijo y en las tareas de la casa.* Ofrécete para ir a buscarlo a su ensayo de teatro o al dentista. Pasa la aspiradora por la sala de estar, no esperes a que te lo pida tu mujer. Haz alguna colada o ve a comprar comida.
- *No les digas a tu mujer y a tus hijos que pueden contar contigo. Demuéstraselo.* Si dices que vas a asistir al partido de baloncesto de tu hijo o que vas a llevar a toda la familia a patinar sobre el hielo, hazlo. No hagas promesas que no puedes cumplir. Pero haz promesas.
- *Si tu profesión te obliga a estar lejos de casa, acepta el hecho de que no siempre estarás ahí, por lo cual una repartición de 50-50 en las tareas del hogar quizá no sea realista.* Sin embargo, cuando estés en casa, ayuda todo lo que puedas. Mejorará tu relación con tu mujer y le demostrarás a tu hijo que los padres son responsables de algo más que de su carrera profesional.

«He hecho más daño a mi hijo de lo que le he ayudado»

Algunos padres de adolescentes conflictivos sienten remordimiento cuando se trata de confesar el rol que desempeñan en el problema, pero otros no asumen ninguna responsabilidad. Aquellos que confiesan, se preguntan: «¿Dónde me he equivocado?» Un chico que antes era el orgullo de su padre coge un mal camino, se mete en problemas con la ley o con las drogas, o está permanentemente enfrentado a su familia. A veces, los padres se deprimen, se cansan y se sienten desesperanzados. Se preguntan qué hicieron mal cuando están a punto de tirar la toalla, aunque no quieran hacerlo, así como cuando se quieren justificar porque piensan alejarse de sus hijos y tratan de convencerse de que lo hacen porque ellos se lo merecen.

—En realidad, no me gusta en lo que se ha convertido —decía un padre—, y por eso no sé si de verdad quiero que siga formando parte de mi vida.

Conocí a Sam y Rita poco después de que su hijo de diecinueve años había muerto en un accidente de coche. Había salido bebido de una fiesta y había estrellado su coche contra un árbol en un final triste y sin sentido. Pero ése no era el motivo por el que fueron a verme. Su hijo menor, Charles, de dieciséis años, había sido detenido por conducir bajo los efectos del alcohol pocos meses después del funeral de su hijo mayor. Había empezado a ausentarse del colegio y rara vez llegaba a casa a la hora límite fijada. Sus padres estaban preocupados porque creían que también podían perderlo a él.

—Es como si siguiera los pasos de su hermano —dijo Sam.

Le pregunté a él y a su mujer por qué creían que Charles se comportaba de esa manera.

—Nos dice que intentamos controlar su vida —dijo Sam—. Se queja de que soy demasiado estricto y de que no lo comprendo. Tenemos muchas discusiones que no se resuelven. No sé exactamente dónde me he equivocado. Sé que le he fallado —dijo mirándose los nudillos. Le temblaron los labios. Rita le puso una mano en el hombro y le dio un apretón.

Le pregunté a Sam si había tenido una relación estrecha con Charles antes de la muerte de su otro hijo. Él respiró hondo y luego suspiró.

—En realidad, no. Nunca estuve muy cerca de ninguno de los dos. Quería estarlo, pero siempre había algo de qué discutir, porque no hacían sus deberes o porque no le hacían caso a su madre. Yo acababa gritándoles y castigándolos a los dos. Pero, al parecer, aquello nunca dio resultados.

Sam había quedado atrapado en el el círculo vicioso del castigo y no sabía cómo relacionarse con su hijo ni cómo hablarle. Actuaba llevado por la desesperación y mandaba a menudo a Charles a su habitación, lo cual no hacía más que empeorar las cosas. Charles se sentía incomprendido y Sam se irritaba cuando su hijo se burlaba de su autoridad.

—No siempre fue así —me aseguró Rita—. Después de que los adoptamos, estábamos muy contentos. Hacíamos cosas en familia. Pero hacia el final de la primaria, las cosas empezaron a ponerse difíciles. Había problemas de conducta y llamadas de los profesores.

—Y yo empecé a perder la paciencia —reconoció Sam—. Creo que en gran parte es culpa mía. Me inhibí y dejé que mi mujer lidiara con los problemas.

Sam se dio cuenta de que había sustituido su rol como padre con los castigos. Trabajamos para modificar los límites y consecuencias que le fijaba a Charles y para encontrar maneras de volver a conectar con su hijo. Y trabajé con Charles para desvelar algunos de sus temores y su culpa por la muerte de su hermano. Los tres volvieron a comprometerse a formar una familia.

Todos cometemos errores como padres. Sin embargo, si no los reconocemos, puede que nos distanciemos de nuestros hijos. Preguntarse «¿Dónde he fallado?» exige una dosis de valor. Cuando confesamos cosas de las que no nos sentimos especialmente orgullosos, nos vemos obligados a mostrar nuestros verdaderos sentimientos. Y eso abre la puerta al cambio.

Lucha contra el ciclo de los castigos:

- Cuando establezcas reglas y consecuencias significativas, primero habla de ellas con tu hijo adolescente. Explícale por qué son necesarias y pídele su opinión.

- Si es posible, ofrece la oportunidad de negociar. Es más probable que los adolescentes acepten las reglas cuando han tenido algo que decir en su formulación.
- Si se incumple una regla, no grites, no critiques a tu hijo. Eso sólo empeorará las cosas. Di calmadamente cuál es tu posición, explica tu razonamiento y escucha con atención la explicación de tu hijo.
- Cuando impones un castigo, asegúrate de que es justo, relativamente breve y efectivo, de manera que enseñe a tu hijo por qué no debería hacer lo que ha hecho (por ejemplo, beber, llegar a casa más tarde de lo permitido).
- Siempre habla del incumplimiento de la regla después de que el castigo haya expirado para asegurarte de que tu hijo adolescente entiende lo que esperas de él y cuáles serán las consecuencias en caso de reincidencia.

5

Hablan los hijos

Cuando los padres les hacen daño y los decepcionan

Calvin, un chico de diez años, vino a verme una tarde después del colegio, a causa de su bajo rendimiento escolar y porque en la clase era un elemento perturbador. Me cayó bien en cuanto lo conocí. Tenía una ancha sonrisa, una cara simpática y llena de pecas, era rápido con los chistes y le fascinaba hablar de su pasión por el taekwondo. Calvin no entendía por qué sus padres lo habían enviado a verme, pero no había protestado.

—Mi abuelo dice que soy más bueno que el pan —dijo alegremente.

No le pregunté por qué le iba tan mal en el colegio, lo cual lo relajó. Me interesaba más saber a qué dedicaba su tiempo y quiénes eran sus amigos. ¿Cómo se llevaba con sus padres? Calvin dijo que tenía miles de amigos y describió con entusiasmo su afición a las películas divertidas. Dijo que era adicto a videojuegos como Madden's NFL, un videojuego de fútbol americano.

Cambié de tema y le pregunté por su familia. Quería saber si tenía una relación estrecha con su madre. El tono de Calvin cambió.

—Está bien —contestó—. A veces me regaña, pero aparte de eso…

Yo ahogué una risilla porque la mayoría de los niños se quejan de que sus madres los regañan. Y luego le pregunté por su padre.

—Está bien —respondió Calvin, con un dejo de tristeza y resignación en la mirada.

—A veces los niños se enfadan con sus padres y no quieren hablar de ello —le dije. Calvin alzó la mirada.

—¿Por qué? —preguntó.

—A veces se molestan porque sus padres no pasan suficiente tiempo en casa, o porque gritan mucho, o porque creen que sus padres no los entienden.

Él asentía con la cabeza. Me incliné hacia delante en mi silla.

—Lo que sientes es muy importante, Calvin —dije—. Supongo que no estás muy acostumbrado a hablar de esto, pero a mí me gustaría hacerlo. Quizá pueda ayudarte.

Calvin guardó silencio.

—Supongo que tienes muchos buenos motivos para estar enfadado con tu padre, como esos otros chicos de los que he hablado.

Él volvió a asentir. Y luego se abrió y dijo que su padre no siempre estaba en casa. Estaba a menudo trabajando en el despacho o en el puerto, donde estaba restaurando un viejo velero de Bristol. Calvin solía tener la impresión de que molestaba a su padre si le pedía algo.

—¿Te viene a ver a las competiciones de taekwondo? —pregunté. El chico entornó la mirada.

—Dice que va a venir, pero se queda ocupado en el despacho o llega treinta minutos tarde —dijo—. Eso me hace enfadar mucho.

—Yo también me enfadaría —dije.

—Mi padre siempre se queja de mis notas en el colegio —dijo—. Pero ¿sabe una cosa? No sabe nada de mis notas. Es mamá la que va a todas las reuniones y me revisa los deberes.

Calvin no le había contado a su padre cómo se sentía y ni siquiera se había dado cuenta de lo enfadado que estaba hasta que empezamos a hablar. Aun así, no quería hablar con su padre de sus sentimientos.

—Es una pérdida de tiempo —dijo—. Él encontraría una manera de echarme la culpa de todo a mí. Diría que tengo suerte de tener lo que tengo y que debería agradecérselo más.

Los hijos son muy finos observadores de las conductas de sus padres. Llevan la cuenta de lo que hacen o no hacen por ellos. Se guardan los resentimientos aun cuando adoran y critican a su padre. Los padres son los hombres que los niños adoran odiar y odian amar.

Muchos pequeños como Calvin añoran la atención y la aprobación de su padre, pero no lo consiguen. Sus vidas no son horribles. Como Calvin, son chicos que viven en casas bonitas, van a buenos colegios y están apuntados a muchas actividades extracurriculares. Pero algo esencial —la presencia del padre— falta en su vida. La frustración de Calvin con su padre es sólo la cara visible de su dolor. En el fondo, existe la añoranza de una conexión emocional con él.

Demasiados pequeños viven su vida de todos los días con muy poca participación de los padres. Ellos quieren la atención, la orientación, la aprobación y el amor de su padre, pero no saben cómo pedir directamente todo aquello cuando no se lo dan. Los hijos se distancian cada vez más de sus padres con cada decepción, cada crítica y cada actitud indiferente ante sus sentimientos. Al final, es poco probable que estos niños quieran pasar algún momento con sus padres. Aprenden a contentarse con padres que están presentes a medias y llegan a la conclusión de que forma parte de la naturaleza de los padres no estar disponibles. Para lidiar con ello, el niño aprende que si espera menos de su padre, sufrirá menos. Con el tiempo, padre e hijo se ajustan a un patrón, según el cual el padre supone que todo va bien porque no hay quejas y el hijo supone que su padre no tiene ganas de conocerlo.

Un niño menor tiende a darle al padre el beneficio de la duda más que un hijo mayor. Un niño pequeño supera la decepción y perdona con facilidad. Grant, de seis años, me dijo que nunca está seguro de dónde está su padre a la hora de la cena, pero que sigue esperando que llegue.

—Le digo a mamá que le tenga la cena lista, en caso de que llegue a casa temprano del trabajo —dice.

Jacob, de trece años, dio muestras de escasa paciencia cuando su padre no llegaba a la hora de cenar.

—Mi padre hace lo que le da la gana —dijo.

Los hombres suelen reconocer que, en la relación padre-hijo, a veces lo que se ve es engañoso. Puede que un padre que ama a su hijo a morir nunca lo demuestre exteriormente. Un hijo que añora la presencia de su padre puede comportarse como si su padre no le importara un rábano. ¿Por qué? Los padres e hijos rara vez expresan sus sentimientos. No tiene nada de raro que haya niños que no pueden más cuando les pido que me cuenten su historia. Siguen el «código masculino»: *No te muestres débil. Da por sentado que otros te leerán el pensamiento. Guárdate tus quejas llorosas para ti mismo.* En cada hora de patio, acontecimiento deportivo y salida con amigos, los hijos aprenden los hábitos sociales de los hombres, lo cual incluye ocultar los sentimientos por miedo a que lo tachen de «llorón» y «mariquita». Incluso con sus padres, los niños creen que deberían proyectar una imagen de fuerza y dureza, ya que algunos padres tratan a sus hijos de «mariquita» a la primera muestra de debilidad.

Los hijos quieren hablar con los padres, pero no siempre saben cómo. Este impulso me recuerda una escena de la película para adolescentes de la década de 1980, *El club de los cinco.* En la película, al personaje de Emilio Estévez lo castigan por abusar de otro chico. Se siente muy mal por lo que ha hecho, y cuando lo reconoce ante los otros chicos, castigados como él, está al borde de las lágrimas. Cuando un compañero le pregunta por qué ha abusado del chico para empezar, él responde:

—Lo hice sólo para complacer a mi padre.

El padre de Estévez siempre lo presionaba para que fuera un duro, para que ganara y fuera el número uno, así que el adolescente suponía que su padre estaría orgulloso de su actitud machista, aunque su conducta fuera incorrecta. Estévez luego confiesa lo enfadado que está con su padre, y es evidente que detrás de esa frase se ocultan años de resentimiento acumulado.

Muchos chicos sienten rabia contra sus padres, pero pocos lo revelan porque temen el rechazo paterno. Esto es especialmente verdad en el caso de los chicos preadolescentes. Evan, de nueve años, pasó meses en terapia desvelando la relación de amor-odio que tenía con su padre. Evan dijo que su padre lo trataba como un «chico estúpido», y a menudo perdía la paciencia con él. A Evan le gustaba caminar lento y distraerse, su padre otorgaba mucho valor a la eficacia.

—No sé qué me haría mi padre si le dijera que siempre ha sido malo conmigo —me dijo Evan—. Es probable que me dijera que es culpa mía que él fuera malo, y que después me castigara.

Se me rompe el corazón cuando oigo hablar así a los chicos. Con nueve años, este niño ya ha aprendido que no puede hablar libremente con su padre, que decir la verdad acerca de sus sentimientos podría llevar a su padre a criticarlo o a distanciarse de él. Alfie, de doce años, me decía que se sentía dolido cada vez que su padre no cumplía las promesas que le hacía. La semana anterior, se suponía que su padre tenía que llevarlo a una exposición de cromos de béisbol y en el último momento no lo hizo porque estaba cansado. Le pregunté a Alfie por qué no le decía a su padre lo enfadado que estaba.

—Me habría dicho simplemente que dejara de comportarme como una niña —dijo Alfie.

Los chicos reciben un riguroso entrenamiento para ocultar sus sentimientos frente a los «especialistas», es decir, sus padres y otros hombres. Si los padres se toman a la ligera sus propios sentimientos o los de otras personas, o si nunca expresan esos sentimientos, un niño puede llegar a la conclusión de que los sentimientos son algo raro, poco viriles y que no tienen importancia. Frankie, un adolescente de trece años, me hizo esta pregunta:

—¿Cómo puede alguien esperar que yo le diga a mi padre lo que me molesta? Él nunca lo haría conmigo ni con nadie, y el abuelo es igual a él.

Para Frankie, expresar sus sentimientos parecía algo que sólo podía hacer un extraterrestre. Yo no podía reprochárselo. En su casa, las emociones estaban fuera de lugar.

En el mundo de hoy, los hombres ya no ganan puntos con las mujeres mostrando un lado duro y estricto, y sus hijos, desde luego, no aplauden esa conducta, pero ésta persiste. La mayoría de los padres reconocerían que sus hijos estarían mejor hablando de lo que les pasa por la cabeza y, sin embargo, se sienten amenazados por esa posibilidad. A veces, nuestra reacción habitual de cerrarnos frente a las emociones difíciles prevalece por encima de la idea convencional adquirida de que es preferible hablar de ellas. Sabemos que es preferible, pero no nos sentimos cómodos pasando a la acción.

Sin embargo, espero que quieras cambiar después de haber escuchado a los chicos revelando sus pensamientos e historias más íntimas. A continuación te presento las «ocho frases instructivas», es decir, las quejas más comunes de los hijos contra los padres.

Las ocho frases instructivas

1. «Papá siempre está ocupado y nunca está en casa.»

Es la primera de la lista. A lo largo del libro, la has oído una y otra vez, pronunciada por hijos de todas las edades. Papá está siempre en el despacho. Viaja continuamente. Se trae trabajo a casa. Siempre hay algo que tiene que hacer. No cumple su promesa de llevarme a sitios, nunca encuentra tiempo para estar conmigo o, peor que todo lo demás, no puedo contar con él cuando lo necesito. El mensaje que un padre manda a su hijo cuando le dice que no está disponible es: «Tú no eres tan importante para mí». Muchos niños viven con este terrible dolor todos los días. Permanece y tiñe todos los aspectos de su vida. Cuando los niños son pequeños, suelen preguntar: «¿Dónde está papá?» Sin embargo, lo que de verdad preguntan es: «¿Por qué papá no está conmigo?» A medida que los niños crecen, comienzan a hablar de lo ocupado que está su padre, y preguntan cosas como: «¿Por qué papá siempre tiene que trabajar?» Quieren saber qué podría ser más importante que pasar un tiempo con ellos. Sin embargo, hacia la adolescencia, los niños comienzan a distanciarse de sus padres cuando no se sienten amados o cuidados.

Los adolescentes pueden ser especialmente elocuentes acerca de los padres ausentes, e incluso se muestran abiertamente enfadados e insultantes. Hay hijos que atacarán los defectos del padre —emite demasiados juicios, es egoísta, materialista—, pero la mayor parte de su rabia se puede remontar a su infancia, cuando se sentían marginados, incluso por parte de padres que «proveían» con las mejores intenciones. Max, de quince años, me dijo:

—Mi padre siempre tiene una excusa para explicar por qué no está. O es el trabajo que lo desborda en el despacho, o hay que pagar facturas, o hay cosas que tiene que hacer por casa. Siempre dice que estará conmigo en cuanto acabe lo último que está haciendo. Pero ¿a quién cree que engaña? Hace años que me repite la misma mierda. Ya ni siquiera le escucho cuando me viene con su último cuento. Si le digo cómo me siento, seguro que le da la vuelta al argumento y habla de todas las cosas buenas que tenemos gracias a que él trabaja tanto. Ahorra para nuestra educación, para nuestras bonitas vacaciones, para comprarnos un coche cuando cumplamos dieciséis años y cualquier otra cosa que se pueda inventar para justificar su estúpida conducta. No asume la culpa de nada, y toda la familia sabe que se empeñará en hacer las cosas a su manera.

¿Eres tú uno de esos padres ausentes? Para averiguarlo, pregúntate:

- ¿Tu trabajo siempre está por encima de todo?
- ¿Incumples a menudo las promesas que haces a tu hijo (por ejemplo, te veré en tu partido el jueves por la noche)?
- Cuando tu hijo te habla, ¿intentas hacer otra cosa al mismo tiempo?
- ¿Eres realmente consciente de lo que ocurre en la vida cotidiana de tu hijo?
- ¿Haces que tu hijo sienta que es importante para ti?

2. *«Papá nunca escucha.»*

Muchos niños me dicen que su padre está siempre pensando en otra cosa, que no presta atención o es un olvidadizo. Se trata de errores habituales en los padres. Puede que no seas olvidadizo ni distraído a propósito, sino que estés agobiado por el trabajo y te sientas estresado. Aun así, los hijos odian (sí, lo odian) pasar un rato con su padre si no tienen toda su atención. Les duele si apareces en un partido de fútbol y te dedicas a hablar por teléfono móvil mientras te paseas por la línea de banda. Hace unos años, Seth, de catorce años, se quejaba de que su padre pasaba tiempo con él, pero que a veces se ponía a escribir en su Blackberry y contestaba su móvil durante sus salidas.

—Es como si fuera un padre salido de la publicidad —me comentó Seth.

No he olvidado esa definición. Muchos padres, incluyéndome a mí mismo a veces, somos culpables de andar pensando en tantas cosas a la vez que nunca disfrutamos plenamente de lo que hacemos. Estamos pendientes de problemas en el trabajo y de futuros eventos deportivos, de la reparación que necesita el coche o de si podremos ir de vacaciones con toda la familia el próximo verano. Pero no pensamos en el momento presente. Y es ahí donde nuestros hijos nos necesitan. Nos quieren totalmente inmersos en el zoológico o riendo de buena gana con ellos mientras miramos la última comedia de Will Ferrell. Si un niño le menciona a su padre que tiene un torneo de golf la semana siguiente, quiere que su padre le pregunte cómo es el campo y cuál es su *handicap*. Muchos niños dicen que sus padres hacen este tipo de preguntas, pero parecen distraídos, como si tuvieran puesto el piloto automático, como si hicieran todas las preguntas correctas, pero sin escuchar realmente las respuestas. Todos sabemos lo que es estar con alguien «desconectado». Cuando alguien no nos escucha de verdad, se nota. Los hombres suelen ser los culpables (tanto que las madres e hijos suelen bromear conmigo a propósito del carácter «ausente» y «olvidadizo» del padre).

Cuando hablan con sus hijos, los hombres suelen decir: «Ve al grano», lo cual hace sentirse a los pequeños como carentes de importancia, como si su padre tuviera mucha prisa. Es una experiencia devastadora, y los hijos comienzan a creer que sus padres no tienen ganas de hablarles. Davie, un chico de trece años, vino a verme hace dos años no porque tuviera problemas con su padre, con quien tenía una buena relación, sino porque decía que su padre parecía «atontado», y a veces eso lo irritaba.

—De verdad, nunca estoy seguro de si me está escuchando cuando hablo —me dijo—. La semana pasada le estaba contando lo de la obra de teatro del colegio, y él en medio de una frase me preguntó que dónde quería cenar esa noche. Y yo le dije: «Papá, estaba hablando de la obra del colegio».

Su padre se disculpó, pero no paró ahí. Davie dijo que volvió a interrumpirlo más tarde, durante la cena, cuando él le hablaba de su pez. Davie decía que era algo que le molestaba, aunque no creía que su padre lo hiciera a propósito. Daba la impresión de que su padre quería saber qué ocurría con su vida, pero que no se podía concentrar. Y ahí está, el padre bien intencionado, trabajador, distraído y con un trastorno de déficit de atención.

¿Eres un padre que tiene dificultades para escuchar? Para averiguarlo, pregúntate:

- En las conversaciones, ¿tu hijo suele gritar «¡Papá!», porque no estás pendiente de lo que dice?
- ¿Olvidas a menudo cosas que te dice tu hijo? ¿Es porque no recuerdas haberlas oído la primera vez?
- ¿Hay otras personas importantes en tu vida (tu esposa, la familia, los amigos) que te hayan comentado que no prestas atención cuando hablan?
- ¿A veces finges escuchar (sabiendo que no lo haces)?

3. «Papá pide respeto, pero él no es respetuoso.»

En un episodio de enero de 2007 del programa de televisión *Friday Night Lights*, el padre de Matt Saracen, *quarterback* estrella de un equipo de fútbol americano, vuelve de Irak para una visita de dos semanas. Matt está sumamente orgulloso de su padre y lo considera un héroe, así que está muy emocionado cuando ve que su padre va a verlo durante los entrenamientos antes del próximo partido. Matt corre más que de costumbre, ataca con más dureza y lanza la pelota con la fuerza de un misil sólo para impresionar a su padre. Después de los entrenamientos, Matt presenta a su padre al entrenador Taylor. Éste habla con entusiasmo de la destreza de Matt. Su padre parece sorprendido. No sonríe, y dice:

—No sabía que era tan bueno. Sólo espero que lo siga haciendo bien cuando esté presionado.

Matt se siente decepcionado, porque esperaba que su padre manifestara el mismo entusiasmo. El entrenador dice:

—La verdad es que es muy bueno. —Y vemos a Matt que mira a su padre como si fuera la primera vez que lo viera. Es como si intentara entender por qué un hombre que considera un héroe no lo respeta, a pesar de que en ese momento es el objeto de admiración de todos los presentes en el campo. De todos, excepto de su padre.

Al crecer en una cultura de dominación que se reproduce en el patio del colegio, los niños son muy sensibles ante el respeto que se ganan. Algunos destacan en los deportes, otros por su histrionismo o por su personalidad carismática. Sin embargo, si no obtienen un reconocimiento, suelen resentirse. Añoran pertenecer, pero se sienten tocados. Sin embargo, esta decepción no podría ni compararse con el daño que inflige un padre que no consigue que su hijo sienta que tiene su respeto y admiración. Es algo que afecta al núcleo mismo del sentido de identidad de un niño.

A los niños más pequeños les cuesta identificar estos sentimientos y, en su lugar, describen la ansiedad. Dicen cosas como: «A papá no le gustan mis castillos de Lego», o «Papá dice que no me esfuerzo lo suficiente jugando a béisbol».

Al contrario, los niños mayores ponen toda su rabia sobre la mesa. Jay, de doce años, un chico con tendencias artísticas, al que le fascinaba dibujar personajes de cómics, se quejaba de que su padre siempre menospreciaba sus intereses y trataba sus dibujos con indiferencia.

—¿No tienes nada mejor que hacer con tu tiempo?

Sin embargo, Jay seguía dibujando, animado por su madre y por un profesor en el colegio. Ya en el instituto, Jay era el mejor caricaturista de todos los alumnos. Dejó de mostrarle sus trabajos a su padre y no lo invitó cuando se celebró una exposición de sus dibujos en la galería del instituto.

—No pienso rogarle que venga —me dijo Jay.

Afortunadamente, Jay salió adelante a pesar de la falta de respeto de su padre, pero algunos hijos internalizan ese sentimiento. Dante, de dieciséis años, me contó que no se llevaba bien con su padre porque, desde que él recordaba, hacía bromas a su costa, incluso delante de sus amigos. Aquello avergonzaba e irritaba a Dante, que aun así nunca decía una palabra. Ahora él no soportaba estar en la misma habitación con su padre. Teddy, también de dieciséis años, dejó de expresar sus opiniones cuando estaba presente su padre.

—Ya se trate de hablar de política, de deportes o de cine —dice Teddy—, papá siempre tiene que tener la última palabra. Ya ni me molesto en decirle lo que pienso.

Otro chico, Pete, alumno del último curso de instituto, se aficionó a la bebida. De su padre, dijo lo siguiente:

—Siempre me está sermoneando acerca de cómo quiere que lo respete, pero él no me respeta a mí. Sé lo inseguro que es. Intenta parecer más menospreciando a todos los demás. Cuando era niño, a veces no estaba de acuerdo con él y, en lugar de escucharme, me decía que le faltaba al respeto. Al final, me cansé de escuchar sus chorradas y decidí empezar a hacer lo que me gusta.

Es difícil deshacer el daño causado por la falta de respeto, pero no imposible. Se necesita un hijo dispuesto a hablar, un padre dispuesto a escuchar y una familia dispuesta a aceptar sus errores. A veces es difícil convencer a los padres de que faltan al respeto a los hijos, quizá porque se consideran a sí mismos como personas bien intencionadas y genuinamente preocupadas por lo que más conviene a los intereses del hijo. A menudo, no quieren reconocerlo. Ni siquiera ante su hijo, aun cuando existen pruebas, y sus hijos se vuelven distantes o reaccionan agresivamente a sus comentarios. Tampoco son capaces de ver en su hijo las consecuencias de su falta de respeto. Para sanar estas heridas, hay que llevar a cabo una cuidadosa reconstrucción de actitudes, actos y relaciones. El padre debe aprender a tomarse más en serio los sentimientos de su hijo, esté o no de acuerdo con ellos, y a dejar de decir y hacer cosas que sabe dañinas. El hijo debe reconocer su parte en atizar las llamas del desacuerdo, a pesar de la tentación de echarle toda la culpa al padre. Los dos deben aprender a perdonar y a olvidar, y vivir con los que no pueden olvidar. Es difícil, pero también es posible conseguir una relación de respeto mutuo y de cercanía.

Con un poco de respeto se llega muy lejos. Respeta a tu hijo ahora y cosecha los beneficios cuando sea mayor.

¿Acaso pides más respeto del que tú mismo observas? Pregúntate:

- Cuando habla tu hijo, ¿te tomas en serio sus ideas, opiniones y sentimientos?
- ¿Puedes reconocer cuándo te has equivocado?
- ¿Minusvaloras los intereses de tu hijo?
- ¿Sueles insistir en que tu manera es la correcta o es la única?

4. *«Mi padre no tiene paciencia. Siempre acaba explotando.»*

Con mis amigos jugamos al tenis los fines de semana en un colegio cerca de mi casa. Mientras estoy en la pista, suelo disfrutar observando a los niños pequeños jugando con sus padres. Me enternece ver a un padre tranquilamente enseñándole a su hijo a coger un bate de béisbol o a jugar al baloncesto en los terrenos adyacentes. Hay contacto físico, risas y manotazos en el aire, momentos que figuran entre las alegrías de ser padre.

Sin embargo, a veces las cosas se ponen feas. Padre e hijo salen a jugar inocente y entusiasmadamente, pero no tardan mucho en enzarzarse en un intercambio de gritos, el padre enfadado y el niño llorando. Un día observé a un niño de unos cinco años y su padre, que llegaron al parque con sus guantes de béisbol y empezaron a lanzarse la bola. Al cabo de unas cuantas lanzadas, era evidente que el pequeño no era muy diestro cogiendo la pelota y que, cuando la lanzaba de vuelta, solía quedarse corto.

—¿No te he dicho que tienes que llevar el brazo hacia atrás y lanzar hacia arriba? —empezó a gritar su padre. El niño dijo que lo intentaba—. ¡Pues trata de hacerlo mejor! —gritó el padre.

El niño llevó el brazo hacia atrás y lanzó la pelota hacia arriba con toda la fuerza que le permitía su cuerpecito. La bola sólo llegó a unos metros. El padre se puso muy nervioso:

—Mírame y haz lo mismo —chilló, impaciente. El niño volvió a intentarlo. No hubo suerte. Yo intentaba no mirar, pero era una escena terrible y penosa, porque el niño estaba al borde del llanto. Una parte de mí quería intervenir, aun sabiendo que no era asunto mío. Al cabo de cinco minutos, el padre se dio por vencido y se marcharon. Nunca volví a verlos en el parque.

Suelo escuchar historias de padres impacientes y he visto a padres gritando a los hijos pequeños por no seguir sus instrucciones, por no hacer sus deberes lo bastante rápido, por no obedecer inmediatamente sus órdenes. ¿Por qué es tan importante para algunos padres que sus hijos lo hagan todo bien? A menudo, los padres lo hacen lo mejor posible. Todd, que tenía ocho años cuando empecé a verlo, se esforzaba mucho con las matemáticas. Me dijo que trabajaba mucho en sus deberes y que su padre a menudo se ofrecía para ayudar. El problema era que el padre no ayudaba a Todd, sino que le hacía daño.

—Odio cuando papá me ayuda —dijo Todd—, porque lo único que hace es gritarme. Yo le digo que no lo entiendo, pero él insiste en que debería entenderlo y volvemos a repasar lo mismo una y otra vez. Él me dice que debería hacerlo a su manera, y yo le digo que ésa no es la manera que nos enseñó el profesor en clase. Él dice que no le importa. Y entonces yo me niego a seguir trabajando. Suelo acabar llamando a mamá y ella pone paz entre nosotros.

Después me enteré de que esos intentos fallidos de ayudar también arruinaban las tardes del padre, y que los efectos dañinos influían en otros aspectos de sus vidas. Todd evitaba cualquier cosa que requiriera que su padre le enseñara algo, pues temía sus explosiones de rabia. A menudo lloraba después de esos episodios, como lloraba hablando de ello en mi consulta.

A medida que los padres impacientes y sus hijos se hacen mayores, puede que sus interacciones no cambien. Es especialmente triste ver a un hijo adolescente y a su padre discutir sobre alguna trivialidad, como cuánto tiempo poner un plato en el microondas o cómo encender un fuego. Los dos han perdido la paciencia con el otro.

Se puede romper este círculo. Los padres deben saber cuándo hablar y cuándo cerrar la boca. Los niños deben decir a los padres que no tolerarán reacciones rabiosas exageradas. En el capítulo ocho, hablaremos de cómo padres e hijos pueden aprender a comunicarse. La clave reside en saber lo que vas a decir antes de decirlo. Si es probable que haga daño, haz lo que sugiere Archie Bunker: tragarte tus propias palabras.

5. *«Mi padre es un obseso del control.»*

Cualquiera que haya vivido un tiempo con un adolescente conoce esta frase, y a muchos padres se les acusa de ser exactamente eso. A veces los adolescentes están simplemente irritados con la autoridad de los padres y con el hecho de verse obligados a volver a casa por la noche a cierta hora o someterse a otras limitaciones. En otras ocasiones, comienzan a ver una verdad. Algunos padres quieren que todo se haga a su manera, nada de discusiones ni negociaciones. Los hijos deben hacer lo que ellos dicen y todo irá bien. Pero rara vez sucede así. Los padres pueden ser controladores en los primeros años de un niño, pero si siguen educando con un puño de hierro durante los años de adolescencia del hijo, creyendo que así lo mantendrán alejado de problemas y por el buen camino académico, se equivocan, pues su pesada mano tiene el efecto contrario, y plantan las semillas de la rebelión en lugar de evitarla.

Los niños más pequeños a menudo se quejan de que no pueden hacer gran cosa para cambiar a los padres, así que se rebelan en pequeñas cosas, como dejar de obedecer las instrucciones de un profesor, discutir con el entrenador de fútbol, o incluso protestando pasivamente contra las reglas en silencio. Un niño que vino a verme decía «sí» cuando los padres le pedían que hiciera algo, pero rara vez lo cumplía. A medida que los niños se convierten en adolescentes, sus comentarios se hacen menos caritativos y a veces son abiertamente hostiles, sobre todo porque las cosas siguen igual, a saber, el padre decidido a mandar y el hijo que se rebela contra sus esfuerzos.

Cuando conocí a Gil, tenía quince años y llevaba años peleándose con su padre. Gil no era un hijo modelo, pero tampoco era un chico malo. A menudo forzaba los límites, a veces no hacía caso de las horas de llegada a casa o se saltaba una clase. Lo castigaban, pero eso no le presentaba grandes problemas.

—Me castigan por todo —decía. Si se olvidaba de sacar la basura, se quedaba una semana sin ver la tele. Si hablaba por teléfono demasiado tiempo, su padre le quitaba el auricular, lo colgaba y le prohibía llamar durante el resto del día. Su padre lo llevaba a él y a sus amigos al centro comercial, pero si Gil llegaba cinco minutos tarde al lugar fijado para reunirse, su padre se enfadaba, y no lo dejaba volver al centro durante un mes.

Gil me dijo que quería más libertad y que su padre lo tratara como un hombre, no como un niño. Así que a menudo discutía con él.

—Siempre me está interrogando —decía—. No importa lo que haga, dónde vaya, él me pone en el banquillo de los testigos.

«¿Por qué te has puesto esa camisa?», «¿por qué estás en el ordenador si se supone que debes hacer tus deberes?» Siento un nudo en el estómago cuando estamos en la misma habitación. Se cree que lo sabe todo.

Le pregunté si creía que su padre lo controlaba muy de cerca debido a su conducta irresponsable. Gil ocultó la cara entre las manos.

—Pero no importa que haya hecho algo malo o bueno. Ahora sencillamente me castiga por todo. Supongo que si eso es lo que piensa hacer, yo puedo hacer lo que quiera —dijo.

No hay un remedio mágico para situaciones como éstas. El padre de Gil era rígido e inflexible, y Gil era un chico desafiante y rebelde. Cuando padres e hijos se enzarzan en una batalla, queda poco espacio para un diálogo y una relación significativa. Tendrían que dar un paso atrás, reflexionar sobre lo que ocurre y tratar de reinventar la relación. Puede que los «padres controladores» tarden meses en ver y reconocer que su conducta ha fallado y que eso ha producido resultados contrarios a los deseados. Sin embargo, una vez que todos en la familia confiesan que se sienten mal con el actual estado de cosas, ya cuentan con una base para el cambio. Si en ti vive un «obseso del control», te aconsejaría que trates el problema lo más rápido posible.

Antes hemos hablado de cómo romper el círculo del control/rebelión de los adolescentes y seguir ejerciendo una influencia. He aquí unos cuantos consejos más para ayudarte a dejar de ser un «obseso del control».

- Pregúntate por qué es tan importante para ti estar siempre al mando.
- ¿Cómo te sentirías si alguien te estuviera diciendo constantemente lo que debes hacer?
- ¿Quieres que tu hijo sea capaz de pensar por sí solo y de to-

mar sus propias decisiones? Si es así, tendrás que enseñarle a cuestionar respetuosamente a la autoridad y a decir lo que piensa. Eso significa entablar un diálogo en los dos sentidos. Recuerda que eres un modelo de rol para tu hijo.

6. *«Papá es un adicto al sofá.»*

Si un padre controlador está excesivamente encima de la vida del hijo, un padre pasivo participa menos de lo normal. Los tipos tradicionales, los adictos al sofá y los hombres de las cavernas son padres pasivos. No están irritados ni determinados por su trabajo. Estos tipos adoran a su familia, pero como padres no son muy activos. Un niño con un padre pasivo se queja a menudo de que su papá no quiere hacer nada con él. Un niño de siete años me contó cómo tenía que molestar a su padre para que lo llevara a algún sitio o para que pasara algún rato con él. Un niño de nueve años dijo que su padre siempre estaba plantado en un sitio: frente a la televisión. Cuando le pregunté a un chico de catorce años por qué él y su padre no tenían una relación estrecha, el chico dijo bromeando:

—Papá no tiene vida.

Estos chicos suelen sentir tristeza por su padre y estar enfadados con ellos, pero la mayoría de las veces aceptan la falta de implicación del padre en sus vidas como un dato de la realidad. Aun así, les gustaría verlos participar. El sueño de muchos niños es pasar el día con su padre en el museo local, en el estadio o el cine. Sin un padre regular y comprometido, los niños suelen tener fantasías acerca de lo que su padre podría ser. Sid, un chico de diez años, deseaba que su padre lo defendiera.

—Mi padre me fue a buscar después de un partido de fútbol, y cuando llegó, dos chicos me estaban molestando —dijo—. Sé que lo vio, pero no dijo ni una palabra. ¿Por qué no les dijo: «Dejad a mi hijo en paz, de lo contrario os romperé el cuello y llamaré a vuestros padres»? —Sid dijo que su padre lo decepcionaba con mucha frecuencia. A menudo recurría a su madre para que lo ayudara. Otras veces, ella se enfadaba con él, le gritaba y lo castigaba. Y su padre seguía ahí sentado, mirando la tele—. Es como si ni siquiera se diera cuenta, y aunque se dé cuenta, no hace nada —dijo Sid.

Lo bueno es que los padres pasivos suelen ser los que cambian con más facilidad y son especialmente sensibles a las presiones de sus seres queridos. Sencillamente no entienden —hasta que alguien se lo dice— que su familia los necesita. Te sorprendería saber la cantidad de padres que no se dan cuenta de las consecuencias profundas y negativas que su comportamiento puede tener en su familia. Algunos quieren participar más, pero no están seguros de cómo hacerlo. En una ocasión, le enseñé a Joey, un chico de doce años, a usar psicología con su padre. El muchacho estaba cansado de ver a su padre dedicar su tiempo a su taller de carpintería en lugar de estar con él, y quería que empezara a ir a sus partidos de baloncesto.

—Primero, le dije a papá que todos los demás padres iban a ir al partido esa semana porque era un partido muy importante —dijo Joey—. Cuando se resistió, dije lo que usted me dijo, doctor B.: «¿Por qué no reconoces de una vez por todas que no me quieres y que preferirías que no esté?» Aquello sacó a papá de su sillón —dijo Joey riendo. Su padre asistió al partido.

Ya sé que no será siempre tan fácil entender a tu hijo. Participa. ¿Eres un padre adicto al sofá? Para averiguarlo, pregúntate:

- ¿Alguna vez haces cosas sin que te lo pidan o te insistan?
- ¿Preferirías quedarte sentado mirando la tele, navegando en Internet o ensayando golpes de golf en tu estudio en lugar de dedicar un tiempo a tu hijo?
- ¿Tu familia hace comentarios como: «¿Acaso no puedes echar una mano alguna vez», o, peor aún, te ignoran completamente?

*7. **«Papá nunca me cuenta lo que pasa de verdad.»***

Lo he oído en boca de chicos pequeños y mayores, pero el mensaje es el mismo.

—Papá no me cuenta nada. No cree que sea capaz de enfrentarme a la verdad. A veces, finge que todo va bien, pero sabe que eso no es verdad.

Al igual que las madres, los padres tienen un instinto de protección e intentan proteger a sus hijos para que no sufran. Y los padres pueden ser muy callados. A pesar de eso, hay situaciones —un divorcio pendiente, la enfermedad de uno de los padres— en las que tu hijo necesita que le expliques lo que está sucediendo. Cuando un hijo se entera de un secreto doloroso por otras fuentes, vuestra relación se resentirá. Se pierde la confianza, se hieren los sentimientos y los hijos se sienten traicionados.

Oscar, un chico de dieciséis años y alumno brillante, que empecé a ver cuando sus padres se divorciaron, estaba enfadado y abrumado porque se separaban, pero estaba todavía más enfadado porque su padre nunca se sentó con él para explicarle lo que estaba ocurriendo.

—Mi madre me lo mencionó un par de veces —me dijo—. Me pidió perdón por lo que mi hermano y yo estábamos viviendo, pero mi padre se portaba como si no pasara nada. —Oscar me dijo que él y su padre habían ido al cine una semana antes. Después fueron a un restaurante y pidieron bocadillos de carne y queso. Durante la cena, hablaron de los Nets y de los Giants—. Se iba a ir al cabo de una semana —dijo Oscar—. Yo lo sabía. Él lo sabía. Pero no me dijo ni una palabra. Era raro.

El día en que su padre hizo el equipaje, se despidió de Oscar con una señal mientras cargaba la última caja.

—No te preocupes. Te veré pronto —dijo. El chico tuvo la impresión de que a su padre no le importaba irse o herir sus sentimientos.

—No entiendo cómo ha podido hacerme esto —dijo—. Sencillamente se fue. No dijo nada más. ¿Cómo es posible que no se diera cuenta de lo desconcertado que yo estaba?

Le dije a Oscar que yo habría estado igual de enfadado y le pregunté si su padre había hecho algo así antes, si había guardado secretos o retenido información deliberadamente. Oscar se lo pensó un momento.

—Ahora que lo dice —respondió—, mi padre perdió su trabajo hace unos cuatro o cinco años. Me dijo que se iba a coger unas vacaciones antes de empezar con un nuevo empleo. Pero pasaron meses antes de que volviera al trabajo. Recuerdo que siempre le preguntaba por qué estaba en casa. Él insistía en que estaba de vacaciones.

Yo entendía la intención del padre de Oscar. No quería que su hijo se preocupara por la economía familiar o que pensara que era un hombre perezoso o falto de motivación. Sin embargo, la mayoría de los niños, entre ellos, Oscar, prefieren saber la verdad. Cuando los hijos se quejan de que sus padres no les cuentan nada, suelo decirles que entiendan que sus padres quieren protegerlos y que no se preocupen. Aun así, dicen que prefieren saber la verdad, porque entonces sus padres los tratarían como sus iguales.

Oscar tardó meses en hacerle entender su punto de vista a su padre. Lo invitamos a reunirse con nosotros en la terapia y hablamos de ello en varias sesiones. El padre reconoció el problema, pero tardó un tiempo en reaccionar. Sondeando un poco, supe que el abuelo de Oscar había protegido a su padre de la misma manera que éste le protegía a él. Le pregunté al padre de Oscar si a él le agradaba que lo mantuvieran al margen.

—No —respondió él, sin dudarlo.

—Entonces, ¿por qué me lo hiciste a mí? —inquirió el chico a su padre.

Su padre dijo que no quería hacerle daño ni quería que se preocupara.

—Pero, sobre todo, lo hago porque es más fácil para mí —reconoció—. Me cuesta explicarte lo que ocurre. A veces tengo un nudo en la garganta de sólo pensar en ello.

Oscar asintió con un gesto de la cabeza. Ahora entendía.

—Pero estaría bien si a veces lo intentaras —dijo con voz queda.

Cuando los padres intentan proteger a sus hijos de la realidad y de los sentimientos reales, en realidad suelen hacerles daño en lugar de protegerlos. Si tú haces esto, pregúntate por qué. ¿Es sólo porque intentas proteger a tu hijo, o es porque te cuesta demasiado contar la verdad y hablar de lo que pasa? Lo más probable es que sea un poco de las dos cosas, pero tienes que hacer un esfuerzo mayor para hablarle a tu hijo de los «secretos» de la vida. Empieza por desvelar otras cosas, como aquella pelea que tuviste con tu jefe, o el motivo por el que te has enfadado. Después serás capaz de explicar los problemas más graves que surjan por el camino.

Nunca lo repetiré lo suficiente: los hijos prefieren que sus padres les expliquen las cosas en lugar de las madres. Es una cuestión de respeto. Es probable que tu hijo ya sepa que hay algo que no le has contado. Así que espera que hables con él. Quiere una explicación. Recuerda, cuando tratas a tu hijo como un hombre, le ayudas a convertirse en un hombre.

8. *«Papá no me conoce.»*

Es una frase que escucho de boca de muchos adolescentes que vienen a verme. Papá no sabe nada acerca de mí, pero cree que lo sabe todo. A veces, esto es verdad. Puede que los padres crean que lo saben todo porque hubo un tiempo en que eso era verdad. Muchos han seguido el desarrollo de su hijo, desde el uso del orinal hasta el aprendizaje del álgebra en la escuela, pero no siempre le siguen la pista al desarrollo emocional. A los padres les puede sorprender la madurez de su hijo al pensar, como si les sorprendiera que sus hijos pudieran siquiera pensar coherentemente.

Sentir que su padre no los conoce infunde rabia en los niños, los decepciona y los margina. Los chicos quieren que los padres sepan algo más que las notas que sacan o cómo le ha ido a su equipo de béisbol. Quieren que sus padres sepan lo que hay en su interior, qué los motiva, en qué creen y a qué cosas son sensibles y a cuáles no. Muchos padres se quedan cortos cuando se trata de describir los pensamientos y experiencias, los intereses y sueños de sus hijos. Suelen conocer bien un aspecto de su hijo. Se quejarán de su mala memoria o elogiarán sus éxitos académicos. Muchos suponen que sus hijos piensan igual que ellos o que piensan como la «mayoría de los chicos». Pero pocos pueden reconocer qué es lo que hace a sus hijos personas únicas.

Cuando Kurt, de quince años, vino a verme, pasé la primera sesión intentando entender por qué sus padres creían que era necesario que viniera a una terapia. Kurt era presidente de su clase de segundo año de instituto, y una estrella en su equipo de baloncesto. Le fascinaban los músicos legendarios del rock y hacía sus pinitos con la guitarra. Tenía una novia, un grupo de buenos amigos, y parecía seguro de sí mismo cuando se sentó frente a mí, mirándome a los ojos y sonriendo. Sin embargo, sus padres pensaban que estaba deprimido. Kurt no solía hablarles demasiado y solía encerrarse en su habitación durante horas a escuchar música a todo volumen.

A diferencia de muchos adolescentes, Kurt no se opuso a la decisión de sus padres de venir a verme. Reconoció desde el comienzo que rara vez hablaba con los adultos. Pensaba que estaba bien tener a alguien a quien contarle sus ideas. Su madre estaba bien, decía, pero reaccionaba de tal manera que ya no le contaba nada.

—Papá es otra cosa —comentó. Kurt dijo que su padre decía a menudo: «Entendido», y lo había hecho desde que Kurt tenía recuerdos. Su padre llegaba a casa y le preguntaba cómo estaba, cómo iban sus notas, si a su profesor de Historia le había gustado su informe oral. No le preguntaba otras cosas, así que Kurt no compartía gran cosa más. De vez en cuando su padre le preguntaba por los asuntos estudiantiles o lo llevaba a jugar a béisbol, pero Kurt decía que siempre se sentía distante de su padre en esas salidas. Sabía que tenía la suerte de compartir unos momentos con él, pero se sentía decepcionado por lo poco que le preguntaba acerca de su vida.

Cuando conocí mejor a Kurt, entendí que no estaba deprimido. Estaba solo. Cuando entraba en su habitación, cerraba la puerta y ponía la música a todo volumen, intentaba ahogar la sed que tenía de padre. Con el tiempo, Kurt también entendió que estaba enfadado con su padre y había intentado evitarlo para que no siguiera decepcionándolo ni hiriéndolo. Le pregunté si de verdad creía que a su padre no le importaba.

—Si le importo —dijo—, desde luego no lo demuestra.

Tu hijo necesita sentir que tú lo entiendes. Aunque le hagas preguntas y él parezca irritado, que no te engañe. Quiere que preguntes y sepas acerca de su vida, pero no quiere que le regañes por ello. Piensa en lo que te gustaría que alguien te preguntara. Luego hazle a tu hijo esas mismas preguntas.

¿Qué debe hacer un hijo?

Ahora que has oído las voces de muchos hijos diferentes —algunos enfadados, otros temerosos y otros inseguros de la relación que tienen con su padre— puedes percibir la añoranza común del respeto del padre. Tu hijo necesita sentirse estimulado en la relación contigo. Puede expresar sus preocupaciones y hacerte escuchar, pero los dos tenéis que aprender a decir lo que hasta ahora no habéis dicho. Lo podéis hacer a través de un correo electrónico, del contacto cara a cara o con la ayuda de un terapeuta.

Sin embargo, para muchos hijos, no es fácil hablar con el padre. A menudo les recuerdo que sus sentimientos son importantes, que su padre quiere escucharlos, y que no tienen nada que perder y todo que ganar. Ya sea diciendo «Me gustaría que estuvieras más presente», «Siempre me gritas» o «Nunca me escuchas», la necesidad de un hijo es la misma. Quiere que lo escuches y que lo trates con respeto, y quiere sentirse como si tuviera importancia. Con estímulo y apoyo, la mayoría de los niños son capaces de expresar lo que piensan sus padres de manera directa y respetuosa, si bien no todos los padres se lo ponen tan fácil. Intenta facilitar las cosas para que tu hijo comparta sus sentimientos. Estimúlalo. Si lo estimulas, él se sentirá valorado y empezará a respetarte más.

William Weaver, presidente del departamenbto de cirugía de la Facultad de Medicina de Morehouse, Atlanta, contó una historia sobre su padre en National Public Radio, en 2006. Su padre trabajaba de bedel y chófer cuando Weaver era niño. Ahora, a los cincuenta y siete, Weaver decía que su padre lo conocía tan bien que lo llamaba para pedirle consejo en todas las decisiones que tomaba. Esto lo aprendió cuando vivió un incidente en el instituto. Weaver se esforzaba en aprender álgebra y le costaba captar los conceptos. A medida que pasaba la noche, se sentía cada vez más frustrado. Su padre se ofreció a ayudarle, pero Weaver le dijo:

—En tus días ni siquiera existía el álgebra.

Weaver dice que se fue a dormir. Su padre abrió el libro de álgebra y a las cuatro de la madrugada despertó a su hijo. Weaver contó en la National Public Radio que su padre se quedó toda la noche leyendo el libro de álgebra y luego le explicó los problemas para que pudiera hacerlos y entenderlos…

—Hasta el día de hoy, vivo intentando ser la mitad del hombre que fue mi padre, siquiera la mitad. Y si mis hijos me amaran la mitad de lo que yo quería a mi padre, ya me daría por afortunado.

6

Los niños y sus juguetes de alta tecnología

Se suponía que Danny había estado tres horas ocupado escribiendo un trabajo sobre el simbolismo en la novela de J. D. Salinger *El guardián entre el centeno.* El libro estaba en su mesa, pero el adolescente de diecisiete años estaba chateando con sus amigos. No tenía ganas de acabar su trabajo de literatura, y tampoco veía qué tenía que ver Holden Caulfield con él. Sonó su móvil. Danny lo abrió, leyó un mensaje escrito y respondió con otro. Luego abrió su perfil de Facebook.com y cambió su «estatus», una entrada que configura el modo de un usuario, desde «perfil real» hasta «procrastinación». Su móvil volvió a sonar. Lo abrió, leyó el mensaje y volvió a cerrarlo. Vio que en la pantalla de su ordenador un icono se iluminaba. Acababa de recibir otro IM, o mensaje instantáneo, y leyó: «¿Has visto lo k Z ha añadido a su perfil?» Danny volvió a Facebook y encontró una foto de su mejor amigo, Zane, colgado boca abajo de unas barras, con dos chicas muy guapas junto a él, vestidas con unos tops que les llegaban al ombligo.

Los padres de Danny yacían en la cama con la puerta abierta. Justo después de medianoche, vieron que la luz de la habitación de su hijo todavía estaba encendida y oyeron el «clic» del ratón.

—¿Debería decirle que se vaya a dormir? —preguntó Tony a su mujer—. Debería haber acabado ese trabajo hace horas.

No hubo respuesta. Tony echó hacia atrás el edredón a regañadientes, llamó suavemente a la puerta de su hijo y preguntó:

—¿Puedo entrar un momento?

Danny cerró el Facebook y volvió a abrir su documento Word, para que su padre viera su trabajo, no sus conversaciones en Internet.

—Estoy ocupado, papá. ¿Puedes volver más tarde?

—¿Más tarde? Son las doce de la noche. ¡Tienes que dormir!

Danny entornó la mirada y gimió.

—Tengo que terminar mi trabajo.

—Pero has estado trabajando desde las nueve. No estás concentrado. Sal de Internet y termínalo.

—Estoy hablando con mis amigos acerca del trabajo.

—Sal de Internet, Danny… Ahora —dijo Tony.

—No lo entiendes, papá. Es la hora en que todos hablan. En cualquier caso, habré acabado el trabajo dentro de una hora. No te preocupes.

—De acuerdo —dijo Tony—. Pero quiero las luces apagadas en una hora. O acabas ese trabajo o te quedas sin Internet una semana.

Danny vio a su padre cerrar la puerta de la habitación y volvió a abrir la conversación con su amigo en el IM. Escribió el mensaje en código: «Lo siento: PEH, LHD». La traducción: «Lo siento… Padre en la habitación, lo he despistado».

Los hijos están viviendo en un mundo muy diferente del mundo en que crecimos nosotros, los padres. Tienen información ilimitada sobre casi cualquier cosa. ¿Tienen que hacer un proyecto de investigación para el colegio? Hay que olvidarse de la enciclopedia. Ellos van a Wikipedia.com. ¿Tienen que hacer un resumen? No tienen que leer el libro…, van al Rincondelvago.com y se bajan un resumen detallado de novelas, obras dramáticas o acontecimientos históricos. Pueden «googlear» cualquier cosa, desde su propio nombre hasta el programa de conciertos de su cantante favorito. Cada uno de sus pensamientos («¿Es normal masturbarse con tanta frecuencia?», «¿A quién eliminaron anoche de Gran Hermano?»...) puede ser respondido o validado con un clic del ratón en el mundo de la generación de altos estímulos, donde los portátiles, los teléfonos móviles, las cámaras, los PS3 y los iPods son la regla. La Fundación Kaiser Family informó de que, en 2005, el 86 por ciento de los hogares de Estados Unidos con hijos entre ocho y dieciocho años tenían ordenadores, y que el 39 por ciento de los chicos en ese grupo de edad tenían teléfonos móviles. Y son porcentajes que aumentan año tras año.

Los hijos viven la mayor parte de su existencia en el ciberespacio, y sus padres saben muy poca cosa de lo que hacen. Sin embargo, estos padres no pueden entender a sus hijos si no entienden lo que hacen cuando navegan. Según el Pew Internet & American Life Project, el 55 por ciento de los chicos hoy en día han ingresado sus perfiles en redes sociales como Facebook.com y MySpace.com. De esos individuos, el 66 por ciento utiliza contraseñas para controlar quién lee sus perfiles, lo cual quiere decir que estos «diarios en Internet» suelen estar resguardados con llave y candado, incluso de los padres. En general, el comportamiento de los jóvenes en Internet es inocente. Cuelgan sus fotos, comunican a sus amigos detalles aburridos de la vida cotidiana, como la ducha que se han dado, el paseo con el perro o la redacción de un trabajo. Sin embargo, los chicos a veces también utilizan sus perfiles para colgar material inadecuado, como fotografías sugerentes, se dejan unos a otros mensajes explícitos en sus páginas web y difunden chismorreos vejatorios. En 2007, *USA Today* informó de la frecuencia de «ciberacosadores» entre chicos cuyas edades fluctúan entre nueve y catorce años, que se aprovechan del anonimato de Internet para «soltar insultos, rumores nocivos y fotos humillantes en correos electrónicos y blogs que pueden golpear a las víctimas en su hogar y en cualquier momento». Según el artículo, los alumnos de una escuela primaria en Fairfax, Virginia, llevaron a cabo una encuesta en Internet sobre quién era su compañero más feo.

Cuando los niños obtienen información acerca de un tema en la red en lugar de utilizar los libros de una biblioteca, casi siempre se pierde algo en la traslación o la traducción, se eliminan detalles debido a la superficialidad de la descripción, y no entienden el contexto a partir del cual las ideas han evolucionado. La mayoría de los chicos hoy en día se comunican a través de una cadena de bits de grafías crípticas *(K keres? Vns a mi qmple?)* Se enamoran después de intercambiar unos cuantos mensajes por el IM o por correo electrónico. Navegan por páginas pornográficas antes de que lleguen al final de la escuela primaria. Este ritmo acelerado de la vida emocional hace que el rol del padre sea más importante que nunca. Es conveniente involucrarse en las actividades de tu hijo en Internet y limitarlas, tal como participas en otros aspectos de su vida. Si no lo haces, tu hijo fijará sus propios límites. Un alumno de diecisiete años dice: «Siempre y cuando saque buenas notas, mi padre no hace preguntas».

El vínculo a través del Blackberry

No sólo los chicos están fascinados con la tecnología y los artilugios electrónicos. Los hombres maduros manipulan su Treo con el mismo entusiasmo con que sus hijos de catorce años juegan con la PlayStation. Si entramos en una tienda de Apple cualquier sábado, veremos a una multitud de hombres probando los ordenadores de muestra. Para los padres e hijos, ir a Best Buy se ha convertido en una especie de rito de pasaje. La tecnología ha abierto líneas de comunicación entre padres e hijos al ofrecerles medios alternativos de expresión y toda una colección de productos que se prestan a la creación de vínculos. Según la Entertainment Software Association, el 43 por ciento de los jugadores de videojuegos tienen entre dieciocho y cuarenta y tres años. Esto confirma lo que yo veo en la práctica de mi profesión, a saber, que muchos padres e hijos juegan juntos a Madden Football.

Muchas mujeres entornan la mirada cuando sus maridos mencionan su pasión por los videojuegos. Reconozco que es aburrido estar con alguien que se pasa el rato jugando con videojuegos a menos que haya turnos y uno también pueda jugar. Pero si los maridos no se vuelven adictos al juego, las mujeres pueden estar tranquilas pensando que es una manera agradable de establecer vínculos con los hijos. Los videojuegos dan al padre la posibilidad de competir, reír y enseñar a sus hijos. Puesto que los hombres conectan a través del hacer más que a través de la conversación, les resulta fácil pasar un rato con los hijos cuando están los dos ocupados matando asesinos. Los videojuegos deberían pertenecer a la misma categoría que jugar a la pelota o construir una casa en un árbol, es decir, una manera de crear vínculos.

La tecnología puede reunir incluso a parejas dispares de padres e hijos. Los padres pueden servirse del momento para hablar con sus hijos o para pedir a los más listos que les enseñen algunos trucos de la tecnología. Pregunta cómo hacer más gráficamente interesante un documento, cómo encontrar alguna información poco conocida, o incluso cuál es el proveedor de Internet más adecuado para la familia. Verás que tu hijo tiene mucho que decir. Después podrás agradecérselo y decirle que él es tu «técnico informático». No conocerás los secretos más íntimos de tu hijo haciendo esto, pero transmitirás el mensaje de que te importan sus ideas y opiniones. Los momentos como éste crean confianza, e incluso pueden inspirar una manera de dar y tomar habitual. Puede que el hijo pida al padre algún consejo en el futuro.

Darren no tenía gran cosa en común con su hijo Mason, de once años así que se propuso pedirle consejos sobre cualquier aparato electrónico que le costara manejar. Cuando Darren se compró su primer iPod, Mason le enseñó a descargarse las canciones. Luego Darren llegó a casa con un nuevo teléfono móvil. Mason le enseñó a cambiar los tonos de llamada. Con el tiempo, se dio cuenta de que su padre confiaba en él, así que él aprendió a confiar en su padre. Le pedía que revisara sus trabajos escolares, que le ayudara en su campaña para salir elegido representante de su clase o inventar una excusa para ausentarse de la clase de gimnasia el día que tenían que correr mil quinientos metros. Cuando le pregunté a Darren por el momento de mayor orgullo como padre, recordó lo sucedido cuando a su hijo lo pillaron robando una barra de chocolate.

—En la tienda le gritaron y lo dejaron ir —dijo Darren—. Pero mi hijo vino a verme de todos modos y me contó lo ocurrido. Fue algo muy importante para mí. Yo jamás le habría confesado una cosa así a mi padre. Me hizo pensar que algo habría hecho bien en el camino.

La confianza se basa en años de una relación de sinceridad, pero si tienes problemas para encontrar un terreno neutral donde crear vínculos, la tecnología es un tema que conviene indagar. A los hijos les fascina cuando los padres les piden ayuda. Los hace sentirse especiales, como si su padre los admirara tanto como ellos lo admiran a él.

Familiarízate con Facebook.com y MySpace.com, que son como tableros de anuncios y red de comunicaciones del ciberespacio; resúmenes de la vida de tu hijo en su santuario interior. Para él, es del todo normal, aunque para los padres sea un poco intimidatorio. El artículo de Emily Yoffe, en marzo de 2007, en Slate.com, titulado «Facebook para los cincuenta y tantos», nos da una perspectiva original de las brechas generacionales. Yoffe escribe: «¿Sabéis cómo en *La frontera del éxito* Malcolm Gladwell describe a una persona que define como "conector", el individuo encantador y popular que conoce a todo el mundo y hace que las cosas ocurran? Yo soy el opuesto de esa persona. Incluso en mi círculo reducido, nunca estoy al corriente ni sé lo que está ocurriendo. Sin embargo, por fin parecía haber una solución a mi aislamiento que no me exigía salir y conocer gente: Facebook, aquel sitio que tiene tres años y diecisiete millones de miembros en su página de red social, antes del dominio exclusivo de los estudiantes, ahora abierto a cualquiera. Este sitio se ha introducido de forma tan adictiva en la vida diaria de personas menores de veinticuatro años que los investigadores empiezan a estudiar cómo está cambiando la naturaleza misma de sus interacciones. Decidí averiguar si una persona lo bastante mayor para recordar la época en que los contestadores automáticos fueron una innovación decisiva en las comunicaciones podía encontrar a alguien, a cualquiera entre esos diecisiete millones, dispuesto a comunicarse conmigo...»

Los chicos cuelgan de todo en sus perfiles de Facebook hoy en día. Hay jugadores del equipo de fútbol del colegio que se han caído de la alineación de algún partido porque el director ha visto fotos de ellos bebiendo en el perfil de un alumno en Internet. Los padres pueden sondear la página de su hijo para ver señales de conductas potencialmente peligrosas. Un artículo publicado en el *Chicago Tribune* en marzo de 2007 contaba la historia de un adolescente fascinado por los coches rápidos y otro que se jactaba de las drogas que había consumido. Los dos chicos colgaban detalles de sus proezas en MySpace.com. Uno murió al chocar su coche deportivo que conducía a ciento sesenta por hora. Al segundo lo encontraron muerto de una sobredosis de opiáceos y antidepresivos. Dice el artículo: «Estas tragedias aparentemente inevitables han llevado a los especialistas a pedir a los padres que utilicen los sitios de redes sociales en Internet como un sistema de alerta temprana para detectar problemas como abuso de drogas, trastornos alimentarios o fantasías violentas».

Amanda Lenhart, una investigadora especializada de Pew Internet & American Life Project, añade: «No es la panacea revisar el perfil de su hijo..., pero puede ser una ventana que mira hacia su vida. Puede servir para empezar una conversación».

Por lo tanto, para conocer a tu hijo no hay mejor lugar donde ir que su perfil en Internet. No he hablado de espiar. Puedes preguntarle a tu hijo si estaría dispuesto a compartir su perfil. Bryce, un padre de cuarenta y cuatro años, no sabía nada de MySpace, pero sabía que su hijo estaba permanentemente conectado. Así que decidió seguir mi consejo y le preguntó a su hijo, Ian, de quince años, si podía ver su perfil. Una noche se acercó al chico, después de que éste había acabado sus ejercicios con la trompeta. Al comienzo, Ian se mostró a la defensiva.

—¿Por qué quieres verlo? —preguntó.

Bryce le explicó que sentía curiosidad. Muchos padres en el despacho hablaban de ello. Decían que les ayudaba a conocer a sus hijos.

—¿Qué quieres saber? —saltó Ian. Al cabo de varios minutos, Bryce convenció a su hijo de que no era una inspección inquisitorial. Le aseguró que no tenía nada de que preocuparse.

—Júrame que no le contarás a mamá lo que lees —pidió Ian.

—Lo juro —dijo Bryce, y tragó con dificultad. No sabía en qué se estaba metiendo. ¿Qué pasaría si no podía ser fiel a su promesa? Cuando su hijo descargó su perfil, Bryce se quedó asombrado por lo que vio. Había una foto del «tímido» de su hijo, descamisado, mostrando músculo y con un pie de foto que decía: «Preparado para la acción». Su perfil describía a un chico que le gusta divertirse, amante del rap, que disfrutaba «enrollándose» con las chicas y chateando hasta altas horas de la noche. Había más detalles sobre sus amigos, sus proezas y fantasías. Su hijo pasó rápidamente por esa parte. En la parte inferior de la página, se leía, en letras grandes: «Las chicas no son más que un atajo de putillas tramposas». Ian empezó a reír cuando vio que su padre ponía los ojos como platos.

—Es una broma, papá —dijo—. No es así como veo a las chicas. Ellas también piensan que es divertido.

Bryce se obligó a sonreír. No sabía qué decir. Y luego recordó mis palabras. Yo le había dicho:

—No pongas a tu hijo en el banquillo de los testigos. Sólo sé curioso, mira, escucha y aprende.

Así que Bryce se quedó sentado una hora más y su hijo siguió abriéndose a él. Ian le enseñó el perfil de algunos amigos. Le explicó que MySpace era muy divertido.

Un par de semanas después, Bryce vino a verme. Me contó lo ocurrido.

—Al principio, me sentía como si casi no lo conociera. Parecía tan diferente en Internet. Reconozco que me impactó, pero pienso que hay que tener agallas para colgar tantos detalles acerca de tu vida. No creo que fuera la reacción que él se esperaba, y es evidente que aquello lo animó. Siguió y me explicó muchas cosas acerca de lo que significaban las diferentes entradas. Unas cuantas hirieron mi sensibilidad, pero cualquier sentimiento de incomodidad quedó eclipsado por la cercanía recién descubierta que sentía con mi hijo.

Más tarde habría tiempo para hablar más detenidamente de sexo seguro y otras proezas.

La aparición masiva de sitios web de redes sociales plantea estos dos dilemas para los padres.

1. *¿Cuánto tiempo debería dedicar tu hijo a Internet?* Esto depende de lo responsable que demuestren ser los hijos cuando se trata de acabar sus deberes y cumplir con sus responsabilida-

des. En términos generales, una o dos horas al día es razonable. Sin embargo, muchos chicos dedican mucho más tiempo a navegar. Es muy difícil controlarlo cuando no insistimos en poner el ordenador en un lugar de común acceso, como la cocina o el salón, de modo que deberías pensar seriamente en convertir ese principio en una regla. De otra manera, no siempre puedes estar seguro de las páginas que visitan. Tienen códigos que mandan a sus amigos antes de que cambien de actividad para evitar ser detectados, como PV, o Padre Vigilando. Pero si a un chico le va bien en todos los aspectos de su vida y consigue pasar unas cuantas horas navegando, probablemente no tiene importancia. Si se pasan cuatro o más horas al día navegando en actividades no relacionadas con la escuela, es probable que haya que intervenir. Eso significa limitar el tiempo, comprobar con frecuencia, utilizar el control de los padres, si es necesario, o incluso suprimir la conexión a Internet.

2. *¿Deberías ser un ciberfisgón?* No recomiendo entrar en el perfil de un chico sin su conocimiento. Perjudica la buena voluntad y daña la confianza, y sólo se consigue que los hijos guarden más secretos, lo cual no corresponde a tu objetivo. Si entras en el perfil de tu hijo, deberías explicarle qué has hecho y por qué lo has hecho. Si le gritas por algo que desapruebas y que él ha hecho en Internet, sólo conseguirás que se enfade. En una ocasión, hice un reportaje para *20/20* sobre este tema, en el que había algunas historias siniestras de padres que escondían cámaras en la habitación de sus hijos y se metían en sus ordenadores para espiar sus andanzas. Cuando los hijos lo descubrían, se enfurecían y se distanciaban de sus padres. Como dijo un chico:

   —Si ellos nos espían a nosotros, nosotros podemos espiarlos a ellos.

La relación se convirtió en una confrontación. Tienes que pensar que eres el padre, no el FBI. Si los padres empiezan a escuchar las conversaciones de los hijos y a controlar sus correos electrónicos, no les dan la libertad para madurar. La mayoría de nosotros hemos cometido errores a lo largo del camino y hemos acabado sin problemas. Desde luego, es diferente cuando los padres descubren a sus hijos en delitos graves, como traficar con drogas, hacer trampas o hacer daño a alguien. Sin embargo, esos chicos son la excepción, no la regla.

El correo electrónico como instrumento de comunicación

Los chicos suelen decirme que les fascina navegar porque en el ciberespacio pueden ser lo que quieran o quien quieran. Pueden ser más agresivos o más misteriosos. El anonimato corre un tupido velo sobre sus inseguridades, y dicen todo aquello que han querido decir, pero que solían reprimir.

—Cuando estoy en un chat o envío un mensaje por mensajería instántanea —me contó un chico de doce años—, me siento como un amo del universo. Puedo decir lo que quiero, hacer lo que quiero y controlarlo todo.

Esta desinhibición también es válida para los padres, que pueden usar Internet para reinventarse para sus hijos y reconectar. Un padre de setenta y dos años me dijo que, en realidad, no conocía a sus hijos antes del correo electrónico. Con esta herramienta, se sentía más cómodo revelando aspectos de sí mismo y compartiendo sus emociones. Podía preguntar a los hijos cosas que no tenía el valor de preguntarles cara a cara.

En el ordenador, los hombres pueden liberarse de las trampas de la masculinidad, hablar desde el corazón y sentirse en una relación íntima. Sin embargo, a veces no son nada intimistas y se sienten traicionados cuando los temas tratados en Internet salen en una conversación en persona. Es como si los padres y los hijos —y todo el mundo en este país— estuvieran desarrollando una doble personalidad. No somos siempre las mismas personas que somos en la red. Phillip, un hombre de treinta y siete años que trabaja de redactor en una revista, se sorprendió al recibir un correo electrónico de su anciano padre la Navidad pasada. Su padre había aprendido hacía poco a utilizar el ordenador en el centro social para personas mayores de la localidad y había abierto una cuenta de correo en Gmail. Phillip se rió cuando su padre le pidió su dirección de correo electrónico. Y luego recibió la carta. Su padre le decía que ansiaba el momento de su visita, le contaba dónde jugarían al golf y le pedía sugerencias para el regalo de Navidad para su madre. Phillip intuía cierta ternura en el tono de su padre. Al final de su correo, su padre le decía que estaba orgulloso de su último artículo.

—Eso nunca ocurriría en persona —confesó Phillip—. Si soy capaz de sacarle más de diez palabras cuando voy a verlo, estoy de suerte. Es curioso cómo en sus correos se siente más cómodo y es más comunicativo. Me siento como si escuchara su voz.

Los padres están más dispuestos a compartir en Internet. Es más fácil para ellos explicarse y sentirse escuchados. Todos disfrutamos de ese espacio libre que nos da un correo electrónico. Podemos hablar de nuestras frustraciones sin interrupciones. Un padre que venía a verme tenía problemas para expresarse con su hijo, y su frustración solía convertirse en rabia. Durante una sesión, padre e hijo incluso llegaron a las manos y tuve que separarlos. Unos días más tarde, el padre me envió una copia de un mensaje de correo electrónico que le había mandado a su hijo. Era probablemente la primera vez que el hijo oía al padre hablando con el corazón: «Siento que tenga tan mal genio. Lo que no sabes es que mi padre también tenía mal genio... y que a menudo se desquitaba conmigo. Cogía lo primero que tuviera a mano para golpearme. Era humillante. Y, después de esa experiencia, juré que nunca le levantaría la mano a mi propio hijo. Pero el otro día la levanté y no he podido dormir. Apenas puedo comer. Lo siento. Lamento no ser siempre el padre perfecto».

Me conmovió mucho la carta, pero me impresionó todavía más el poder de Internet. Ese padre jamás habría dicho nada de eso en persona.

Los correos electrónicos o los mensajes de texto también sirven para mantenernos en contacto a lo largo del día. Stan, un socio de un importante bufete de abogados, recurre a los correos electrónicos para comunicarse con su hijo durante la jornada laboral.

—Suelo estar ocupado en reuniones y no puedo llamar por teléfono —explica—. Pero mi hijo sabe que, si quiere comunicarse conmigo, tengo el correo electrónico abierto y que responderé enseguida. La semana pasada, me envió un correo electrónico después de las pruebas del equipo de baloncesto para decirme que lo habían seleccionado para el equipo juvenil. Le respondí rápidamente con mi Blackberry diciéndole que me alegraba mucho. Él me respondió diciendo que se iba a hacer sus deberes de matemáticas. Le dije que lo ayudaría cuando llegara a casa. Me respondió con un emoticón que sonreía. Estuvimos todo el rato mandándonos correos. Yo asistía a un juicio y me era imposible llamarlo por teléfono.

Mientras los padres disfrutan conectándose con sus hijos en Internet, a los chicos les gusta Internet porque no tienen a sus padres encima. Un chico de once años que vino a verme decía:

—Me gusta que mi padre y yo nos mandemos correos porque podemos hablar de casi cualquier cosa sin discutir. Él no me molesta tanto como cuando está en casa. Sus correos siempre son más cortos y no tengo que escuchar los largos sermones que le gusta repetir. Supongo que los dos vamos al grano enseguida y pensamos las cosas un momento antes de decirlas. Así no perdemos el tiempo.

La visión de mi joven paciente me hizo reír. Tenía razón. Pero si bien los correos electrónicos brindan las oportunidades para un diálogo entre padre e hijo, también pueden interrumpir el proceso de los vínculos emocionales. Depender excesivamente de los correos electrónicos y de los mensajes de texto puede llegar a ser un pobre sustituto del afecto físico, del contacto visual y del tipo de actitud que se desvela en presencia del otro.

En resumen, Internet debería ayudar a los padres a hablar con los hijos, pero no debería ser un sustituto de la conversación.

¿Cuándo estamos demasiado conectados?

Desafortunadamente, Internet impide a muchas familias compartir momentos juntos. En un estudio reciente llevado a cabo por Pew Internet & American Life, el 64 por ciento de los adolescentes reconocía que Internet recortaba el tiempo que pasaban con la familia. Imagino que ese porcentaje aumentaría si se realizara el mismo estudio con los padres. En realidad, el despliegue de juguetes tecnológicos combinados con un uso excesivo del ordenador a veces mantiene a los jóvenes encerrados en su habitación durante horas. Suelo pensar en estos chicos como muy enchufados, pero muy cansados. Algunos se pasan todo el sábado en chats, mientras otros se pasan el fin de semana absortos en sus videojuegos. Están siempre jugando con su iPod, sus teléfonos móviles y Blackberries. Y una vez que los adolescentes comienzan, es difícil pararlos. Perderse el último chismorreo o mensaje de texto equivale al fin del mundo (a nuestra generación le ocurría lo mismo con las llamadas telefónicas). ¿Para qué iba un chico a pasar momentos con sus padres si en su habitación tiene una central de juegos virtuales con una actividad incesante?

Fue el tema que tuvimos que trabajar con una familia. Julia y Doug vinieron a verme porque Cameron, su hijo de dieciséis años, pasaba mucho tiempo en Internet. Les pregunté cuánto tiempo, y Doug dijo que ya ni siquiera lo sabía. Su mujer, Julia, se encogió de hombros.

—Tenemos suerte si conseguimos que baje a cenar —dijo.

Cameron vivía en un mundo virtual lleno de amigos que nunca había conocido con los que nunca había hablado por teléfono. Jugaba a juegos de fantasías durante horas por las noches. Le pregunté si hablaba con sus padres.

—Rara vez —respondieron todos al unísono.

—¿Y ustedes le permiten que se quede en su habitación todo el tiempo que quiere? —pregunté.

Doug parecía abatido.

—¿Y qué vamos a hacer? Cuando lo obligamos a apagar el ordenador, se irrita y se enfada y sigue sin hablarnos. Antes de que nos demos cuenta, ya ha vuelto a su habitación.

Cameron sacaba las notas justas en el colegio. Intuí que su adicción eran los juegos de ordenador.

Puede que los padres que tienen hijos que dedican más de tres o cuatro horas al día (sobre todo las noches de fin de semana) a Internet tengan un grave problema y que sea necesario encontrar una manera de regular el tiempo que el hijo pasa en Internet. Puedes elaborar un «horario de usuario» para tu hijo, o insistir en que pase varios días a la semana sin ordenador en una actividad que lo conecte con otros chicos. Cuando les dije esto a los padres de Cameron, parecían incrédulos.

—No sabemos lo que hará Cameron si tomamos esa medida —dijo Doug. Repuse que sabía lo que ocurriría si no la tomaban, y era que el problema se agravaría.

Al principio, Cameron se resistió con uñas y dientes, pero acabó dándose cuenta de que sus padres no cederían. Le ajustaron los límites de tiempo e insistieron en que se apuntara a diversas actividades extracurriculares. Después de cuatro meses, Cameron empezó a hacer un uso más razonable de Internet. Seguía en sus juegos unas horas al día, pero dedicaba más tiempo a los deberes e incluso hizo unos cuantos amigos con los que pasaba parte del fin de semana.

Si a ti te preocupa el patrón de conducta de tu hijo en Internet, te sugiero encarecidamente que actúes con precaución y empieces a supervisar su actividad. Mejor aún, supervísala desde el principio. Habrá mucho tiempo para aumentar progresivamente el tiempo dedicado al ordenador si demuestra tener una actitud responsable. Recuerda, tu participación y tu vigilancia son tus mejores armas.

Cuanta más estimulación tengan los chicos, más quieren. Muchos están tan acostumbrados a entretenerse con sus juguetes de alta tecnología que, en realidad, no saben qué hacer el resto del tiempo. El año pasado conversaba con una mujer de noventa años y le preguntaba qué hacía cuando era niña y se aburría. Ella soltó una risilla y dijo:

—Querido, solíamos buscar a nuestra madre y nos quejábamos del aburrimiento. Ella nos decía que saliéramos y nos quedáramos de brazos cruzados.

Entendí lo que me decía. Saber qué hacer cuando uno está aburrido es una de las mayores destrezas que tenemos. Exige independencia, un poco de creatividad y la capacidad de sentirse bien estando solo. Los jóvenes deben aprender a saber qué hacer con sus tiempos muertos, y recurrir a Internet no es siempre la mejor opción. Tú eres la persona más indicada para enseñar a tu hijo cómo entretenerse. Si tu hijo viene y te dice: «Papá, estoy aburrido», no le digas que vaya al salón a ver la nueva tele de plasma. Ayúdale a encontrar algo que hacer… juntos.

Mel, un hombre de cuarenta y seis años, decidió que solucionaría el problema dedicando la tarde de los domingos, sin chismes tecnológicos, a Owen, su hijo de diez años. Cuando le contó sus planes a Owen, éste estaba espantado.

—¿Qué haremos? —preguntó.

Mel le dijo que harían algo diferente todos los fines de semana. Owen se encogió de hombros.

—No te creas que me dejaré el iPod en casa —refunfuñó.

Mel repuso que dejarían la Blackberry, el Game Boy y los iPods.

—Ni siquiera vamos a escuchar la radio —dijo a su hijo—. Nos divertiremos solos.

El primer domingo que pasaron juntos estuvo acompañado de un silencio incómodo. No había pitidos que avisaban a Mel que tenía un correo electrónico, no se oía el clic-clic del Game Boy. Sin la radio, Mel y su hijo hablaban más. Mel no tardó en darse cuenta de que había muchas cosas que nunca había hecho con su hijo. Un fin de semana alquilaron una canoa en un chiringuito de la localidad. Otro día fueron a jugar a béisbol. También salieron a escalar. Los domingos sin tecnología comenzaron a ser domingos sin preocupaciones. A medida que pasaban los días de la semana, Owen comenzó a preguntar a su padre qué harían ese fin de semana. En su viaje más reciente, fueron a la playa y coleccionaron conchas. Al principio, Owen dijo que era una lata, pero se entusiasmó cuando vio la cantidad de conchas diferentes que había y cuando las identificaron en un manual. Coleccionar conchas es un acto sencillo, pero Owen estaba aprendiendo a ver el mundo de manera diferente. Mel dijo:

—Guarda las conchas que encontramos en un pequeño frasco en su mesa.

La nueva seudointimidad

Hace un año, oí a unos adolescentes chateando en una sala de chat. Quedé estupefacto al ver algunos de los alias usados por los chicos y chicas. «Babyboy69» estaba absorto en un seductor diálogo con «ho4u»*. «Degenerado» intentaba encontrar a alguien con quien hablar, e «Ibadass»** acababa de retirarse. Muchos chicos entran en las salas de chat para conocer a chicas. Algunos creen verdaderamente que pueden hablar con alguien durante horas en Internet y crear una relación íntima. Chicos y chicas se quedan hasta tarde por la noche comunicándose sus «secretos» unos a otros, elaborando fantasías (o a veces concertando de verdad) de encuentros clandestinos e incluso declarando su amor el uno al otro, normalmente antes de conocerse. Los adolescentes son confiados y suelen creer que las personas con las que hablan son quienes dicen ser. Hay no pocas historias de adolescentes que se meten en serios líos como consecuencia directa de las decepciones vividas en el ciberespacio. Por eso, el programa de Dateline NBC, «To Catch a Predator»*** es tan popular: demuestra la facilidad con la que se puede abordar a los adolescentes.

Muchos chicos me dicen que les encanta la sensación de anonimato cuando hablan con las chicas en Internet. Uno explicaba que le resulta mucho más fácil decir las cosas cuando no tiene que mirar a la chica a los ojos. Le pregunté por qué.

—Da menos vergüenza y no me siento incómodo —dijo él.

Otro chico me dijo que no siempre es sincero con las chicas cuando chatea porque… «es un juego, se trata de impresionar a la

* Chica para ti. (*N. del T.*)

** Yo culo malo. (*N. del T.*)

*** Cazar a un predador. (*N. del T.*)

otra persona, hacerle pensar que molas, intentar ligar». Los chicos de hoy en día no siempre entienden que las relaciones no son «deportes», si bien Internet ha reducido algunas relaciones precisamente a eso. Pueden tener conversaciones en Internet con tres chicas simultáneamente. Puede que tengan una novia en el colegio, y otras novias virtuales, más «secretas», que viven en el pueblo de al lado o en el estado de al lado.

Es importante que los padres aclaren a sus hijos lo que está bien y lo que está mal, que expliquen por qué las cosas son así, y que insistan en que se muestren respetuosos con las chicas y las mujeres. Tienes que hablar a menudo con tu hijo para ayudarle a entender la intimidad. En el pasado, un padre podía confiar en que las reglas de la sociedad moldearían la visión de un niño, pero los niños que crecen en la era de la tecnología quizá no tengan ni idea de que el amor no es hablar en una sala de chat durante un par de semanas. Tienes que demostrar a tu hijo que el amor se basa en un intercambio sincero y en la confianza mutua.

La historia de Preston ilustra lo que quiero decir. Conoció a Melissa una noche en una sala de chat. Su conversación comenzó inocentemente. Los dos cursaban el penúltimo curso del instituto, estaban aburridos y vivían a varios pueblos de distancia. Al cabo de pocos minutos, intercambiaron sus datos biográficos y encontraron cosas en común. A los dos les fascinaba The Dave Matthews Band y habían ido a los mismos conciertos el verano anterior. Habían estado de campamento en la montaña. Él odiaba a los deportistas, ella también. En una semana, su ciberromance floreció. Chateaban todas las noches, compartían sus experiencias con el alcohol, los experimentos sexuales y las relaciones fallidas. Visitaron Facebook y MySpace para ver sus respectivos perfiles. Una noche conversaron acerca de lo que querían de su relación. Los dos estaban de acuerdo en que era maravilloso poder enganchar con alguien que entiendes y no preocuparse de que las cosas se vuelvan raras. Hasta que, un día, Melissa escribió:

—Creo que estamos hechos el uno para el otro, Preston.

Meses más tarde, Preston me contaría que ése fue el momento en que se enamoró de ella. Pero esa noche sólo le preguntó si ella quería encontrarse con él en el centro comercial el sábado a las ocho. La semana transcurrió con desesperante lentitud. Preston les contó a sus amigos de la existencia de Melissa.

—Tenéis que ver a esta chica —dijo—. En las fotos sale supercachonda.

Preston siempre llega tarde, pero aquel sábado por la noche llegó al centro comercial diez minutos antes de la cita. Esperó pacientemente junto al cine quince minutos. Luego pasaron otros quince minutos. Preston de pronto se sintió inquieto. No paraba de mirar su reloj. Pasaron quince minutos más. *¿Dónde estaba?* La llamó al móvil (ella se lo había dado por si tenían problemas para encontrarse). Contestó el buzón de voz. Preston se acercó a un Sbarro y pidió una porción de pizza. *Quizá se había atrasado…* Volvió al cine, todavía con la esperanza de encontrarla, con una sonrisa en la boca y una divertida historia de cómo había finalmente conseguido llegar. Esperó hasta las diez y entonces volvió a casa a regañadientes.

Cuando llegó a casa, fue a ver enseguida sus correos electrónicos. No había ninguna nota de Melissa. Luego fue a ver su perfil en MySpace. El corazón le dio un vuelco cuando su página apareció en la pantalla. Melissa había usado una foto de Preston que éste le había enviado y había dibujado una equis roja sobre su cara. Debajo de la foto, leyó: «Otro chico que finge estar más bueno de lo que es. A éste lo vi en persona y es un cutre en grado superior. ¡Venga, chicos, mandad fotos reales!»

Preston no se lo podía creer. Ella había ido, lo había visto… y se había marchado. Se sintió barrido por una ola de humillación.

Entró en su perfil de Facebook.com y empezó a escribir comentarios groseros sobre Melissa. Mientras escribía, se tragaba las lágrimas. *Los niños no lloran, ¡tonto!*

Preston oyó que alguien llamaba a su puerta. Era su padre.

—¿Qué? —gritó Preston.

Su padre entró y le dijo que bajara la voz. Sus hermanas dormían. Pensó que era raro que Preston estuviera de vuelta en casa tan temprano un sábado por la noche, e intuyó que ocurría algo malo.

—¿Qué te pasa, hijo? —preguntó.

Preston no dijo palabra. Su padre intentó leer lo que estaba escribiendo por encima de su hombro, y el chico minimizó la ventana.

—No es un buen momento —dijo—. ¿Me puedes dejar solo?

Su padre se sentó en su cama.

—¿Qué has hecho esta noche? —preguntó. Preston suspiró y sacudió la cabeza—. Puede que te sientas más aliviado si hablas de ello —sugirió su padre.

Algo se aflojó dentro del muchacho.

—Se suponía que tenía que juntarme con una chica que me gustaba mucho, pero ella no apareció —dijo a su padre—. Nos conocimos en Internet y hablamos durante días. Me había enamorado de ella.

—¿Te sientes decepcionado por alguien que ni siquiera has conocido? No lo entiendo —dijo su padre.

—Congeniábamos mucho, papá —dijo él—. Chateábamos a cada rato y planeamos esto de antemano. Y acabo de saber que sí apareció, pero pensó que no era lo bastante guapo, así que se marchó.

Su padre se mordió la lengua. ¿Cómo era posible que una chica que había conocido chateando significara algo para él? Sin embargo, veía que su hijo lo estaba pasando mal. Se había montado una fantasía que no había tenido un final feliz.

—Estas historias en Internet pueden confundirlo mucho a uno, incluso a alguien como tú, que sabe todo lo que hay que saber —dijo su padre—. Entiendo lo importante que era esa chica para ti, pero erais prácticamente unos desconocidos. Toda vuestra relación se basaba en intercambiar mensajes por la mensajería instantánea.

—Hablamos unas cuantas veces por teléfono —dijo Preston.

—Pues lamento que esto haya ocurrido. De verdad. Pero no es tan fácil crear una relación. Requiere tiempo y paciencia. Tienes que llegar a conocer de verdad a la otra persona.

El padre estaba a punto de lanzarse a dar un sermón al hijo acerca de los peligros de conocer a gente en Internet, pero se retuvo. Preston no necesitaba sermones, pero su padre tampoco sabía exactamente qué debía hacer.

Si yo hubiera tenido la oportunidad de darle algún consejo antes de esta conversación, le habría dicho que hablara de sus propias relaciones. Los padres pueden enseñar a los hijos cosas importantes acerca de la intimidad a través de historias. Los chicos no responden a los sabelotodos, pero sí escuchan a hombres que han cometido errores similares y han aprendido de ellos. Un padre puede hablar de sus propias incursiones y citas con chicas, cuánto tiempo transcurría antes de que dijera a sus novias «Te amo», cómo lidiaba con su corazón roto y por qué se enamoró de su mujer.

Preston necesitaba esas lecciones porque no entendía la intimidad. Su mentalidad había sido enteramente moldeada por relaciones breves, pero intensas en Internet. Había tenido doce novias en los últimos años, pero sólo había conocido a tres en persona. Muchas relaciones acababan cuando el romance abandonaba el mundo virtual. Preston había tenido una relación de amistad con esas chicas, no relaciones románticas, pero las contaba a todas como «novias». Yo entendía su confusión. Cuando tienes una relación tan íntima con alguien en Internet, puede que confundas la cercanía con el amor. Sin embargo, hablar de cogerse de la mano no es lo mismo que hacerlo en la realidad.

—Nunca pensé que era el tipo de persona que podía ser tan mala —me dijo Preston.

—Eso es porque no la conocías de verdad —dije, comprensivo.

El problema de la pornografía

Para Wally fue una sorpresa recibir una llamada del padre de uno de los amigos de su hijo.

—Deja que adivine —dijo Wally—. Seguro que quieres que lleve a los chavales a algún sitio este fin de semana. —El hijo de Wally, de diez años, jugaba en una liga de fútbol y los padres se turnaban para llevarlos y traerlos del entrenamiento.

—Me temo que es un poco más grave que eso. Ayer los sorprendí a los dos mirando pornografía en mi ordenador. Apagaron el ordenador cuando les entró el pánico al verme entrar, pero en el historial de exploración vi los últimos cuatro sitios donde habían estado. Si hubiera sido algo leve no me habría preocupado, pero no te imaginas lo que estaban mirando. Era material verdaderamente duro.

Wally tragó saliva. Recordó cómo él mismo le robaba a su padre los números de *Playboy* que guardaba en el armario y los leía con una linterna bajo las mantas. Pero tenía catorce años, era su primer año de instituto (no era un pequeño de quinto de primaria). Wally no había tenido la oportunidad de darle a su hijo la temida lección sobre la sexualidad en la naturaleza. Su hijo todavía era un niño. Wally se estremeció. No quería contárselo a su mujer, que se sentiría muy afligida.

—No les dije nada —le dijo el otro padre—. Pienso comprar uno de esos programas que bloquean ciertas páginas. Pero yo hablaría con él a propósito de mirar esas cosas. ¿Quién sabe lo que se imaginan que es el sexo…?

Cuando la revista *New York* llamó al porno «el picante papel pintado» de las vidas respetables, no se refería a los pequeños, pero bien podría haber sido así. Si escribes «porno» en Google, aparecerán las referencias de unos novecientos millones de páginas. En sus correos electrónicos, los chicos encuentran *spam* enviados desde páginas porno, lo cual se presta a abrir el enlace y visitar una orgía virtual. Las chicas adolescentes a veces cuelgan osadas fotos de sí mismas en su perfil personal. La concursante de American Idol, Antonella Barba, desató un escándalo cuando las sugerentes fotos que había tomado para su novio aparecieron en todos los portátiles de Estados Unidos. Y te puedo asegurar que todos los niños se asomaron a mirar. Los pequeños se topan con el porno accidentalmente, porque hay todo tipo de *pop-ups* que invitan a los usuarios a visitar sus páginas. A veces, sitios aparentemente inocuos tienen publicidad ofreciendo chicas muy guapas. Según un estudio de la Universidad de New Hampshire, el 42 por ciento de los usuarios de Internet de entre diez y diecisiete años ha visitado páginas de pornografía. El 66 por ciento ha dado con ellas accidentalmente.

Jerry se quedó sin habla al encontrarse ante una factura de sesenta dólares de una página web para adultos, cargada a su tarjeta de crédito. Cuando le preguntó a su hijo, Kenny, éste insistió en que no tenía nada que ver. Luego reconoció que su amigo, Jimmy, había mirado ese material una noche en que se quedó a dormir.

—Estaba mirando una tontería de publicidad y quizá pulsó el botón por accidente —dijo Kenny.

—Ah, ¿y también se topó con mi tarjeta de crédito por accidente? —dijo Jerry, enfadado.

Kenny se puso rojo.

—Te lo pagaré, papá —dijo—, pero, por favor, no se lo cuentes a mamá.

Jerry vio que su hijo se sentía humillado.

—Ya entiendo por qué tuviste curiosidad y pensaste que es divertido —dijo—. Pero la verdad es que esas páginas son sólo para adultos. Lo que más me molesta es que hayas usado mi tarjeta de crédito. Si recibo una factura más como ésta, ya te puedes despedir de tu iPod de sesenta gigas.

No creo que los padres debieran actuar como policías del porno. Los chicos son los chicos y siempre lo serán. La tentación de la pornografía es irresistible y es imposible controlar todos los accesos. Aunque restrinjas el acceso de tu hijo en casa, puede verlo en casa de un amigo. Sin embargo, es importante que hables con tu hijo acerca del tema y lo ayudes a ponerlo en una cierta perspectiva. Incluso puedes autorizarlo y animarlo a no frecuentar la casa de ese amigo, tal como querrías que no frecuente la casa de amigos que beben o se drogan.

Aunque una visita de vez en cuando a un sitio de adultos probablemente sea normal, el peligro aumenta exponencialmente cuanto más se vea expuesto a esos sitios. El mismo artículo de la revista *New York*, que he citado, utilizaba algunas anécdotas para demostrar que los hombres que visitan regularmente páginas porno construyen una imagen no realista de las mujeres. A la doctora Ursula Ofman, una terapeuta sexual establecida en Nueva York, se la ha citado diciendo que el porno «es muy accesible y, actualmente, con los vídeos y las webcams, a los hombres se les está arrastrando a adoptar conductas compulsivas. Lo más lamentable es que esto influye de verdad en las relaciones con las mujeres. He visto a algunos jóvenes que no pueden dar la talla con las mujeres, pero que no tienen problema alguno cuando se trata de Internet. Creo que uno de los mayores peligros es que los jóvenes que se ven expuestos constantemente a estas mujeres falsas y siempre dispuestas comiencen a cultivar expectativas no realistas con respecto a las mujeres de verdad, lo cual los lleva a desarrollar una fobia ante las relaciones». El artículo se refería a los hombres entre veinte y treinta años, pero si los más jóvenes crecen con estas imágenes, hay que pensar en las consecuencias a largo plazo. Puede que los chicos se sientan físicamente decepcionados por la realidad y aprendan a convertir a las mujeres en objetos y a menospreciarlas.

Aquí pueden ayudar los padres. Puedes ser la voz de la razón, el que establece principios morales y vela por los límites razonables. Cuéntale a tu hijo qué te preocupa y dile que vigilarás su ordenador si hay algo que te parece sospechoso. Cuando esto se hace con respeto y se habla abiertamente, tus preguntas y la definición de límites bien podría mejorar el vínculo entre tú y tu hijo. Educarlo es una oportunidad para conocerlo mejor y demostrarle que tú también fuiste joven. Cuanto más jóvenes son los chicos con que conversamos, mejor, porque, les guste o no, pueden empezar a buscar material explícito en cuanto sepan manejar un ordenador.

Cuando Joe sorprendió a su hijo de quince años mirando pornografía por segunda vez, supo que tenía que hablar con él. Joe no tenía ni idea de por dónde comenzar, y lo mismo les ocurre a otros padres. He aquí cinco temas que puedes abordar con tu hijo:

1. *Reconocer la tentación.* Los padres no quieren que sus hijos se sientan como unos pervertidos. Todos sabemos que la masturbación es normal, y es importante que los hijos sepan lo mismo. Un padre puede decirle a su hijo que es excitante mirar las fotos. Puede hablar de sus propias incursiones cuando joven para que su hijo no se sienta mal. Joe empezó con un talante compasivo:

   —Entiendo por qué quieres entrar en estos sitios —dijo—. Es muy divertido ver mujeres desnudas y todo tipo de cosas de las que oyes hablar.

Su hijo asintió con un gesto de la cabeza. Luego Joe le contó cómo él solía mirar la revista *Penthouse* con su hermano mayor.

—No me podía creer que las chicas pudieran posar de esa manera. —Su hijo volvió a asentir. La conversación no lo hizo sentirse sucio ni humillado. Si los chicos creen que pueden hablar con sus padres a propósito de sus secretos más íntimos, es probable que también acudan a ellos por otros problemas.

2. *La pornografía es una distorsión de la realidad.* Dile a tu hijo que las mujeres con enormes pechos y los hombres con grandes penes no son la norma. En los dos casos, hay una manipulación digital. Las personas no tienen relaciones sexuales en cualquier sitio en todo tipo de posiciones con personas que casi ni conocen. Aunque esto parezca una verdad evidente, no lo es. Es la imagen de la sexualidad pintada por el porno de Internet. Da a los muchachos una idea falsa acerca del sexo y los lleva a creer que las mujeres desean tener relaciones sexuales en todo momento, que el sexo es un deporte, y que el sadismo y el masoquismo son fenómenos normales. Es necesario que desmontes estas creencias que pueden arraigar en tus hijos.

   Joe le dijo a su hijo todas estas cosas, pero el chico seguía confundido.

   —No sé qué he hecho mal. No hacemos daño a nadie —dijo el chico.

   Joe reconoció que no herían a nadie, si bien las ideas que asimilaban en la red podrían herirlos a ellos o a otras personas en el futuro.

   —Lo que ves no es real —dijo—. Las cosas no ocurren así, y puede que uno espere que sí. Quiero que sepas que hay muchos adultos que se ríen de la pornografía que hay en la red. Llega a ser ridícula.

Al hacerle saber a su hijo que parte de ese material es «ridículo», Joe le da a entender que aquello que ve no es real. Es un paso sutil, pero importante.

3. *Las relaciones sexuales son un acto que hay que tomar en serio.* Es importante que aclares a tus hijos que se han de tomar el sexo con seriedad. Te conviene definirle no sólo lo que constituye el sexo, sino también el papel que desempeña en la vida de los hombres, por qué es importante en las relaciones, y el vínculo emocional que teje entre hombres y mujeres. También te conviene darle una idea de los riesgos que puede acarrear el sexo no seguro, entre ellos las enfermedades y el embarazo no deseado.

   —Las personas que tienen relaciones sexuales suelen respetarse mutuamente, y a menudo están enamoradas —dijo Joe a su hijo—. Es un acto de acercamiento entre dos adultos que consienten. Los sitios que tú miras hacen que el sexo parezca un juego.

   —¿Cómo es eso? —preguntó su hijo.

   —Te hace creer que te puedes tomar el sexo a la ligera y que no tiene por qué importarte la mujer con la que tienes relaciones sexuales.

   Joe también le explicó que los hombres y las mujeres se sienten conectados con la persona con la que tienen relaciones sexuales. No es un acto que compartes con un extraño. Le habló de la primera vez que tuvo una relación sexual, y cómo había estado enamorado un año de su novia antes de hacerlo.

   —Tu primera vez debería significar lo mismo para ti —le dijo.

4. *Respeta a las mujeres.* Es un momento adecuado para que los padres hablen de forma natural con los hijos acerca del hecho de que las chicas y las mujeres tienen los mismos derechos que

los chicos y los hombres, y que deberían ser tratadas con respeto, como querrías que tu hijo trate a cualquiera. La pornografía puede dar la impresión de que las mujeres dicen que sí a cualquier insinuación que se les presente. Los padres deberían aclarar que si los chicos se acercan a las chicas de esa manera nunca tendrán éxito. Habla acerca de las mujeres teniendo como referencia a una que sea importante para tu hijo: su madre, su hermana, una prima muy cercana. A los chicos se les puede pedir que piensen en lo mal que se sentirían si una de esas mujeres estuviera en las fotos que él mira. Los padres pueden preguntar a los hijos cómo se sienten al pensar que a su hermana la tratan de esa manera. La realidad suele impactar enseguida a un niño.

—Mataría a cualquiera que tratara a mi hermana de esa manera —podría decir un niño típico. Y un padre puede responder:

—Entonces tú no deberías tratar así a la hermana de nadie, ¿no crees?

5. *La pornografía no es para los pequeños.* Los padres suelen preguntarme: «¿Cuánta pornografía es demasiado?» Es preferible desalentar cualquier incursión en la pornografía, sabiendo que los hijos probablemente harán trampa de vez en cuando. Si un padre le dice a su hijo que «una vez de tanto en tanto está bien», seguramente el chico se lo tomará como una sutil autorización para visitar estos sitios más a menudo.

—No quiero que mires estas páginas de pornografía hasta que seas mayor —le dijo Joe a su hijo.

—¿Como a los dieciséis? —inquirió él.

—No, al menos a los dieciocho, porque es la edad en que se considera que eres una persona adulta —dijo Joe—. Ésa es mi respuesta final, y si vuelve a suceder, atente a las consecuencias.

—Vale, no te mosquees, papá —dijo su hijo—. Lo intentaré.

—No quiero tener que vigilarte constantemente —le advirtió Joe—. Sé responsable y toma decisiones inteligentes. ¿Me has oído?

—Te he oído, papá.

7

La competencia padre-hijo

Los entrenamientos de baloncesto empezaban a resultarnos aburridos a mi hijo y a mí. Yo llevaba cinco temporadas como entrenador de su equipo. Él tenía catorce años, estaba lleno de vida y dispuesto a demostrarlo, al igual que sus compañeros de equipo.

—Estamos cansados de practicar lanzamientos —se quejó mi hijo. Por un momento, pensé como pensaría un psicólogo. ¿Cómo volver a darles chispa? ¿Cómo inspirarlos para que entrenen con más ahínco?

Enseguida me vino la idea. Un partido entre padres e hijos. A los chicos les fascinó la idea. Estaban ansiosos por jugar contra «los viejos».

—¡Los masacraremos! —exclamó uno.

Otro dijo que no estaba tan seguro.

—Son más grandes que nosotros —dijo. Yo me preguntaba cuántos padres se apuntarían. Normalmente, en los partidos había más madres que padres.

El día del partido de baloncesto, aparecieron ocho de los diez padres por la puerta del gimnasio. Venían con viejas camisetas de la universidad, flamantes zapatillas deportivas y chándales. Precalentaron intensamente antes de que empezara el partido. Los chicos estaban igual de excitados, la emoción flotaba en el ambiente. Cuando lancé la pelota al aire, los padres se lanzaron a por ella. Yo pensaba que irían con calma, pero enseguida vi que se lo tomaban como si fueran unas semifinales de la NBA. Aquellos hombres jugaban con una ferocidad que pocos demostraban tener fuera del campo. Empujaban, iban aquí y allá, y los chicos respondían de la misma manera. No habían pasado ni cinco minutos cuando a un chaval le dieron un codazo en la cara. Su padre lo ayudó a levantarse.

—Estarás bien —le dijo. Al cabo de unos minutos, un padre se torció el tobillo después de saltar. Uno de los padres, que era médico, se lo miró. Luego el guerrero lesionado se incorporó y se alejó corriendo.

La dura rivalidad era asombrosa. Padres e hijos habían salido a demostrar lo que valían. Luchaban por las posiciones y los rebotes. Cuando los padres ganaron, los muchachos pidieron enseguida la revancha para la semana siguiente.

Cuento esta anécdota porque lo que se vio en el partido es exactamente lo que sucede en la vida de todos los días. Padres e hijos son hombres, y los hombres no pueden dejar de competir. A los compañeros de mi hijo les fascinaba mostrar sus destrezas en la cancha y, al hacerlo, sentían que se ganaban el respeto de sus padres. Lo mismo podía decirse de los padres. Uno de los padres guiñaba el ojo a su hijo cada vez que acertaba un lanzamiento de tres puntos. Y luego su hijo corría más velozmente para demostrar su fuerza.

La competencia está inscrita en la psiquis masculina. ¿Quién es más rápido? ¿Quién es más listo? ¿Quién es más alto? A los hombres les atraen películas como *Gladiador*, *Braveheart* y *El padrino* porque los personajes principales luchan hasta la muerte, y triunfan. En muchos *reality shows* que giran en torno a la supervivencia, los espectadores están pendientes cada semana de la rivalidad por la dominación de los personajes masculinos, un enfrentamiento de las mentes para decidir cómo deberían vivir el resto de los sobrevivientes. Algunos de estos programas son interesantes sólo porque abundan las rivalidades.

Los hombres compiten incluso cuando creen que no compiten. Un entrenador de treinta y cinco años que entrevisté dijo que a menudo discutían con el segundo entrenador sobre quién había tenido el padre más duro. Imagina a dos padres compitiendo a propósito de sus padres.

—Mi padre me tenía cortando leña a las cinco en punto de la madrugada —se jactaba el entrenador—. Me hizo lo que soy ahora, y pienso hacer lo mismo con mi hijo. Ayer me miraba mientras yo cortaba el césped. Tiene dos años, y me dije: «No te preocupes, pequeño, pronto te llegará tu turno».

A algunos padres les gusta quedar como reyes cuando se trata de sus hijos, y hay un discurso tácito que a menudo los hermana. Los hijos esperan que algún día serán dignos de la corona del rey y siempre están dispuestos a demostrarles a sus padres lo que valen. Quieren que sus padres los vean como iguales, como hombres con los que vale la pena competir. Los hombres que tienen menos éxito que sus padres suelen desarrollar complejos de inferioridad en muchos planos, que pueden influir en un juego de trivial, en el ajedrez o en la pesca.

Los hombres compiten para interactuar unos con otros porque no implica la expresión directa de los sentimientos. Al discutir sobre quién ganó la liga de béisbol en 1982, padre e hijo se sentirán más cerca sin caer en «sensiblerías». El hijo conecta íntimamente con el padre en un tema que apasiona a los dos. Puede que estén posando, pero también expresan amor. Podría decir lo mismo a propósito del entrenador que he mencionado antes. Al hablar de lo duro que era su padre, el entrenador no hace otra cosa que expresar su amor por ese padre. Sólo se presta a una discusión con el segundo entrenador para demostrarlo.

Ya que la competencia es un elemento clave de numerosas relaciones entre padre e hijo, es importante que reflexionemos sobre sus implicaciones. ¿De qué manera puede un padre cultivar un espíritu competitivo y fortalecer el vínculo que tiene con su hijo? ¿En qué medida la rivalidad puede distanciar a padres e hijos? Los niños idolatran a sus padres. Quieren vestirse como ellos, caminar como ellos y hablar como ellos. No es raro ver a padre e hijo con la misma gorra de béisbol y animando apasionadamente al mismo equipo. Si miras un poco más de cerca, es probable que discutan sobre quién es el mejor jugador. Las semillas de la competencia se plantan a temprana edad y permanecen firmemente enraizadas a lo largo de todo un ciclo vital. Además, habrá muchos terrenos donde se desplegarán estos sentimientos. Ya se trate de comparar deportes, conocimientos, jugar al tenis de mesa, a los videojuegos o a las damas, los niños se crecen al competir con los padres. Y los padres saludan de buena gana el desafío.

La competencia a lo largo de tu vida

En primero de básica, los niños se pelean por las posiciones a la hora del patio.

—*¿Cuánto te juegas a que llego antes a la fuente?*

—*No, yo.*

En el comedor, se expresan los egos.

—*Mi bocadillo es más grande que el tuyo.*

—*¿Y qué? Mi zumo es más grande.*

En casa, se enfrentan cara a cara con su primer adversario, a saber, el padre. La competencia es un rito de pasaje, y está siempre presente en los años de la infancia. ¿Alguna vez has visto a un niño luchando con su padre? Ríen histéricamente y chillan, pero hay una batalla subyacente por la dominación. Después de la batalla del siglo, hay una discusión tan animada como obligatoria sobre quién tiene el derecho de jactarse. Afortunadamente, no es más que una sana diversión, o al menos debería serlo.

—Ni siquiera has podido inmovilizarme el brazo, papá. Soy la mitad de grande que tú y el doble de fuerte.

—¿El doble de fuerte? ¡Pero si te tenía cogido e inmovilizado por todas partes!

La competencia entre padre e hijo suele ser la primera lección de un niño para aprender a ser buen ganador y buen perdedor. La lucha libre nos brinda momentos fantásticos para enseñarlo. Recuerda que los hijos tienen ojos de lince. Si un padre no puede reconocer que ha perdido o que se equivoca sobre quién ganó la liga del ochenta y dos, es probable que su hijo herede la misma conducta tozuda. Si un padre no felicita a su hijo por haber jugado bien después de una derrota de su equipo de fútbol, le está diciendo que nunca será lo bastante bueno. Lo mismo sucede con el buen espíritu deportivo. Anima a tu hijo aunque pierda un pase. Felicítalo por su manera de lanzar una bola de béisbol, aunque la hayas bateado fuera del terreno de juego.

Los padres no se dan cuenta de lo fácil que es educar a un hijo para que acabe siendo un mal competidor. Es importante que los padres trabajen con los hijos para fomentar el espíritu de «Daniel», como en la película *Karate Kid*, y no el de su rival, Johnny, un niño dispuesto a ganar cueste lo que cueste.

—¿Cuándo aprenderé a golpear? —pregunta un impaciente Daniel al señor Miyagi en la película de 1984. Miyagi contesta:

—Será mejor que aprendas el equilibrio. El equilibrio es clave. El equilibrio es bueno, karate es bueno. Todo bueno. Mal equilibrio, mejor hacer equipaje y marchar a casa. ¿Entiendes?

El equilibrio también es clave en un buen padre. A veces, los padres me preguntan.

—Cuando juegue con mi hijo, ¿debería dejarle ganar? —Hay cierta confusión a propósito de cuándo un padre ayuda al hijo a construir su autoestima y cuando la machaca. Aquí también es necesario buscar el equilibrio. A una edad temprana, dejar que tu hijo gane de vez en cuando es una buena idea. Hace que la competencia entre padre e hijo sea más divertida. Sin embargo, si un padre se rinde a propósito con demasiada frecuencia, es posible que el hijo pierda interés. No hay una motivación para que compita. Jugar uno a uno un partido de baloncesto anima a tu hijo a desplegar todo su esfuerzo. Si ganas 22-0, tu hijo también perderá interés. A algunos padres les gusta tanto ganar que utilizan a sus hijos para alimentar su ego. Si juegan al béisbol, batearán con más fuerza, y el hijo tendrá escasas posibilidades de atrapar la bola o de practicar sus lanzamientos. Desde luego, el padre se siente bien, pero es el único. El juego pierde su gracia. Los hijos se alejan de ese momento potencial para fortalecer los vínculos sintiéndose mal. A lo largo del tiempo, estas conductas demasiado entusiastas pueden dañar la autoestima de un niño.

Henry, de profesión piloto, vino a verme respondiendo a la insistencia de su mujer. Ésta estaba preocupada porque le parecía que la rivalidad entre Henry y su hijo de doce años, Dylan, era un poco «demasiado». En cuanto entró, percibí que Henry era uno de esos tipos que te miden con la mirada, y luego te comparan con hazañas que ellos han hecho como si no dieras la talla.

—¿Alguna vez has pilotado un avión, Doc? —me preguntó.

—No.

—¿Tienes un bote?

—No.

Al parecer, también intentaba estar siempre por encima del hijo. Él y Dylan siempre discutían en la mesa. Poco importaba que se tratara de la última película o de las elecciones presidenciales que estaban al caer. La discusión podía versar sobre quién se metería en la ducha primero o quién comía el último plátano. Los dos querían tener la última palabra. Henry soltó una risilla.

—A los niños les gusta salirse con la suya —dijo. Dylan se había quejado a su madre de que su padre no cedía nunca. Empezaba a pensar que a su padre no le importaba lo que él pensara. Así que mientras Henry se lo tomaba a la ligera, Dylan se sentía frustrado. Sí, padres e hijos a veces tienen una actitud un poco inmadura. Una vez más, el truco consiste en el equilibrio. La mujer de Henry dijo:

—Sé que quiere a Dylan, pero se porta como un gran bebé. Hasta que le he preguntado: ¿quién va a sexto de básica, Dylan o tú?

En el camino a la adolescencia ocurren cosas raras. De pronto, nuestros hijos nos remueven del pedestal, empiezan a cuestionar nuestra manera de pensar y se distancian de nosotros. Esto no hace más que potenciar la competencia padre-hijo. Las discusiones son cada vez más acaloradas y los dos están más decididos a que prevalezca su posición. Cuando practican un deporte juntos, suele ser una competencia en toda regla. Al fin y al cabo, hay muchas cosas en juego. Yo lo llamo «el conflicto de los vestuarios». A los chicos y a los hombres les fascina hablar de quién es el mejor haciendo qué cosa. Comparan, se jactan y se provocan unos a otros. Es una interacción lúdica, pero no por eso dejan de sentir la compulsión de entregarse a ella. Es tan natural como respirar.

Seguimos compitiendo con nuestros hijos cuando son jóvenes adultos. Sin embargo las diferencias físicas aumentan a medida que pasan los años. Los padres envejecen. En lugar de llevar un maletín, llevan un bastón. Así que encontramos otras modalidades de competencia, algunas sutiles, otras más visibles. Un amigo arquitecto se compró un Porsche un mes después de que su hijo de treinta y cuatro años hiciera lo mismo. El arquitecto siempre había querido un Porsche, pero nunca había pensado en comprarse uno. Él y su hijo solían ir a ferias de coches y se comían con los ojos las estilizadas líneas del coche. Pero cuando su hijo apareció con ese modelo, él también tenía que tener uno para igualar el terreno.

Mi hijo y yo empezamos a jugar a tenis cuando él tenía ocho años. Al principio, era una relación de entrenador-pupilo. Le daba suavemente a la pelota e intentaba mantenerla en juego a medida que él iba aprendiendo los diversos golpes. Cuando cumplió diez años, empezamos a jugar partidos. No era una competencia acérrima, pero simulábamos jugar un partido de verdad. A medida que se hizo adolescente, la cosa se puso difícil. Él corría a toda velocidad y me gritaba para que le diera a la bola con más fuerza. Yo respondía. Todavía no era lo bastante bueno para igualarse conmigo en el terreno.

Y yo seguí ganando… hasta que mi hijo ingresó en la universidad. Yo ya tenía el pelo entrecano y, a pesar de que estaba en forma, no tenía la energía de un chico de dieciocho años. Yo resoplaba y bufaba mientras él iba y venía, incansable, de un extremo de la pista al otro. Mi hijo estaba decidido a ganarme y yo ya intuía que mi racha de victorias llegaba a su fin. Aun así, no lo dejaba ganar. Aquello lo habría enfadado. Y él conocía la importancia de la persistencia.

Estaba de visita en casa en su segundo año de universidad cuando por fin me venció. Fue un partido disputado, pero él ganó con todas las de la ley y abandonó la pista con una sonrisa en los labios y yo estrechándole el hombro. Empezaba una nueva época. Mi hijo me había demostrado que podía ganarme y me parecía que a sus ojos yo era un poco vulnerable. De alguna manera, aquello nos acercó aún más. Ahora es dueño del terreno de juego. Todavía jugamos cuando podemos. Él sabe que puede llegar a agotarme, y a menudo lo hace. Se ha llevado a cabo el relevo de la antorcha.

Cómo manejar la competencia padre-hijo

A veces la competencia es deliberada y a veces es inconsciente. En un capítulo anterior, hablaba de cómo los padres heredan la conducta paterna de sus propios padres. Los padres que compiten con sus hijos deberían pensar por qué lo hacen. Eso hizo Liam. Cada vez que él y su hijo, Isaac, discutían de sus programas preferidos, *Los Simpson* y *El show de Bernie Mac*, no estaban de acuerdo en qué era divertido y qué no lo era. A veces, las discusiones eran divertidas, pero otras se volvían acaloradas. Liam encontraba que ese contencioso era extraño, hasta que recordó que él había hecho lo mismo con su propio padre, con el que pasaban horas discutiendo cuáles eran las diez mejores películas de todos los tiempos. Recordó que era por diversión, y que ninguno de los dos se enfadaba. Así que decidió que la discusión con su hijo también debía ser inocua.

Es importante saber mirar una situación y ver qué alimenta la competencia. ¿Es una necesidad compulsiva competir con tu hijo, una cuestión residual de tu propia infancia, o una demanda incesante de perfección? Quizás es algo que te impones a ti mismo y nace del deseo natural de tu hijo para ponerse a prueba ante ti, su padre. En el mejor de los casos, la competencia puede procurar energía a vuestra relación, uniros y servir como herramienta de aprendizaje que lo prepara para los muchos desafíos del futuro, como tener éxito en los estudios, tratar con sus compañeros, dominar nuevas destrezas y encontrar su lugar en la sociedad.

Neal vino a verme porque él y su hijo Jesse, de dieciséis años, no conectaban demasiado bien. Neal era contable y tocaba el violín con una orquesta local. A Jesse le fascinaba la natación y pasaba más tiempo en la piscina que en casa. Tenían pocas cosas en común, así que sugerí que practicaran juntos una nueva actividad, algo en lo que pudieran competir sanamente. Neal le dio a Jesse tres opciones: podían apuntarse a un equipo de dardos, seguir unas clases de tiro al arco o entrenarse para una maratón.

—Los dardos —dijo Jesse.

En efecto, era un poco simplón, pero padre e hijo lo disfrutaban. Competían para ver quién daba en el centro de la diana con más frecuencia. Si uno de los dos acertaba, se palmeaban la espalda, la versión masculina del abrazo. Su sana competencia permitía que padre e hijo crearan un vínculo.

Sin embargo, a veces el impulso de competencia de un joven puede ser malsano. Christian, un chico que había acabado el instituto y esperaba los resultados de su solicitud de ingreso a la universidad, estaba estresado con las cuestiones escolares. No conseguía relajarse. Cuando tenía un momento libre, se ponía ansioso. Se daba golpecitos obsesivos en la pierna mientras miraba la tele, molestaba a su madre o se peleaba con su hermano. Su madre le pidió que viniera a verme y, después de unas cuantas sesiones, entendí con claridad qué ocurría. Su padre, Steven, era un presentador de televisión. Era un buen padre, y sólo pedía que a su hijo le fuera bien en los estudios. No lo presionaba para que siguiera sus pasos, pero lo animaba a apuntarse a muchos pasatiempos. Quería que su hijo tuviera tanta suerte como él y encontrara algo que lo apasionara. A pesar de esto, Christian se sentía como si tuviera que «mantenerse al día» con su padre o, si no, éste no lo respetaría.

—Nunca podré medirme con él —dijo el chico.

—¿Quién dice que tienes que hacerlo? —pregunté.

—Nadie... Sólo que siento que eso es lo que la gente espera de mí.

—¿Quieres decir que es lo que esperas de ti mismo?

Christian sonrió. Hablamos durante varios meses antes de que se diera cuenta de que no tenía que competir con su padre, que éste se sentía orgulloso de él por lo que era. Antes de conocernos, Christian creía que su padre lamentaba sus «fracasos» y se había alejado de él. Sin embargo, la competencia y la decepción sólo se los imaginaba. Actualmente, su relación está mejorando.

La competencia entre padre e hijo puede ser muy destructiva, incluso violenta. Una pareja de padre e hijo competía para ver «quién trata peor a quién». El padre le decía al hijo que era un perdedor, y su hijo lo llamaba «hipócrita». No pararon hasta que la madre y yo intervinimos. La disculpa no es una cuestión fácil para este tipo de rivales. Vayan donde vayan, hagan lo que hagan, cada cual está decidido a ganarle al otro. A menudo, estas rivalidades demasiado intensas provienen de las heridas no sanadas del padre en la relación con su propio padre. Estos padres no se dan cuenta de que vuelven a actuar los mismos guiones con un hijo confiado como la víctima. Sin embargo, el patrón es recurrente.

Giles había tenido problemas con su hijo, Cole, desde que se divorció de su mujer, cuando el niño tenía diez años. Él no había querido que sus padres se separaran y estaba enfadado porque su padre se había ido de casa. Se sentía como si su padre lo hubiera abandonado. Sin embargo, cuando Cole y Giles estaban juntos, rara vez hablaban del divorcio. Giles se quejaba de que Cole era un tozudo y que no cooperaba. Cole creía que su padre tenía que ganar en todo lo que hacía. Su rivalidad se desbordó hasta abarcar todas sus actividades. Cuando ambos salían juntos, su interacción se estropeaba al cabo de unas horas. Una noche, en un partido de la NBA, Giles quería partir temprano y evitarse los atascos. Cole, que tenía doce años, quería quedarse hasta el final del partido y se negó a seguirlo. Se pusieron a discutir quién tenía razón y no se hablaron en el trayecto de vuelta a casa. Hasta ahí llegaba su vínculo.

Ahora Cole tenía quince años y su relación con su padre era una competencia permanente. ¿Quién es el mejor? ¿Quién es el más listo? ¿Quién empezó la discusión? Nada quedaba al margen. Mientras hablaba con ellos, me preguntaba cómo podría ayudar. Empecé por lo más obvio.

—Al parecer, todo lo que habláis entre vosotros se convierte en una discusión. ¿Los dos realmente disfrutáis de esto?

Los dos guardaron silencio un momento.

—Yo, desde luego, no —dijo Giles—, pero mi hijo se empeña en demostrarme que siempre me equivoco.

—¡Tú eres el que siempre tiene que tener razón! —exclamó su hijo.

—Un momento, Cole —intervine—. Te he preguntado si disfrutabas de las discusiones y no me has contestado.

Cole suspiró. Dijo que a él tampoco le gustaba discutir, pero que no sabía cómo dejar de hacerlo. Ahí entraba yo.

—Escuchad —dije—. Los dos estáis descontentos con vuestra relación y, sin embargo, seguís cayendo en lo mismo una y otra vez. Puedo entender por qué cada uno quiere defenderse, pero vuestras vidas se han convertido en una batalla permanente. La verdad es que creo que los dos sois muy parecidos en muchos sentidos. Los dos tenéis un carácter fuerte y os gusta ganar. Pero sé que no estaríais aquí conmigo sentados si quisierais seguir con las cosas tal como están.

—Él me ha obligado a venir hoy —dijo Cole.

—Sí, pero alguien tenía que tocar el silbato o vosotros dos seguiríais peleando hasta la tumba. —A Cole el comentario le pareció divertido y se relajó un poco.

Con el tiempo, les ayudé a darse cuenta de que habían perdido la noción de los sentimientos positivos el uno hacia el otro. Cole ni siquiera intentaba tener la aprobación de su padre, y su orgullo le impedía pedirle su amor y su apoyo, que necesitaba visiblemente. Giles también se sentía atrapado. Quería estar más cerca de su hijo, pero no tenía facilidad para comunicarse con él. Al cabo de unas semanas, observamos que Giles trataba a Cole tal como su padre lo había tratado a él, e intentaba ganar en una competencia que había perdido cuando era niño. Pasamos muchas sesiones juntos centrándonos en conseguir que padre e hijo tuvieran más de lo que necesitaban el uno del otro. Compartieron las heridas y se ofrecieron disculpas (porque yo insistí en ello). Al final, Cole y Giles acordaron poner fin a la costumbre de querer ganar. Actualmente siguen trabajando en su relación, y a veces las cosas todavía son difíciles. Han tenido que encontrar maneras completamente nuevas para interactuar. Sin embargo lo importante es que se han eliminado las conductas destructivas.

Los padres tienen que empujar y plantear desafíos a sus hijos, ya sea en los estudios, en la casa o en el terreno de juego. Es tu trabajo preparar a tu hijo para el mundo real. Sin embargo, en la vida hay otras cosas aparte de la competencia. Los chicos también tienen que aprender a convertirse en jugadores de un equipo, a ofrecerse ayuda unos a otros y a ser humildes. Una vez más, es una cuestión de equilibrio. ¿Debería un niño afrontar cada reto como si su vida dependiera de ello? *No*. ¿Cuán fuerte debería ser el instinto competitivo que un padre enseña a su hijo? *Hay un límite*. Pero se trata de un límite que depende de las características individuales del niño. Si asimila bien el desafío de la competencia, bien. Pero si el hijo se inhibe, puede que el padre tenga que moderar sus expectativas.

Todos los padres tienen que buscar en su alma y decidir qué lecciones quieren enseñar a su hijo. ¿En la vida siempre hay que ganar? ¿Debería uno pisar a otros para salir adelante? Ya que la competencia es una parte integral tan importante del carácter de un niño en pleno crecimiento, nos brinda muchas oportunidades para que adquiera confianza en sí mismo y, por lo mismo, para estropearle la vida. Hay padres tan competitivos que se diría que son ellos mismos los que están jugando el partido de fútbol de su hijo. Dale, de cuarenta años, no quería ser como los demás padres en los partidos de fútbol de su hijo Ira. Éste era un jugador excelente, y su entrenador creía que estaba destinado a ser una estrella en el instituto. Sin embargo, Ira era muy exigente consigo mismo. Se ponía muy nervioso antes de cada partido, y cuando su equipo perdía, insistía en que era culpa suya. Dale le aseguraba que él era un elemento importante en las victorias de su equipo, pero Ira sólo veía sus errores. A medida que avanzó la temporada, Dale le preguntó a Ira si quería formar parte de un equipo de una categoría superior. El chico no contestó enseguida.

—¿Ya no es divertido, eh? —le preguntó Dale.

—Me siento como si decepcionara siempre al entrenador —le contestó su hijo, asintiendo con la cabeza.

—Yo no quiero que juegues al fútbol para complacerme a mí —dijo Dale—. Quizá te convenga tomarte una temporada de descanso y darte un tiempo para pensarte las cosas.

Ira se apoyó en el hombro de su padre y volvió a asentir. Años después, cuando tenía trece, me dijo que valoraba ese momento con su padre. Era evidente que lo entendía. Tenía amigos cuyos padres los presionaban tanto que los chicos se habían convertido en malos competidores.

—Lo único que les importa es ganar —dijo Ira.

¿Cuál es la lección moral de esta historia? Aprovecha todas las oportunidades para cultivar el espíritu competitivo de tu hijo. Para ayudar a los padres, he subrayado las cosas más importantes que un padre puede decir a su hijo para ayudarlo a ser el mejor sin presionarlo hasta que abandone.

«Tener buen espíritu deportivo»

Como dijo un padre sabio: «Preferiría que mi hijo fuera un buen perdedor que un pésimo ganador». Desde luego, es más fácil ser un buen deportista cuando te encuentras del lado ganador. Sin embargo, las decepciones también tienen cierto valor. Cuando se manejan adecuadamente, fomentan el carácter y la determinación. Y, con el apoyo del padre, a los hijos se les puede animar a seguir intentándolo y a trabajar para mejorar su rendimiento. En el primer curso del instituto, Kevin no obtuvo el papel principal en la representación teatral del colegio. Su padre encontró un campamento de arte dramático y le preguntó si quería asistir el próximo verano.

Ya puedes adivinar quién obtuvo el papel principal al año siguiente. A menudo les pido a los padres que cuenten la historia de la carrera de Andre Agassi. En sus primeros tiempos, Agassi irrumpió en el mundo del tenis como una joven estrella presuntuosa y ególatra. Al cabo de unos años de competición, su juego empezó a tener fisuras y Agassi se dedicó a volver a entrenar, para luego surgir con toda su fuerza cuando otros, en la mitad de su carrera, comenzaban a decaer. Sus partidos son la materia misma de la leyenda del tenis, y se despidió como un campeón maduro, humilde y elegante. Enséñale a tu hijo que no tendría que jactarse de sus éxitos. La gente lo reconocerá por sus logros y agradecerá su modestia.

Chase, el hijo de ocho años de Sherman, era un chico deportista y popular en el colegio. Sin embargo, Sherman había recibido varias llamadas telefónicas de la profesora, que le contaba que Chase acosaba a los «chicos menos dotados para el deporte». Los provocaba y los humillaba a propósito. En béisbol, lanzaba bolas curvas a chicos que no sabían batear. Una noche Sherman le habló a Chase del problema.

—Prefiero que seas un chico del montón que una estrella que se aprovecha de otras personas —dijo. Chase se puso a la defensiva.

—Pero todos los demás chicos provocan, y sólo lo hacemos para divertirnos —se quejó.

—Pues no me gusta y quiero que pares —dijo su padre—. ¿Cómo te sentirías tú si los demás chicos se burlaran de ti, o si otros chicos más grandes te molestaran? —Chase se encogió de hombros—. Estoy orgulloso de ti porque eres un gran atleta —siguió su padre—, pero me avergüenzo y me enfado cuando otras personas se quejan de que eres presumido. A partir de ahora, espero que trates a los demás con respeto. Sé que puedes hacerlo, Chase, ¿vale?

Su hijo asintió con un gesto de la cabeza. Y dejó de acosar a los demás.

«Hazlo lo mejor que puedas»

No todos pueden ser superestrellas. Cuanto más pronto los niños aprendan esta verdad, mejor. Ya sea en el colegio, en los deportes o sencillamente en las tareas de la casa, tus expectativas como padre deberían ser las mismas. Tu hijo debería saber que lo importante es dar de sí todo lo que pueda, en cualquier acción que emprenda. Cuando los jóvenes entienden que los adultos dicen esto en serio, se quitan un buen peso de encima. Aprenden que un esfuerzo bien hecho es, de verdad, algo bien hecho. Si no tienen que ser perfectos, serán más libres para expresarse. El resultado será un joven más seguro y menos estresado. Desde luego, decir esto es más fácil que hacerlo.

Siempre habrá momentos en que nuestros hijos nos decepcionen en alguna tarea. Te sentirás tentado de criticar, de presionar más, e incluso de amenazar con ciertas consecuencias si no suben el listón otro poco. Eso, desde luego, es comprensible, pero recuerda siempre las capacidades de tu hijo. Al fin y al cabo, lo más importante es cómo se siente él con su rendimiento, no cómo te sientes tú. Idealmente, deberías sentir placer al ver que tu hijo realiza sus expectativas. La competencia está bien, siempre y cuando no se la inculques a la fuerza. Los niños tienen diferentes umbrales en relación con la competencia que pueden tolerar.

Angelo puede dar fe de esto. En el trabajo, era una máquina, uno de los mejores vendedores de ordenadores en una gran empresa. En su tiempo libre, hacía lo imposible por ser el primero, independientemente del producto del momento. Hacía todo lo posible por inculcar sus valores a su hijo Howie, de trece años, pero éste no le hacía caso. Howie era un chico tranquilo, no era demasiado atleta, pero jugaba en el equipo de lacrosse del colegio. Tenía notas aceptables, pero carecía del «instinto asesino» del que se jactaba su padre. En general, parecía bastante feliz, pero debido a la insistencia de su madre, Sally, la familia vino a verme para hablar acerca de los conflictos de Howie con su padre.

—En realidad, nunca se juega por entero por algo —dijo Angelo—. Es un buen muchacho, pero podría sacar excelentes y jugar en un equipo de los mayores.

Me volví hacia Sally y le pregunté qué pensaba ella.

—Creo que le va perfectamente —dijo ella—. Pero no puedo soportar las discusiones entre los dos: Angelo siempre presionando y Howie siempre resistiéndose.

Le pregunté a Howie qué pensaba él. El chico miró a su padre.

—Esto de jugarse el todo por el todo es una cuestión tuya, no mía —dijo—. ¿Por qué no dejas de insistir?

Vaya, pensé, *este chico está haciendo mi trabajo*. Angelo intentó lo mejor que pudo defender su postura, pero no pudo convencer a ninguno de nosotros de que Howie debería hacer las cosas a su manera. Le pregunté qué era más importante para él, su relación con su hijo o su propio espíritu competitivo. Él reconoció tímidamente lo que todos sabíamos, es decir, que nada era más importante para él que la felicidad de su hijo, y era indudable que deseaba tener una buena relación con él. Sólo nos llevó unas pocas sesiones ayudar a Angelo a reorganizar sus prioridades. El punto de inflexión fue el momento en el que le pregunté si podía decir en voz alta lo que su hijo quería oír. Finalmente, lo consiguió.

—Howie, he entendido que no puedo convertirte en mi doble. Veo que eres feliz tal como eres, y todo nos dice que las cosas te van bien. De modo que encontraré una manera de mantener la boca cerrada.

Aquello me emocionó, y le pedí a Angelo que le diera un abrazo a su hijo. Eso hizo, y su hijo le devolvió el abrazo. Los dos estaban al borde de las lágrimas.

Angelo y Howard tuvieron un final feliz, y desearía que lo mismo sucediera con todos los padres e hijos.

Anima a tu hijo a darlo todo de sí, a competir cuando tenga que hacerlo (o decida hacerlo). Aprende a aceptar sus fracasos tanto como sus éxitos. Ayuda a tu hijo a enfrentarse a sus miedos, a practicar las destrezas que tiene que dominar, y a andar siempre con paso seguro. Cuando juegues con él, juega duro, pero no como si tu vida dependiera de ello. Cuando él diga que ya tiene suficiente, respeta sus deseos. Nada se ha conseguido jamás presionando a los niños más allá de sus límites. Y, hagas lo que hagas, no intentes convertirlo en un clon tuyo, ni en la persona que te gustaría haber sido y que nunca conseguiste (estrella del deporte, prodigio académico, etc.). Aunque tengas éxito, puede que él te lo reproche a la larga. Déjalo ser él mismo y felicítate por haber sido un buen modelo de rol, no un traficante de esclavos. Te lo agradecerá cuando sea mayor.

La competencia es una realidad de la vida. No todos los niños son creados iguales. Algunos se crecen en la competencia mientras que otros se sienten abrumados. Habla con él, juega con él, y conviértete en su guía. Hazle saber que lo acompañas en la infancia y la adolescencia, presencialmente cuando puedes, y espiritualmente cuando no puedes estar junto a él. Recuérdale que tu deseo es que encuentre su propio camino. Si acaba en Harvard o en la NFL*, mejor para él. Sin embargo, si se siente cómodo con su vida y está cerca de sus seres queridos, ya sea médico, profesor o artesano, considérate un hombre de suerte. Puedes tener la seguridad de que él sentirá lo mismo.

* National Football League. *(N. del T.)*

8

Te quiere, papá

Liberar el lenguaje de los sentimientos

Lo que dejamos atrás y lo que nos espera por delante son asuntos nimios comparados con lo que tenemos dentro.

RALPH WALDO EMERSON

Yo lloré en el funeral de mi padre. Llorar no era algo que hiciera con frecuencia. Mi madre también murió, diez años antes, y en el funeral de mi padre me sentí como si volviera a vivir su pérdida. Una semana más tarde, hablaba con mi hijo y mi hija de lo que sentía el día que enterré a mi padre, lo duro que era verlo en un ataúd y decir adiós, mientras lanzaba la primera palada de tierra sobre aquella caja de encina. Mis hijos eran pequeños. Dan tenía ocho años y Julie cinco. Estaban junto a mí.

—Has llorado, papá —dijo Dan. Yo asentí con la cabeza. Era la primera vez que me veían llorar.

Julie señaló a su hermano.

—Tú también lloraste —exclamó.

—No lloré —respondió él.

—Que sí, que lloraste. Te frotabas los ojos.

—Me había entrado algo en el ojo —gritó él, a su vez.

A los ocho años, Dan ya tenía práctica en lo de ocultar sus emociones. Yo pensaba lo mismo de las lágrimas cuando tenía su edad, pero quería que mi hijo fuera diferente. Quería que supiera que a veces no había nada de malo en sentirse vulnerable.

—Llorar no tiene nada de malo —le dije—. Cuando te sientes dolido o estás molesto y lloras, puede que después te sientas más aliviado.

Sin embargo, Dan no estaba convencido. Había visto cómo los chicos en el colegio se burlaban unos de otros, y que con los niños de las series de televisión ocurría lo mismo.

Los niños aprenden de los mensajes que nos rodean. Los chicos de verdad no se portan como las chicas. Cuando los niños manifiestan sus sentimientos, otros pensarán que son unos débiles y se burlarán de ellos. De modo que es más seguro emplear palabras que no revelan lo que sienten de verdad, y no contarles a otros lo que les molesta. Así, nadie podrá utilizar esos sentimientos en su contra. Muchos hombres negarán esto, pero lo vemos todos los días en su comportamiento y en el de su hijo. En realidad, los hombres se definen según estereotipos que se perpetúan en la cultura popular. Pensemos en «The Rock», en Vin Diesel y en Jean-Claude Van Damme, todos maestros del machismo. Incluso cuando un hombre expresa sus sentimientos, sus amigos se lo tomarán a la ligera y preguntarán:

—¿Desde cuándo hablas como si fueras uno de esos hombres nuevos, tan sensibles y delicados?

Sin embargo, las personas se definen por sus sentimientos y emociones. Es un asunto problemático, porque rara vez los hombres expresan sus sentimientos a los demás, de modo que son muy pocos los que saben quiénes son realmente. Algunos hombres expresan sus sentimientos en el lecho de muerte, y todo lo que quisieron expresar durante su vida de pronto tiñe su discurso. Muchos hombres esperan el momento de su muerte para expresarse, porque está bien visto en nuestra cultura que los hombres sean vulnerables en el momento de su último aliento. Pero eso es horrible. Cuanto más mantengan sus sentimientos bajo llave, menos energía tienen para dedicar a la búsqueda de la felicidad, y a una relación sana con sus hijos.

Los sentimientos son la piedra angular de la intimidad. Las personas que no se comunican con sus propios sentimientos suelen ser seres solitarios y rabiosos, incapaces de llegar a los demás y de establecer relaciones estrechas. Incluso puede que algunos hombres que son felices y se ríen con los de su familia tampoco sean capaces de comunicarse con ellos. Creen que tienen una relación estrecha porque toman juntos el desayuno, van a la iglesia como familia y celebran juntos las fiestas. Sin embargo, se trata de una supuesta intimidad, no de una intimidad vivida. Puede que su mujer y sus hijos se sientan distantes de ese padre, como si lo dieran por sentado. Por eso animo a los padres a expresar sus sentimientos y a que comuniquen a sus hijos que sus sentimientos son importantes.

Piensa en crear aquella intimidad como si adquirieras un BMW nuevo con cambio manual y no supieses cómo conducirlo. Si practicas a menudo, dominarás esa nueva destreza, y verás que es cómodo, e incluso emocionante. Antes de que te des cuenta, conducir el coche será natural. Reconocer tus sentimientos es como conducir un coche con cambio manual, primero una experiencia rara y luego algo natural. Cuando otorgas a la expresión personal la mitad de atención que prestas a otras destrezas que has aprendido a lo largo de los años, puedes acercarte más a tu hijo en un par de meses.

Marty, un médico de la marina de cincuenta y tres años, hablaba a menudo con Sam, su hijo de quince años, pero se sentía atascado cada vez que la conversación se volvía emotiva. Durante una reunión familiar, Marty y su mujer, Sara, hablaban de las notas de Sam, que empeoraban. El chico no dio explicaciones, e insistió en que le iría mejor el trimestre siguiente. Marty comentó:

—Ésa es su respuesta habitual. Y luego vuelve a ser lo mismo de siempre.

—Quizá si no me molestaras tanto, estudiaría más —dijo el chico, irritado.

Le pregunté a Marty por qué regañaba a su hijo.

—Porque no podrá ingresar en una universidad decente si sigue a este ritmo.

—Sí que podré —alegó Sam—. Sacar notables y bienes está bien si no quieres ir a Yale. En cualquier caso, ¿por qué es tan importante para ti?

El diálogo empezaba a deteriorarse, así que cambié de dirección. Me volví hacia Marty y le pregunté si había alguna otra razón por la que discutía tanto con Sam. Dijo que no quería que echara su vida por la borda. Insistí un poco.

—¿Y Sam no es importante para ti? —pregunté.

—Claro que sí —respondió Marty.

—¿Se lo dices a menudo?

—Él lo sabe —dijo Marty, del todo convencido. Le pregunté si podía mirar a Sam y decírselo en ese momento. Él vaciló. Las palabras no le venían fácilmente—. Eres muy importante para mí, Sam. Sólo que…

Ahí estaba, justo delante de mis ojos. Aquel tipo brillante y expresivo con las palabras había llegado a un punto muerto, de hecho un poco apesadumbrado. Era evidente que se sentía incómodo con sus sentimientos. Le pregunté si se encontraba bien.

—Sí —respondió él—, sólo que tengo una cosa en el ojo. —Recordé a mi hijo que negaba sus lágrimas en el funeral de mi padre.

—Mi padre se pone así cada vez que habla de algo emocional —dijo Sam—. Le va muy bien lo de dar sermones, pero cuando las cosas se ponen muy personales, ya no está. No le cuesta nada expresar su rabia, pero le cuesta hablar de los sentimientos de amor hacia su familia.

Me volví a Marty, que guardaba silencio.

—Supongo que guardas muchos sentimientos que Sam tendría que oír —dije.

—Es difícil hablar de estas cosas.

—Lo sé —dije suavemente—. Pero tu hijo necesita esto de ti. ¿Podrías intentar decirle por qué es tan importante para ti y lo que sientes por él? Son sentimientos que tienes, intenta abrir un poco la puerta y deja entrar a Sam.

Marty guardó silencio y los ojos se le humedecieron.

—Te quiero, Sam —dijo—. No puedo ni explicarte lo importante que eres para mí. Cuando naciste, fue uno de los momentos más felices de mi vida. Me dije que tú y yo seríamos grandes amigos y que tendríamos una buena vida juntos.

Sara se le acercó y le cogió la mano. A pesar de que Sam guardaba silencio, observaba la escena con atención y quedó visiblemente emocionado por la reacción de su padre. Me giré hacia él.

—¿Crees que podrías acercarte a tu padre y darle un abrazo? —pregunté—. Si yo fuera él, te aseguro que me vendría muy bien.

Sam sonrió.

—A veces, me abraza después de los partidos de fútbol, ¿sabe? Pero esto es diferente.

—Esto es de lo más real —comenté—. ¿Qué me dices? —El chico se levantó y le dio a su padre un amago de abrazo, que Marty le devolvió con fuerza. Fue un momento emocionante para todos los que estábamos allí, un nuevo comienzo para padre e hijo. Aquella nueva relación, más cercana, ayudaría a Sam a sacar mejores notas más que cualquier sermón, amenaza o incentivo que sus padres pudieran imaginar.

Los padres suelen hablar de lo importante que son sus hijos para ellos, pero sólo en abstracto. Cuando un padre dice: «La vida te trata bien», en realidad está diciendo: «Me siento orgulloso de ti». A los hombres les cuesta hablar de amor, y a menudo prefieren demostrar su amor a través de actos más que con palabras. Por ejemplo, puede que un padre le pregunte a su hijo si quiere ir a pescar, lo cual, desde su perspectiva, es una demostración de amor por su hijo. Puede que le ponga un brazo sobre el hombro el día de su graduación en la universidad. Para muchos hombres, no hay motivo para pronunciar las palabras «Te quiero». Eso es algo implícito. Un padre me contó que pasó años sin decirle a su hijo que lo quería.

—La verdad es que firmo mis correos electrónicos con un «Te quiere, papá». ¿Eso no cuenta?

Sacudí la cabeza. No, no cuenta.

Los niños vienen a verme y me dicen que no están seguros de que su padre los quiera, porque «nunca lo dice». Los padres suponen que sus hijos saben que pasar ratos con ellos es una muestra de amor. Los hijos quieren oírlo de boca de sus padres con todas sus letras: «Te quiero». Muchos hijos crecen y se convierten en padres que no se sienten cómodos diciéndoles lo mismo a sus propios hijos. En su lugar, proponen una salida a esquiar para expresar su afecto, y el ciclo vuelve a comenzar.

Hay un viejo proverbio que dice: «El amor no te ha sido dado para que te lo guardes; el amor no es amor hasta que lo transmites». Es mi consejo a los padres e hijos por igual. Desde luego, expresar el amor es difícil al comienzo, pero te sorprenderá ver con qué rapidez se convierte en algo natural una vez que hayas dicho «Te quiero» directamente. Las madres siempre les dicen a los hijos que los quieren. En las mujeres es natural. Han sido educadas para expresar sus sentimientos, y los hombres lo saben. Así que recoge la sugerencia de las expertas: saca las palabras y hazle saber a tus hijos lo que sientes por ellos. Con el tiempo, entenderán tu mensaje y te imitarán. Es lo más importante: tú, como padre, tienes que poner fin al ciclo de emociones no dichas.

Empieza dándole abrazos a tu hijo. Lo hacen los jugadores de fútbol, lo hacen los soldados y los padres también deberían hacerlo. Ve a casa y abraza a tu hijo. Ése era el problema de Hayden, un agente inmobiliario de cuarenta y cinco años. Llevaba unos meses acudiendo a mi consulta porque le preocupaba la relación con su hijo de nueve años. Al principio, rechazaba mis sugerencias, alegando que lo harían sentirse incómodo. Pregunté por qué:

—Porque nunca lo he hecho, y porque mi padre nunca me abrazó a mí.

—¿Cómo te habrías sentido si te hubiera abrazado? —inquirí.

—Supongo que habría sido raro las primeras veces, pero es probable que habría acabado acostumbrándome.

—A tu hijo le ocurrirá lo mismo —le aseguré. Al cabo de unas semanas, recibí una llamada. Hayden había comenzado a abrazar a su hijo todas las noches antes de que éste se fuera a dormir. Dijo que al principio se sentía raro, pero se había dado cuenta de cuánto le gustaba a su pequeño de nueve años. Solía responder a su abrazo con entusiasmo.

Los padres no son los únicos que necesitan ayuda para expresar sus sentimientos. A veces lo mismo les ocurre a los hijos. Hace unos veinte años, en un episodio de *Barrio Sésamo* aparecía el cómico Richard Prior hablando con un grupo de pequeños a propósito de sus sentimientos. Hacía la pantomima de una expresión de tristeza o felicidad y les pedía a los pequeños que la identificaran. Tardaron unos minutos, con unas cuantas risillas, pero al cabo de un rato respondieron. Luego él les pidió que hicieran «imitaciones de niños».

—Muéstrame cómo es el miedo —pidió a uno de los pequeños. El niño se abrazó a sí mismo con fuerza y se encogió entero.

—Muy bien —dijo Prior. Señaló a un segundo chico—. Tú, muéstrame cómo es una tontería.

El niño imitó ruidos de animales y todos rieron.

He utilizado este mismo ejercicio durante años para ayudar a niños de todas las edades a expresar sus sentimientos. Es una manera maravillosa de ayudarles a captar las expresiones faciales y sentimientos de otros con más certeza y, a la vez, aprender a comunicar lo que ellos mismos sienten. También es una actividad perfecta para probar con tu hijo. Si le dices: «¿Cómo es estar triste?» o «¿Cómo es estar frustrado?», tu hijo se sentirá cómodo manifestando esas emociones. Si tú mismo pones cara de triste, le demuestras a tu hijo que no hay nada de malo en expresar la tristeza, o en aceptar esta difícil emoción y vulnerabilidad muy humana.

Los hijos necesitan que los dejen expresar libremente sus sentimientos. Para hacerlo, necesitan que les demos ánimos, que se redefina la masculinidad y tener un interlocutor receptivo en ti. Hay una letra de una vieja canción de la década de 1970 que adoro. Se llama «Tin man» (El hombre de hojalata). Y dice: «Oz nunca le dio nada al hombre de hojalata que ya no tuviera». En la película *El mago de Oz*, el hombre de hojalata quería un corazón, pero descubría que todo lo que necesitaba para ser un ser abierto y amable ya estaba en él. Tus sentimientos ya están en ti. Sólo tienes que dejarte expresarlos.

Es más arduo enseñar a expresarse a los hijos cuando son mayores, por lo cual es importante que empieces con tu hijo a una edad temprana. Sin embargo, incluso un chico de dieciséis años que demuestra una actitud distante escucha, aunque parezca lo contrario. Un hombre de treinta y un años me dijo que su padre había cambiado después de sufrir un infarto. El hijo tenía quince años por aquel entonces. De pronto, su padre, un hombre rígido, quería tener una conversación descarnada con él. El hijo decía que su padre lo obligaba a salir de cámping. En un viaje, le contaba a su hijo anécdotas de su infancia, en otro le hablaba de las mujeres con las que había salido y por qué se había enamorado de su madre. Le decía a su hijo que estaba muy orgulloso de la temporada victoriosa que había tenido su equipo de hockey.

—Yo me portaba como un imbécil —me confesó el hijo hace poco—. Pero recuerdo hasta la última palabra que dijo en ese viaje. Significaba mucho para mí, pero me sentía raro todo el tiempo. Era curioso hablar con él de esa manera.

Hazle saber a tu hijo que no tiene que ser fuerte todo el tiempo. «Macho no es mucho» y, a veces, como padre, tienes que saber leer entre líneas. La rabia y las bravatas de tu hijo quizás oculten un sentimiento de dolor. Ayúdale a expresar sus sentimientos, a saber que no hay nada de malo en tener miedo y que no pasa nada si no sabe todas las respuestas. Para conseguirlo, tienes que actuar como modelo de estas actitudes y ayudarle a expresarlas. Tu hijo debería ser capaz de contarte cuándo ha ganado un partido o suspendido un examen, cuando pierde un empleo o consigue uno nuevo.

—Deja de pedir que se ponga tu madre —dijo un padre a su hijo, ya mayor—. Yo también quiero escucharte contar cosas.

He aquí unas cuantas ideas con las que puedes empezar con tus hijos menores:

1. «Sé cómo te sientes cuando te das un golpe en la cabeza. Recuerdo cuando tenía ocho años y choqué con un jugador en el terreno de béisbol. Lloraba y lloraba, y todavía recuerdo a mi padre que fue corriendo a buscar hielo y luego me consoló.»
2. «Cuando me presenté para actuar en la obra de teatro del colegio, tenía mucho miedo. Me ayudó mucho hablar con mis padres de ello.»
3. «Tus sentimientos son muy importantes para mí. Sean los que sean, buenos o malos, felices o tristes, me gustaría escucharlos.»

Unas cuantas ideas que puedes empezar a practicar con tus hijos mayores.

1. «Cuando era adolescente, no hablaba demasiado con mis padres. Deseaba que me leyeran el pensamiento, pero desde luego no podían. Cuando crecí, me di cuenta de que era preferible hablar las cosas. Creo que sentirás lo mismo cuando lo pruebes.»
2. «Yo metí la pata muchas veces de joven. Estoy seguro de que a lo largo del camino te ocurrirá lo mismo. Sólo quiero que sepas que siempre podrás hablar conmigo si te va mal en algo. Haré todo lo que pueda para ayudar.»
3. «Sé que hablas con tus amigos de muchas cosas que no me cuentas y me alegro de que estén ahí cuando los necesitas. Sin embargo, a veces conviene tener el punto de vista de una persona mayor. Quiero de verdad contar en tu vida y espero que creas en mi oferta. Créeme, te costaría mucho escandalizarme. Y aunque me escandalices, nos arreglaremos.

Otros espacios para hablar

Los hombres aprenden a expresar sentimientos a menudo sometidos al «código masculino» que aún prevalece en nuestra cultura. Lucas, de diez años, no sabía bien qué decir a su padre, Blake, cuando estaba enfadado. El chico sabía que a su padre le fascinaba saber de sus éxitos en el colegio y en el campo de fútbol, y sabía que su padre lo quería. Él idolatraba a su padre, pero se sentía incómodo a la hora de contarle las cosas que le salían mal. Hubo una ocasión, por ejemplo, en que un buen amigo hizo una fiesta por la noche y no lo invitó. A Lucas aquello lo molestó y le preocupaba que ya no le cayera bien a su amigo. No se lo dijo a su padre, pero sí a su madre. Temía que su padre le dijera que no importaba y que invitara a otro amigo a jugar. Durante una de nuestras sesiones, le dije a Lucas que le contara a su padre lo de la fiesta por la noche. Eso hizo. Su padre confirmó sus temores y le dijo:

—No te preocupes.

Lucas volvió a mí diciendo:

—Ya lo ve, se lo había dicho.

Tenían mucho trabajo por delante. Lucas tenía que aprender que no había nada de malo en hablar de sus sentimientos vulnerables, y su padre tenía que hacer que se sintiera bien cuando lo hacía. Le dije al padre de Lucas que desanimaba a su hijo cuando éste trataba de hablar con él. Cuando lo dije la primera vez, él lo negó vehementemente, pero en la sesión siguiente confesó que le costaba lidiar con los sentimientos de su hijo porque lo hacían sentirse incómodo. Le pedí a Blake que pensara en lo que había dicho su hijo que lo hiciera sentirse así. Guardó silencio un momento y luego dijo que temía que su hijo lo rechazara. De niño, me contó Blake, sus amigos se burlaban de él porque era demasiado gordo, o gritaban «¡Deshaceos de él!», y huían a toda carrera. El orgullo de Blake le impedía expresar sus sentimientos cuando era niño, y todavía los ocultaba. Le expliqué que Lucas necesitaba ver esos sentimientos de vez en cuando. Entonces dejaría de sentir que sólo podía hablar de sus éxitos para tener la aprobación de su padre.

—Creo que tienen mucho más de que hablar de lo que se imagina —dije—. Tiene un montón de experiencias que compartir. Y Lucas sería un buen interlocutor. Intente abrir la puerta un poco y vea qué ocurre. —El primer paso que dio Blake fue identificar sus sentimientos. El segundo fue practicar para poder expresarlos. Una tarde le dijo a Lucas que quería hablar, y luego le contó lo de los niños de cuarto curso que se burlaban de él.

—Odio a los matones —dijo Lucas—. Hay un matón en el colegio... —De pronto padre e hijo estaban hablando.

A veces, la falta de seguridad te impide expresar tus sentimientos. Cuando padres e hijos no están seguros de lo que sienten, suelen guardárselos. He visto esto incluso en las circunstancias más inocentes. Un padre estaba enfadado con su hijo de trece años por haberse olvidado de su cumpleaños, pero sabía que no le había recordado la ocasión y tampoco estaba seguro de que su ex mujer se lo hubiera dicho. No sabía si hablar o no del tema. Le dije que debería hacerlo. ¿Cómo iba su hijo a conocer sus sentimientos si él no le contaba cómo se sentía? Dos semanas más tarde vino a verme y me dijo que le había mencionado su decepción a su hijo en un correo electrónico. El fin de semana siguiente, su hijo apareció con una tarjeta de cumpleaños y una sorpresa para él. No podría haber sido más feliz, pero casi se había guardado sus sentimientos, lo cual habría dado lugar a que se convirtiera en un problema más grande.

Theo, de quince años, me confesó que nunca le contaba a nadie lo que sentía interiormente. Le pregunté por qué.

—Porque nunca estoy seguro si debería sentirme como me siento —dijo.

—¿Cómo lo vas a averiguar si lo mantienes en secreto? —inquirí. Theo reconoció que temía ponerlo a prueba. Con el tiempo, vimos que el chico era un solitario. Cursaba su segundo año de instituto y sólo tenía un par de amigos, y pasaba mucho tiempo jugando solo al frisbee y a los videojuegos. Era un chico inexpresivo, el tipo de chico con el que podrías pasar toda una tarde y no conocer de él mucho más que cuando empezó el día.

—¿Tus amigos nunca te animan a contar lo que sientes por algo? —pregunté.

—No, creo que les gusta. Nunca digo nada personal, así que no hay problemas. Un amigo me llama Spock, ya sabe, como el marciano de *Star Trek*.

Sentí más pena que diversión al escucharlo hablar de sí mismo de esa manera.

Hablamos de cómo los sentimientos son algo personal, y que a menudo no son ni correctos ni incorrectos. Le expliqué que nadie podría llegar a conocerlo si no expresaba sus sentimientos, que tarde o temprano tendría que correr el riesgo y confiarse a alguien. Él escuchaba, pero seguía siendo escéptico. Yo sentía bastante curiosidad por saber de sus padres. Al final, resultó que el padre de Theo se le parecía bastante.

—¿Y qué hay de tu madre? —pregunté.

—Ella habla mucho.

—¿Habla acerca de sus sentimientos?

Él asintió.

—¿Y no pregunta por los tuyos? —pregunté.

—Sí, pero contesta a sus propias preguntas y luego sigue hablando —dijo él.

—No es de extrañar que sea duro para ti —comenté—. Tienes un padre que nunca comparte sus sentimientos y una madre que habla por los dos.

Cuando Theo conoció a una chica en el instituto, empezó a abrirse. Ella lo persiguió. A él le gustaba cómo se pintaba los ojos y su interés por los libros. Cuando llevaban dos semanas saliendo juntos (una eternidad en el mundo adolescente), ella comenzó a presionarlo para que hablara de sí mismo. Al principio, Theo tenía sus reparos, pero empezó a abrirse lentamente en sus mensajes del IM. Cuando la relación pasó al teléfono, Theo comenzó a compartir más sus sentimientos. Al cabo de un mes, compartía cosas con ella de las que nunca había hablado y me dijo que le gustaba cómo se sentía.

—Una noche me preguntó si yo creía que ella era guapa —me dijo—. Y yo dije que sí. Ella quería saber por qué. Al principio, no sabía qué decir. Sabía lo que quería decir, pero era difícil. Luego me contó por qué pensaba que yo era simpático. No sé, pero de repente me dieron ganas de contarle todo. Fue muy desagradable, porque temblaba cuando le dije: «Me gusta cómo te pintas los ojos y tus ojos azules y tu risa y tus uñas pintadas de rojo». Ella rió.

La experiencia le sirvió a Theo para estar seguro de sus sentimientos y para expresarlos más abiertamente. Le sugerí que tratara el mismo enfoque con su padre y que viera qué ocurría. Al principio, tenía sus reparos, pero con los ánimos que le di rompió el hielo y le contó a su padre acerca de su amiga. Se sorprendió gratamente cuando su padre le hizo un montón de preguntas. Le recordé a Theo que aquello era sólo el comienzo. Quizás él y su padre pudieran practicar ese tipo de diálogo y cultivar una relación más estrecha.

—Piensa en ti mismo como el entrenador ahora —dije—. Los hijos tienen mucho que enseñar a los padres.

Los hombres y los niños no compartirán sus sentimientos a menos que piensen que es aceptable hacerlo, así que quizá te convenga crear «espacios seguros». Elige un lugar donde él se sienta seguro teniendo una conversación íntima contigo, en un partido, junto a su cama, en el coche. Cada vez que quieras ponerte sentimental, o ser cariñoso o tener una profunda conversación acerca de la vida, tú y él sabréis que os podéis expresar en ese lugar. Desde luego, tu objetivo es poder hablar con tu hijo en cualquier sitio, pero eso no siempre es realista, así que empieza lentamente. El espacio seguro tuyo y de tu hijo se convertirá en un lugar donde os podéis expresar con libertad. Piensa en ello como si fuera tu propia terapia privada. Los chicos vienen a verme una vez a la semana y están dispuestos a hablar. Puedes preparar a tu hijo para hacer lo mismo contigo. Con el tiempo, no hay duda de que tu hijo te empezará a hablar de sus propias emociones o sentimientos. Tendrá la seguridad de que eres un interlocutor receptivo y de que lo que diga no será usado en su contra.

Identifica tus sentimientos

Para empezar a expresar tus sentimientos, tienes que comenzar por identificarlos. Se trata, básicamente, de escuchar a tu propio cuerpo. Si sientes un nudo en el estómago, detente y piensa en ello un momento. No trates de ignorarlo, apartarlo, ni fingir que no existe. Puede que estés nervioso porque tienes que entregar un proyecto a tu superior la próxima semana. Puede que sientas ansiedad por el infarto que hace poco ha sufrido tu madre. Quizá regañas a todo el mundo en casa y te sientes cada vez más irritado por pequeñas cosas. Nombra aquello que sientes. Describe tus emociones con tus propias palabras. El primer paso para aprender a comunicar tus sentimientos es aceptar cómo te sientes.

Fred, un abogado de treinta y siete años especializado en divorcios, vino a verme porque su familia estaba harta de soportar su mal humor en casa. Fred me contó que estaba agotado cuando volvía a casa del trabajo y quería relajarse. Pero sus hijos armaban un alboroto y lo molestaban. Él le gritaba a su mujer por no tener la casa en orden. Ella le respondía gritando y, al cabo de nada, estaban riñendo. Le pedí a Fred que pensara en lo que lo molestaba realmente. ¿Eran los niños que gritaban o era el hecho de que no fijaban su atención en él? ¿Era el desorden en casa o era el hecho de que su mujer ni siquiera levantaba la mirada de los platos que estaba lavando cuando él entraba por la puerta?

Fred pensó en ello. No estaba seguro.

—Es todo el panorama lo que me perturba —dijo—. Pero supongo que hay algo más. No pienso demasiado en ello. Simplemente entro en casa y reaccionó ante lo que veo.

Había ocurrido la noche anterior. ¿Había intentado hablar con su mujer acerca de lo que le molestaba?

—No, me puse a trabajar en el ordenador —dijo—. Detesto hablar con ella. Siempre hace que los problemas parezcan más graves de lo que son.

—Sin embargo, quizá sientas más cosas de lo que das a entender —sugerí. Fred rió.

—Puede que sepa más de lo que sé yo, doctor —dijo. Yo ya había topado con ese muro hablando con muchos hombres. Estamos tan acostumbrados a hacer una bola con nuestros sentimientos y lanzarla a la basura que la mayoría de las veces los hombres ni siquiera saben identificar lo que les ocurre interiormente. Fred y yo nos vimos unas cuantas sesiones más, y llegamos a la conclusión de que Fred estaba resentido con su mujer porque ella pasaba tanto tiempo en casa con los chicos. Ya que estaba en casa, él esperaba que tuviera las cosas ordenadas cuando él volvía del trabajo, y le molestaba el ruido y la algarabía porque pensaba que no tenía por qué ocuparse de nada después de haber trabajado todo el día.

Fred tuvo que ir a la fuente de su irritación, en este caso, su mujer. Había llegado la hora de hablar. Se sentaron a tomar una copa de vino y Fred le habló de sus frustraciones. Ella se puso a la defensiva. Dijo que estaba todo el día atareada con los niños. No pensaba tenerlo todo en orden sólo porque eran las seis de la tarde. Luego él entró en el terreno emocional y el tono de su mujer se suavizó.

—Me da la impresión de que estás tan ocupada cuando llego a casa —dijo—. Quiero hablar o abrazarte o hacer el amor contigo y tú estás ocupada con los niños. Quiero volver a sentirte cerca.

Vale, vale, no seguiré. Es muy sensiblero. Sin embargo, todos los hombres tienen que llegar a ese punto para desentrañar realmente lo que sienten. Después de nuestras sesiones, Fred dejó de discutir con su mujer cuando llegaba a casa. Sintió un gran alivio al decirle que todavía la necesitaba. Se sorprendió gratamente al ver lo eficaz que era cuando cambiaba su malhumor por un estado atento a sus sentimientos. Desde luego, había un riesgo al expresar sus sentimientos. A menudo, los hombres no están seguros de cómo responderán su mujer o sus hijos ante sus emociones. ¿Se enfadarán los miembros de su familia por lo que él siente? ¿Lo entenderán? ¿Serán capaces de expresar adecuadamente sus sentimientos?

Un padre de treinta y nueve años con quien hablé me dijo:

—Quiero a mi hijo, lo quiero de verdad. Pero nunca estoy cómodo cuando estoy con él. Es difícil explicar este malestar, pero sé que se relaciona con mi dificultad para dar con las palabras adecuadas en los momentos difíciles. Ya se trate de su tristeza por haber perdido un partido de béisbol o de su decepción por un encuentro para jugar que no pudo ser, mi reacción es la misma. Me da pena y quisiera repararlo y hacer que desaparezca su tristeza. Pero nunca llego a pronunciar las palabras que él necesita oír («Ya sé que estás enfadado»). Estoy seguro de que mi hijo podría prescindir de mis sesudas justificaciones acerca de por qué eso ocurrió, para empezar. Supongo que, a veces, menos es más.

Intenta sentirte más cómodo con la palabra «Yo» cuando hablas con tu hijo. Es la puerta que se abre para expresar tus sentimientos. Aquello dará a entender que tus frases son personales y te vienen del corazón. Empieza con cosas pequeñas. Di cualquier cosa agradable, incluso algo como «Me gustan tus zapatillas deportivas». A medida que practiques, te costará menos decir cosas más difíciles, como «Me sentí herido cuando no me hiciste caso en el centro comercial» o, en asuntos más serios, como «Todavía siento pena por la muerte del abuelo. Te prometo que con el tiempo será más fácil». Lo más importante es que tu hijo te vea practicando lo que predicas.

Para ayudarte a identificar tus emociones, te propongo el siguiente ejercicio: pídele a tu mujer —o incluso a tu hijo— que te diga en qué momento no eres sincero con tus propios sentimientos. Digamos que tu amigo está ingresado para que lo operen de la columna. Tu mujer te pregunta cómo está y tú te encoges de hombros y dices: «Bien». Sin embargo, si te apuran, puede que te veas obligado a expresar con palabras lo que sientes de verdad (quizás es miedo porque en el pasado has tenido problemas de espalda y te preocupa que algún día quizá tengas que operarte). Una vez que empiezas con este ejercicio, puede que te sorprenda lo transparente que eres ante tu mujer. Fred practicó y tuvo cada vez menos dificultad para identificar sus sentimientos, hasta que se convirtió en algo natural en él.

—Me acostumbré a otra cosa —dijo—. Cuando me irrito, ya no grito a los demás. Me paro a pensar. ¿Qué es lo que de verdad me molesta? Mi relación con mi mujer ahora es más sólida. Antes, ella siempre se quejaba de que hablar conmigo era más difícil que arrancar una muela. Me costaba mucho compartir.

El control de la rabia, el dolor y el miedo

Son demasiados los hombres que, sin quererlo, aplastan los sentimientos de sus hijos cuando ellos mismos se sienten incómodos con esos sentimientos. Ricky, de doce años, me contó que Harry, su padre, le hacía cosquillas cada vez que se enfadaba. A Ricky le era imposible expresar sus sentimientos, y ése era precisamente el motivo por el que su padre lo hacía. Harris lidiaba de esa manera con la rabia de Ricky desde que éste era pequeño. Cuando le pregunté a Harris por qué lo hacía, me dijo que su padre también le hacía cosquillas cuando se enfadaba.

—Creo que era nuestra manera de relacionarnos —dijo—. Todo se arreglaba con unas cosquillas.

Harris creía que ayudaba a su hijo al no dejar que la rabia se convirtiera en una pelea a gritos o en la costumbre de «ventilar los trapos sucios».

Sin embargo, era evidente que no le hacía ningún favor. En realidad, su propia incomodidad ante la rabia le impedía enseñar a su hijo que no había nada de malo en expresar la rabia respetuosamente. Al no tener una válvula de escape sana para su rabia, Ricky estaba dispuesto a explotar. Con el tiempo, Harris entendió por qué evitaba la expresión de las emociones. Su propio padre había controlado a su familia manteniendo una actitud distante y disimulando sus propias miserias con sonrisas en público. Era una manera de barrer los problemas bajo la alfombra. Al cabo de varias sesiones, el miedo de Harris ante su propia rabia disminuyó y él aprendió a expresar sus sentimientos. Sin embargo, tendría que esforzarse el resto de su vida, debido al fuerte condicionamiento al que se había sometido durante más de cuarenta años. Gracias a sus esfuerzos, mejoraron sus relaciones con toda la familia, y su hijo también adquirió conciencia de sus propios sentimientos. Hoy en día, Ricky es un joven elocuente y simpático.

La rabia es uno de los sentimientos más difíciles de controlar. Cuando expresamos rabia adecuadamente, compartiendo nuestros sentimientos con serenidad, puede que los demás nos entiendan mejor. Puede que el otro modifique su conducta para no volver a herirnos. Piensa en la rabia saludable, que es como dejar que el aire salga de un globo hinchado poco a poco. Lamentablemente, a menudo expresamos una rabia destructiva, lo cual se parece más a soltar todo el aire de golpe y dejar que el globo salga disparado fuera de control.

Desde muy temprana edad, enséñale a tu hijo que no hay nada de malo en sentir rabia y expresarla de manera adecuada. Cuando Jared, el hijo de Julian, era pequeño, a veces rompía sus juguetes en un arrebato de frustración con ellos. Julian, un agente de bolsa de cuarenta y cinco años, se sentó pacientemente con su hijo y le dijo que entendía lo irritado que se sentía cuando no conseguía que sus juguetes funcionaran bien.

—Pero romperlos no es la solución —le explicó—. La próxima vez que eso ocurra, quiero que hables con tu madre o conmigo y nos cuentes por qué estás tan enfadado. Nosotros intentaremos ayudarte como podamos. Y, si no podemos, nos tomaremos el tiempo para ver cómo solucionamos el problema.

Hay padres que gritan a los hijos si éstos rompen un juguete.

Otros padres sencillamente les quitan el juguete. Cada uno enseña una lección diferente. Julian le enseña a su hijo a tener paciencia. Gritarle a Jared sólo le enseñaría a enfadarse aún más cuando se siente frustrado. Al quitarle el juguete sólo se conseguirá alimentar la frustración, porque, sin una explicación, el niño no entenderá qué ha hecho mal.

Julian siguió adelante con sus lecciones durante la infancia de su hijo. Cuando a los once años Jared volvió a casa con un ojo morado, su padre le preguntó qué había pasado.

—Me peleé —dijo él.

—No me interesa quién empezó la pelea ni quién ganó —dijo Julian—. Pero ¿sigues enfadado?

—Sí —dijo Jared. Julian le dijo que tenía que llamar al chico esa noche y hablar con él.

—O tú y yo podemos llamar a sus padres y arreglar el asunto. Tú eliges.

Jared no sabía qué hacer. No quería hablar con el chico por teléfono. Pero entendía el punto de vista de su padre. A lo largo de los años, él y su padre habían discutido y su padre siempre insistía en que debían terminar la discusión (nada de dar portazos e irse en medio de la conversación, nada de cerrar el tema ni de reñir). Siempre hablaban hasta desentrañar el motivo de la rabia. Julian escuchaba atentamente la versión y los sentimientos de su hijo y luego planteaba sus propios sentimientos y su versión. Normalmente, nadie ganaba ni perdía, pero Jared siempre se sentía mejor después. Sabía qué tenía que hacer con su rival en el colegio y le dijo a su padre que lo llamaría esa noche.

Solemos encontrar dolor en la raíz de la rabia. El dolor es más difícil de expresar que la rabia porque expresa nuestra vulnerabilidad, y a los chicos no se les enseña eso. Por difícil que sea fallar en algo o verse decepcionado por alguien que nos es cercano, es mucho peor fingir que nada ocurre, porque nos privamos a nosotros mismos de la oportunidad de que nos consuelen aquellos que nos quieren. Requiere más energía fingir indiferencia que reconocer los propios errores. Ahí es donde interviene el padre. Puedes compartir tus puntos vulnerables con tu hijo de modo que él se sienta cómodo siendo sincero. Una cosa es decirle a un niño que sus sentimientos son importantes y que quieres saber de ellos y otra, muy diferente, es practicar lo que predicas.

El dolor

En el mes de marzo, todos los alumnos que cursan el último año de instituto esperan ansiosamente los correos electrónicos de la universidad de su elección. Tommy no consiguió ingresar en la universidad elegida y estaba destrozado. Su padre intentó hablar con él.

—Cometen un grave error —dijo—. No te preocupes. Hay otras cartas más abultadas en camino.

Tommy no quería hablar de ello, pero su padre no renunciaba, sabiendo que a veces hay que presionar al hijo para que hable.

—Tommy, ¿recuerdas cuando cambié de bufete de abogados hace unos cinco años? —preguntó, y le puso una mano al hombro—. Creo que nunca te conté por qué.

El chico se encogió de hombros.

—A decir verdad, cuando llegó la hora de elegir nuevos asociados en la empresa, no pensaron en mí. Fue un golpe duro para mí. Me había dejado el pellejo durante diez años y ésa era su manera de pagarme. Estaba enfadado, herido y avergonzado de encontrarme con mis colegas que habían sido nombrados asociados. Durante semanas anduve deambulando como un zombi.

—¿Y qué hiciste? —inquirió Tommy.

—Para empezar, hablé de ello con mamá. Ella me apoyó y me recordó que había superado otros momentos difíciles en el pasado, como cuando perdí las elecciones a la junta escolar, y cuando perdimos dinero en una inversión inmobiliaria. Al final, me preguntó: «¿Piensas quedarte ahí sentado compadeciéndote de tu situación?» Fue entonces cuando comencé a buscar otro empleo.

Tommy escuchaba atentamente. Su padre le contó que había encontrado un trabajo mejor al cabo de unos meses. Dos años después fue nombrado asociado del bufete.

—Entonces repuntaste, ¿eh, papá?

—Así es —dijo su padre—. Sin embargo, todavía me duele cuando pienso en ello y eso me ayuda a entender cómo debes sentirte. Quisiera eliminar el dolor que sientes, pero no puedo. Así que no pierdas la esperanza, ¿vale? Sé que te esperan buenas noticias.

—¿Y qué pasa si nadie me acepta? —preguntó Tommy.

—Yo pensé que me ocurriría lo mismo. ¿Y qué pasará si no me llaman de otro bufete? Sin embargo, había otro, y era mejor. Ya verás cómo encontrarás una universidad mejor.

—Supongo que sí —dijo el chico, suspirando.

—Confía en mí —dijo su padre—. Tommy, tú lo eres todo para mí. Hay una universidad en alguna parte que te espera.

El miedo

Los chicos tienen tantas dificultades para expresar el miedo como para expresar el dolor y la rabia. Siempre recordaré el 17 de abril de 2007, el día en que treinta y dos alumnos y profesores fueron asesinados por un alumno psicótico en un episodio horroroso en la Universidad de Virginia Tech. Yo caminaba por el campus mientras esperaba rodar un espacio para el programa *Today*, intentando comprender aquella matanza irracional. Era un día gélido, con mucho viento, y el frío me calaba los huesos. Los alumnos deambulaban, todavía bajo el efecto del golpe. Unos cuantos andaban por ahí en solitario, la mayoría en grupos, todos intentando entender la enormidad de aquel acontecimiento catastrófico y tratando de consolarse unos a otros. Yo sentía su dolor y su miedo y reflexionaba sobre cómo hablarían los padres con sus hijos acerca de lo ocurrido. Sería difícil hablar de lo inconcebible, reconocer su miedo y expresar el dolor. Sin embargo, eso era excatamente lo que sus hijos necesitaban, es decir, que sus padres les dieran ánimos para hablar de la tragedia.

Hablar con tu hijo de sus miedos es una de las cosas más importantes que puedes hacer. Ya se trate de los truenos y relámpagos, de caerse del columpio, de subir a un avión o de un inminente ataque terrorista, a ti te corresponde hablar y escuchar, ofrecer una explicación o consuelo. Un padre que le dice a su hijo que «aguante» o que «sea un hombre» se distancia de su hijo y le quita las ganas de expresar sus emociones. Muéstrate abierto con tus propios temores ante él. Si se declara una alerta nacional por un atentado terrorista, no hay motivo para que niegues tu propia ansiedad. No agobies a tu familia con tus preocupaciones, sobre todo cuando tu hijo es aún pequeño. Puedes ser franco y conservar la calma, buscar un equilibrio.

Cuando mis hijos y yo estábamos de vacaciones en Jamaica, hace quince años, escalamos una bella cascada en Ocho Ríos, donde teníamos que subir con cordajes de apoyo. Por algún motivo, resbalé, perdí el equilibrio y comencé a caer por la cascada.

—¡Papá! —gritó mi hijo. Gracias a Dios, detuve la caída y conseguí volver a subir hasta donde estaba. Dan saltó a mis brazos y me estrechó con fuerza. Yo lo calmé, pero el corazón todavía me iba a cien. Después, cuando hablamos del incidente, me di cuenta de lo importante que era para él hablar de su miedo y tener la seguridad, una y otra vez, de que no me podría haber ocurrido nada grave. Cuando le conté que yo también había tenido miedo, él se sintió aliviado. Le agradaba saber que no estaba solo con sus temores.

Incluso el miedo benigno debería ser tratado seriamente. Un chico de diez años con quien trabajé en una ocasión había rogado a sus padres que lo dejaran apuntarse a un campamento de verano. La noche antes de partir, Jamie le preguntó a su padre:

—¿Los chicos pueden volver a casa si no les gusta el campamento? —Su padre entendió que a su hijo le habían entrado las dudas.

—Tendrás un poco de miedo por estar lejos de casa, ¿eh? —preguntó. Jamie asintió con un gesto de la cabeza y dijo que no conocía a ninguno de los chicos. ¿Qué pasaría si no le agradaban las actividades? En lugar de despachar sus temores, su padre se ablandó.

—Recuerdo que yo tenía los mismos miedos que tú —dijo.

—¿Y qué hiciste?

—Les dije a mis padres que tenía miedo y ellos me dijeron que no tenía de qué preocuparme —dijo el padre de Jamie—. Para ser sincero, aquello no me sirvió de gran cosa, pero fui al campamento de todas maneras. Al final, resultó ser uno de los mejores veranos de mi infancia.

Su padre luego le contó las travesuras que se gastaban por la noche. En una ocasión, dejaron un frasco de talco equilibrándose en el canto de la puerta cuando entró el monitor. Todos estaban histéricos y nadie confesó quién era el responsable. Jamie soltó una risilla.

—Entiendo por qué te sientes un poco nervioso por lo del campamento —dijo su padre—. Hablemos de alguna cosa que te preocupe y veamos cómo te puedes sentir mejor. Pero también quiero que pienses en todo lo que te vas a divertir.

—Sí, claro. Pero, papá, ¿te has inventado la historia del talco? —preguntó Jamie.

—Ocurrió de verdad. Yo fui el que tuve la idea.

Ese mismo momento podría haber sido diferente. Cuando Jamie dijo que tenía miedo, su padre podría haberle dicho que todo iría bien, le podría haber dado unos golpecitos en la espalda y haberlo dejado a solas con sus pensamientos. Para muchos padres, eso es el equivalente de dar apoyo. Sin embargo, el padre de Jamie dio un paso más allá para darle seguridad e intentó que su hijo hablara de sus sentimientos. El chico se animó enseguida y se relajó pensando en esa nueva experiencia, preparado para disfrutar de ella, en lugar de buscar una confirmación de sus temores.

Los sentimientos no expresados constituyen una barrera a la hora de estrechar una relación. Si los ocultas, te conviertes en rehén de tu propio malestar. Si los expresas, te sentirás aliviado, comprendido y, probablemente, amado un poco más por aquellas personas que más te importan. Recuerda el personaje de Kevin Spacey, Lester Burnham, en aquel gran éxito de taquilla que fue *American Beauty*, en 1999. La vida de Lester es aburrida y no hay nada especial en ella. Vive en un barrio de las afueras donde todas las casas son iguales. Su trabajo lo aburre. Rara vez comunica a alguien lo que siente. Hasta que, de pronto, ve a una animadora despampanante en un partido de baloncesto de su hija y vive una experiencia deslumbrante. Ya no se guardará más sus sentimientos para sí, piensa vivir la vida en toda su plenitud, lo cual significa, en su caso, fumar porros, hacer ejercicio y divorciarse de su mujer. Sólo después de que ha perdido los papeles empieza a expresarse. La película se debería haber titulado *Despertar del hombre americano*, porque Lester comienza a decir en voz alta todo lo que siente y piensa, y a él le parece liberador. La película capta la realidad de los hombres que no paran de acumular problemas interiormente y de lo que se siente cuando de pronto lo sueltan todo.

Los padres de hoy en día también tienen que aprender a soltarlo todo. Te sentirás bien cuando permitas a tu hijo ver lo que piensas y sientes. Una vez que él vea que estás abierto a la expresión personal, él también se abrirá. Como padre, hoy en día, puedes poner fin al ciclo emocional de generaciones anteriores.

9

El proyecto del padre

El rol de una madre

«Hoy en día no es nada fácil criar a los padres.»

Madre de cuarenta años

Estaba sentado en un Wendy's pensando en cómo empezar este capítulo cuando reparé en un padre y su hijo sentados cerca de mí. El niño tenía unos tres o cuatro años, y jugaba con la comida sin probarla. A su padre empezaba a acabársele la paciencia.

—Venga, chico, come tus croquetas —le rogaba. Cuando eso no dio resultados, pasó a la amenaza—. ¡Será mejor que te las comas o si no...!

¿O si no qué? No acabó la frase. De pronto, cogió su móvil e hizo una llamada. Supuse que era a su mujer.

—De nuevo se niega a comer —dijo el padre, exasperado. Luego escuchó un momento, sonrió y dijo—: De acuerdo, lo intentaré. Miró a su hijo, cogió una croqueta de pollo e impostó una voz, como si la croqueta hablara—: Por favor, no me comas —dijo la croqueta horrorizada, con voz de Mickey Mouse. El pequeño miró y se echó a reír. De pronto, la comida se convertía en una presa. El pequeño cogió la croqueta y le dio un mordisco mientras sonreía. Cuando acabó, su padre cogió una segunda croqueta—. ¡Será mejor que no te comas a mi hermano! —Como era de esperar, el hermano (la segunda croqueta) desapareció tragada por el niño. Ahora padre e hijo reían juntos. El hombre cogió el móvil y volvió a llamar a su mujer—. ¡Ha funcionado! Se las ha comido. Gracias, cariño. Te veré más tarde.

Así era la escena. Mamá, la entrenadora, y papá, el jugador. Trabajaban juntos para el mismo equipo.

Si todo fuera siempre así de sencillo. A lo largo de los años, muchas madres me han dicho que sienten una gran alegría al ver a sus hijos sintonizados con su padre, y a los padres les fascina igualmente participar de la acción. Entonces, ¿cómo se explica que eso no siempre suceda? Ya has visto un libro lleno de explicaciones, pero ahora ha llegado el momento de poner la última pieza del puzle en su lugar. Esa pieza eres tú, mamá.

Las madres inteligentes fomentan buenos padres

Aimee y Bob se casaron hace doce años. Aimee sabía que su marido había tenido un padre de las cavernas tradicional, pero Bob había prometido que nunca sería como él. Sin embargo, cuando nació Wyatt, su mujer vio que valía el dicho de: «De tal palo, tal astilla». Siguiendo el único tipo de actitud paternal que conocía, Bob había dado por sentado que su mujer le cambiaría los pañales a Wyatt, calentaría el biberón y se levantaría en mitad de la noche para calmar al bebé. Aimee bromeaba con las amigas y decía que Bob manipulaba a su hijo como si fuera un melón.

Sin embargo, se sentía frustrada. Aimee había crecido con un padre que estaba en todo, y quería que Bob se ensuciara las manos tanto como ella. De modo que decidió convertirse en la aliada de su marido, en lugar de ser su enemiga. Después de haber visto a demasiadas parejas riñendo por la repartición de responsabilidades, estaba decidida a evitar la trampa de ser la única que las asumía.

No quería reñirle, lo cual lo habría alejado aún más, pero no era fácil. Bob solía estropear hasta la tarea más sencilla. Iba a dejar al pequeño de dos años al jardín de infancia sin haberle cambiado antes los pañales. Prometía poner a dormir al bebé a las ocho, pero Aimee llegaba a casa a las nueve y Wyatt todavía estaba despierto.

Aimee decidió enseñar a su marido a través de lo que llamó el «proyecto padre». Le hizo saber a Bob lo excitado que Wyatt se ponía cuando su marido jugaba con él. A veces salía de la habitación para dejar que su marido y su hijo se quedaran solos para relacionarse.

Cuando Wyatt empezó a ir a la escuela primaria, y surgió el tema del horario y los estudios, Aimee le preguntaba a Bob qué pensaba. Le asignó tareas (revisar los deberes de Wyatt, acompañarlo hasta el autobús). Muy pronto, Bob empezó a hacer las dos cosas como parte de la rutina. Cuando Wyatt estaba en quinto y su equipo de béisbol necesitaba un entrenador, Bob se presentó voluntario. No era su deporte, pero Aimee lo había convencido. También hacía lo posible para ocuparse de todas las llamadas, organizar el transporte de los chicos con los padres y recoger el material del equipo, actuando como ayudante del entrenador, ya que para los dos —como profesionales— significaba dar parte de su tiempo.

Puede que a algunas madres no les agrade tener que «montar» los momentos que los padres pasan con los niños.

—Debería simplemente arreglárselas solo para hacer cosas con los niños —me dijo una madre—. Debería saber cuándo necesitan algo, igual que yo. Sin embargo, con algunos hombres tienes que ser muy emprendedora porque, si no, sencillamente no saben qué hacer. Céntrate en los sí en lugar de en los no. Al fin y al cabo, los buenos padres, como las buenas madres, se hacen, no nacen. Son hombres que han trabajado para establecer un equilibrio entre su carrera profesional y su familia.

Hace unos veinticinco años, la noche antes de mi boda, mi padre tuvo una conversación conmigo. Mi madre había muerto un año antes y a él también empezaban a pesarle los años. Mi padre detestaba estar solo y añoraba terriblemente a mi madre. Los dos hubiésemos querido que ella estuviera presente en ese momento tan especial.

—Quizá lo estará —le dije. Era uno de esos momentos agridulces de la vida, cuando la tristeza se cruza con la alegría.

—¿Sabes una cosa, muchacho? Tu madre y yo tuvimos una vida bastante buena juntos —me dijo mi padre—. Las cosas no siempre fueron fáciles, pero las superamos. El único consejo que puedo darte es: «Recuerda, en el matrimonio son dos, no uno». Tardé una buena parte de mi vida en digerir sus palabras.

Todos creemos en cierto sentido que si nuestro cónyuge hiciera las cosas a nuestra manera la vida sería mucho más fácil. Sin embargo, es así como funciona el matrimonio. El matrimonio es un ceder permanente en aras del consenso. Es aprender a aceptar a una persona tal como es. Se trata de comprender que siempre habrá algún bache en el camino. Te guste o no, el estado de tu matrimonio tiene todo que ver con el tipo de padre que eres. Tu felicidad o tu tristeza se filtra directamente hasta tu hijo. El esfuerzo que pones en tu relación envía un poderoso mensaje a tu cónyuge y a tus hijos, ya sea un mensaje de voluntad de solucionar los problemas juntos o de un combate prolongado en el tiempo. Si, como madre, piensas hacer de papá una persona mejor y más feliz, más te vale que primero vayas a lo básico, es decir, a tu propio matrimonio. El «proyecto padre de Aimee» tuvo éxito sólo porque dedicó tiempo a ayudar a su marido. Si hubiera esperado que enseguida lo aprendiera todo, se habría sentido frustrada cada vez que él la decepcionara. Muchas mujeres rechazan este trabajo suplementario, pero merece la pena. Puede mejorar tu matrimonio y tu familia. Así que utiliza este capítulo como fuente de inspiración para tu propio proyecto padre.

Para mejorar las habilidades de tu marido como padre, lo primero es organizarlo. A menudo, los padres necesitan ayuda para establecer prioridades. Quieren ser un padre para todas las estaciones. No quieren aflojar el ritmo cuando llega la vuelta al colegio y, por ejemplo, hay un montón de cosas pendientes, pero muchos se sienten presionados por el tiempo. Las madres conocen bien esa sensación, y muchas lo consiguen sólo porque son mujeres sumamente organizadas. Si tu marido tiene problemas para arrancarse del trabajo o manejar su estrés, o para saber cómo pasar tiempo con su hijo, tienes que ver cómo hacérselo más fácil. He conocido a madres que elaboran «horarios» para sus maridos. Entregan a sus maridos billetes, direcciones y horarios para esa excursión en la que el padre y el hijo harán *rafting*, por ejemplo. Algunos hombres acaban confiando en la capacidad de organización de sus mujeres, se repantigan y siguen siendo papás de las cavernas, en lugar de asumir la responsabilidad de crearse un espacio y tiempo para sus hijos. Sin embargo, yo sólo soy realista, y tú también tendrás que serlo, y adaptar tus métodos al horario y a la actitud de tu marido. Crear momentos para el padre es favorable para tu matrimonio porque no estarás constantemente decepcionada porque observas que tu marido no actúa por iniciativa propia. Y, al fin y al cabo, lo que importa es crear vínculos entre padre e hijo, ¿no? Los hombres suelen disfrutar tanto de los momentos entre padre e hijo que, al final, comienzan a organizar viajes por su cuenta. Tú sólo estás engrasando las ruedas para que la relación despegue.

A veces, las madres son la única explicación de la estrecha relación existente entre padres e hijos. Bruce, vicepresidente de una empresa de relaciones públicas, sabe que no puede hacer todo lo que quiere como padre. Su horario de trabajo no se lo permite. Su mujer, Aileen, a menudo está igual de ocupada gestionando su propio negocio en una tienda, pero Bruce dice que es el retrato mismo de la eficacia, y que la familia sobrevive gracias a ella.

—Aileen conoce los horarios de los chicos y me dice cuándo tengo que estar con ellos. Dependo de ella para organizar mi vida. Para ser sincero, suelo estar tan estresado en el despacho que pierdo la noción del tiempo. A veces, Aileen tiene que llamarme y recordarme que esa noche he prometido a los niños llegar temprano. No es que no me importe. Estoy junto a mi familia y llego a casa a cenar cuando puedo. Pero ella maneja mejor que yo el ir y venir.

Bruce dice que compensa a Aileen por todo lo que trabaja ocupándose de otros aspectos de la vida en el hogar, reparando desperfectos, limpiando el jardín y pagando facturas. También se ocupa de llevar y traer a sus hijos y sus amigos en coche los fines de semana y hace la colada el domingo por la noche. Aileen dice que el sistema funciona y que ella no lo lamenta. Se siente como la que organiza la actividad del padre, en lugar de intentar sustituirlo.

Sin embargo, lo más duro en la organización de la vida familiar recae sobre tus hombros como madre. A veces, esto da buenos resultados en una familia, siempre y cuando sea de mutuo acuerdo. A veces no es así. Tienes que trabajar algún aspecto para que no haya un resentimiento permanente en tu relación adulta que llegue hasta los hijos. Los niños no sacan ningún provecho de una discusión acerca de por qué papá no ha asistido al partido. Cuando decides por voluntad propia ayudar a tu marido a ser mejor padre, tú misma estás más contenta. Entiendo por qué las mujeres se sienten frustradas e impotentes debido a la actitud negligente de su marido, sentimientos que pueden destruir un matrimonio. Por lo tanto, las animo a aceptar que su vida puede desenvolverse con más holgura si «montan» un proyecto para organizar al padre.

La enorme brecha de la comunicación

Los hombres piensan de manera diferente a las mujeres. Se interesan más por las soluciones que por el análisis, detestan sentirse controlados y cuando necesitan ayuda les cuesta reconocerlo. En pocas palabras, no esperes que tu marido acuda a ti si tiene problemas. Puedes intervenir, pero debes planear tu acercamiento. Entrar con las armas en la mano pondrá rabioso a tu marido. Al contrario, hazle sentir que lo necesitáis. Él desea tener la aprobación de su hijo y la tuya.

La popularidad de libros como *Los hombres son de Marte, las mujeres son de Venus*, de John Gray, o *You Just Don't Understand*, de Deborah Tannen, son sendas pruebas de la existencia de una brecha generalizada de comunicación en los matrimonios. A menudo, lo que importa no es qué decimos, sino cómo lo decimos. Lo mismo podría decirse de madres y padres que están sumidos en su labor de padres. Uno de mis clientes, Larry, me contaba que su mujer habla y habla cuando se trata de los hijos. Él lo agradece, porque su mujer lo pone al corriente de cosas. Pero después de una larga jornada de trabajo, Larry se contentaría con una versión resumida de la película épica que elabora su mujer.

—Al cabo de un rato, dejo de escucharla —dice—. Quiero saber qué han hecho los chicos, pero ella tiene mucho aguante hablando.

Le pregunté a Larry si alguna vez le ha contado a su mujer cómo se siente.

—Sí, lo he hecho, pero ella se enfada y dice «No importa» —dijo él—. Yo le digo que no puedo con tanta información. Ella cree que no me importa nada.

Detesto decirlo (y puede que las mujeres lo vean como sexismo), pero la mayoría de los hombres que he conocido prefieren que uno vaya directo al grano.

—Cuando hablo con él, intento pensar como si fuera el titular de un periódico —dice Peggy, la mujer de otro cliente—. Primero, capto su atención. Después sigo con los detalles. Él hace más preguntas y su interés se despierta poco a poco. La semana pasada, cuando volvió del trabajo, le dije: «Brady ha vuelto a meterse en líos». Como era de esperar, él quiso saber qué ocurría. Ahí entraba yo. Le dije que su profesora me había enviado un correo electrónico para decirme que Brady no entregaba los deberes que le ponían. Mi marido habló a solas con nuestro hijo. Ni siquiera tuve que pedírselo.

Imaginemos que el marido de Peggy llega a casa y ella dice: «Ya no soporto más a Brady. No hace sus deberes y he hablado con su profesora, que no está nada contenta y...» Es probable que su marido hubiera desconectado. Los hombres responden mejor ante los resúmenes y los boletines. Cuando las mujeres hablan con sus maridos como si fueran sus amigas, no consiguen gran cosa. Los hombres son capaces de sostener estas conversaciones, pero no disfrutan de ellas. Como escribió el columnista del *Washington Post*, Richard Cohen, en una ocasión: «Los hombres fingen que escuchan; las mujeres fingen el orgasmo».

Es evidente que habrá momentos en los que tendrás que plantar cara a tu marido. Puede que se haya distanciado demasiado de la vida familiar, o puede que sea uno de esos hombres pasivos a los que siempre hay que empujar. En cualquier caso, te recomiendo que antes intentes hacerle cosquillas con una pluma en lugar de darle en la cabeza con un martillo. Una mujer tendrá guerra si empieza diciendo: «Estoy hasta las narices de ver cómo tratas a tu hijo». Es una declaración provocadora y no ofrece oportunidad alguna para una resolución. Tu marido se pondrá a la defensiva, te culpará a ti por tener que ocuparse siempre de vuestro hijo y, de pronto, estaréis riñendo. A los hombres les gusta sentir que los necesitan. Una manera fácil de captar la atención de tu marido es pedirle ayuda. Yo le llamo «masaje del ego». Pongamos que un chico de doce años está a punto de salir de casa sin permiso cuando su padre está de viaje de negocios. En lugar de quejarse de lo negligente que es tu marido, o de que no presta atención a Johnny, podrías decir: «Tenemos un problema, y tú sueles ser bueno arreglando las cosas, así que espero que me puedas ayudar». Los hombres responden a este tipo de demandas. Les dan ganas de pensar en una solución. Y, de pronto, se han apuntado.

Evita decir frases como: «Más te vale salir a jugar con tu hijo esta tarde». Así sacarás a un hombre de sus casillas. Se sentirá como si le ordenaras hacer algo, y los hombres detestan eso. Quizá te convenga decir algo como: «Johnny tiene ganas de enseñarte la nueva jugada que ha aprendido en baloncesto». El padre entenderá y es probable que salga a buscar a su hijo. Una última sugerencia: no dejes de expresarle a tu esposo tu agradecimiento, aunque sólo se trate de sacar la basura. Las mujeres no se dan cuenta de que a menudo hablan de lo que sus maridos no hacen sin darles nunca crédito por las cosas que sí hacen.

Si quieres dominar a fondo el «cambio creativo del padre», es importante que pienses en quién es tu marido. ¿Cuáles son sus raíces? ¿Acaso tuvo una madre autoritaria y un padre pasivo? ¿Qué tipo de conductas aporta a la relación? ¿Necesita más afecto o necesita más espacio? ¿Qué cosas lo motivan? ¿Tiene un modelo de rol del padre? ¿Qué tipo de modelo es? Las mujeres que pueden ver desde la perspectiva del marido a menudo tienen menos dificultades para animarlos a cambiar. Cuando entiendes qué hay detrás de una actitud o de una conducta, puedes alterar tu manera de responder y cambiar el resultado para que sea más de tu agrado y más conveniente para tu hijo.

Es lo que hizo Stephanie. Vino a verme para hablar de su hijo, pero acabamos hablando de su matrimonio.

—Mi marido habla más de lo que hace —dijo Stephanie—. Cada vez que le pido que haga algo, su respuesta es: «Ningún problema». Lo dice con tan buen ánimo que me dan ganas de creerle. Pero las más de las veces no cumple.

A lo largo de los años, ha aprendido que tiene que hacer unas cuantas preguntas más después de que él se ha comprometido a hacer algo.

—¿Estás seguro de que quieres hacerlo? —pregunta. Si él vacila, ella renuncia a lo que ha pedido o insiste en que es especialmente importante para ella—. Funciona bien sobre todo cuando se trata de nuestro hijo —dice—. El chico hace lo mismo que yo.

Antes de ver que su padre no cumple con una cita y lo decepciona, su hijo le pregunta dos veces:

—¿Estás seguro de que quieres llevarme a esa competición de atletismo que queda a una hora y media de casa? También puedo conseguir que alguien me lleve.

No hay que ver en esa pregunta la intención de culpabilizar al padre. Tanto la madre como el hijo han adoptado un estilo más directo. Esto le brinda al padre una posibilidad de abstenerse y no acumula la carga emocional que supondría prometer que acudirá a una cita y luego no aparecer. Y, en el caso de esa familia, da buenos resultados.

Piensa en el estilo que tiene tu marido al conversar. ¿Qué tipo de expresiones utiliza? ¿Cómo te responde? ¿Cómo podrías modificar tus propias reacciones o conductas para cambiar la suya? Por ejemplo, si tu marido dice que tiene mucho trabajo ese fin de semana y tú le gritas porque nunca está disponible, puede que la conversación acabe antes de empezar. Él contestará y dirá que siempre lo criticas y que no entiendes la presión a la que está sometido. Prueba, por ejemplo, diciendo:

—Sé lo difícil que tienes las cosas en este momento, y dime si hay algo que pueda hacer para ayudarte, porque nuestro hijo se decepcionaría mucho si no fueras al partido de eliminatorias el sábado por la mañana. Así que, por favor, intenta tomarte unas horas para que puedas estar con nosotros.

Gerard solía recurrir a los gritos. Perdía fácilmente la paciencia y culpaba a otros miembros de la familia cuando algo no iba bien en casa, incluso cuando se estropeaba la lavadora. Al principio, Lea, su mujer, le respondía gritando y acababan discutiendo, lo cual siempre llevaba a un punto muerto. Con la práctica, Lea aprendió a abordar las cosas de otra manera. Gerard volvía del trabajo y decía:

—Esta casa es un desastre.

En lugar de ponerse a la defensiva, como solía hacer antes, ella decía:

—Tienes razón, Gerard. Tenemos que hacer algo para solucionarlo. Sentémonos un momento y veamos qué puede hacer cada uno. —Él no se enfadaba y, aunque tenía sus reparos, se sentaba a conversar, dándose cuenta, como dice la conocida frase, de que: «Si no eres parte de la solución, eres parte del problema».

Muchas mujeres no se dan cuenta de lo bien que los padres responden a estas pautas de educación. Las madres saben que los hijos las reclaman, sobre todo en los primeros años. Y los hombres suelen responder a la indulgencia de su propia madre, algo que las mujeres no ven con buenos ojos porque lo perciben como una «suegra» entrometida. Sin embargo, he conocido a muchos hombres que confiesan añorar estos «mimos», es decir, la aceptación incondicional de sus madres cuando eran pequeños. Pocos hombres piden abiertamente estos mimos. No están programados de esa manera. Sin embargo, los acogen con los brazos abiertos y lo agradecen de verdad cuando ocurre desinteresadamente. Estoy seguro de que muchas mujeres que lean esto pensarán: «¿Qué? ¿Yo? ¿Hacer de madre de mi marido? ¡Ni hablar!» Sin embargo, tendréis que confiar en mí en este aspecto, porque unos cuantos mimos pueden obrar milagros con los hombres.

Susan explicaba esto tan bien como cualquiera de las madres con las que he hablado.

—Aprendí a dejar de llevar la cuenta hace mucho tiempo —me dijo—. Mis padres discutían a menudo y yo estaba decidida a no seguir sus pasos. Franklin dista mucho de ser perfecto, pero lo mismo ocurre conmigo. Intento animarlo para que pida ayuda cuando la necesita, sobre todo con nuestro hijo Mark. Si yo lo trato a él como quiero que él me trate a mí, es posible que se muestre más sensible. Así que intento ser afectuosa y recordar lo que a él le gusta. Él me escucha a mí y yo lo escucho a él. No estamos de acuerdo, reñimos, nos reconciliamos y hacemos el amor. Intento ser lo más amable posible. Desde muy temprano, me di cuenta de que si lo estimulaba para ser un hombre mejor, él respondía positivamente.

Una advertencia: cuídate de no confundir los mimos con estar encima de él y ahogarlo. Los mimos se perciben como algo bueno, no como algo abrumador. Muchos hombres necesitan un espacio y no les agrada tener a las mujeres encima todo el tiempo. Tú conoces la diferencia entre atención e intrusión, y cosecharás las ventajas de tener un marido más sensible y un padre mejor.

Si quieres aprovechar al máximo tu influencia, demuéstrale a tu marido que lo amas y que lo apoyas, y que se puede sentir cómodo cuando expresa sus sentimientos. En el último capítulo, he hablado de cómo un padre puede aprender a expresarse abiertamente y sentirse cómodo cuando lo hace, sobre todo con su hijo. Sin embargo, como su mujer, puedes proponerte hablar con tu marido de aquello que normalmente es implícito: «Sé que estás preocupado por el cáncer recurrente de tu madre», «Me gustaría retorcerle el cuello a tu jefe por no haberte dado crédito por esa importante cuenta nueva». Es probable que tu marido se abra con más facilidad si se siente comprendido. Aunque guarde silencio, insiste un poco. A él le hará bien escucharte hablar abiertamente de las emociones que quizás él mismo sienta.

Warren describió a su mujer como su mejor amiga:

—Puedo hablar con ella de cualquier cosa —me dijo—. Respeto sus opiniones y sé que siempre piensa en lo que más me conviene, sobre todo cuando se trata de nuestro hijo. A menudo ve cosas que yo no veo.

Modera tus expectativas y tus críticas

Los hombres siempre serán los hombres. Eso lo has escuchado antes. Pero ¿te has rendido a esa idea? Te ayudará a tener paciencia con tu marido y a entender sus características específicas. No compares su manera de ser padre con la tuya como madre. Él es el padre, no una madre masculina. Vuestro matrimonio es una asociación, no una competencia. Intenta reconocer sus esfuerzos, felicítalo cuando puedas, y no vaciles en sugerir cómo se puede ir un poco más allá. Cuando un hombre siente que puede complacer a su mujer y a sus hijos, se siente mejor consigo mismo.

Deja ir el pasado. Si tu marido te ha herido hace años cuando se fue a jugar golf el Día de la Madre, perdónalo. Si olvidó la reunión de padres y profesores del colegio de su hijo, no se lo eches en cara durante semanas. Los padres cometen errores por el camino, al igual que las madres. No siempre se los tienes que recordar. Cuando vuestra relación permite que se cometan errores, los dos os sentiréis más felices.

Cuando nuestras expectativas de otra persona no son realistas, solemos criticarla. Las críticas excesivas han destruido a muchos matrimonios. La crítica no es lo mismo que un comentario constructivo. Una cosa es decirle a un padre cómo puede hacer algo mejor. Otra cosa es decirle todo lo que ha hecho mal. Aquello crea una barrera entre él y tú y, a menudo, también entre él y su hijo. Lo peor de todo es que los ataques dan lugar al contraataque. Cuanto menos critiques, mejor te irán las cosas.

Cynthia era bastante dura con su marido. Irv trabajaba mucho, intentaba pasar momentos con su familia y ayudaba en la casa cuando podía. Sin embargo, a menudo se encerraba en su estudio para ocuparse de las facturas o leer sus revistas.

—Dios sabe qué otras cosas hace ahí dentro —me dijo Cynthia, irritada porque Irv pasaba demasiado tiempo en el estudio.

Ella solía entrar de repente y decía:

—¿Cuándo vas a salir de esta cueva? —No era lo único que le molestaba. Irv no ganaba suficiente dinero. A ella no le gustaba cómo se vestía. Él no siempre se mostraba afectuoso con su hijo. Irv me contó que se había refugiado en su estudio para escapar de sus constantes quejas.

En este caso, me preocupaban más los problemas de Cynthia que los de Irv. Ella estaba enfadada y deprimida y tenía expectativas que no eran realistas. Después de hablar unas cuantas veces con Cynthia, supe que su padre había sido un hombre distante y poco dado a mostrar sus sentimientos, y que ella esperaba que su marido fuera diferente. Al final, resultó que Irv se parecía más a su padre de lo que ella había pensado, y estaba resentida por ello. Sus críticas incesantes eran su manera de vengarse del marido por el dolor que ella experimentaba por no sentirse amada. Al final, le transmitió a Irv aquellos sentimientos y yo ayudé a éste a entender las necesidades de su esposa y a aprender a sintonizar con ellas para que pudiera renunciar a su posición defensiva.

Regañar es menos destructivo que las críticas constantes, si bien el hombre sigue sintiéndose presionado o controlado. Nina amaba a su marido, quería que Patrick fuera un buen padre y hacía todo lo posible para mejorar su relación con su hijo. Solía pedirle que jugara a la pelota con su hijo después de cenar, y él estaba de acuerdo. Pero si pasaban diez minutos y él todavía no salía al jardín, ella volvía a recordárselo. Si Patrick se sentaba a leer el periódico, Nina gritaba desde la cocina:

—¿Cuándo vas a salir a jugar a la pelota?

No era demasiado diferente cuando Patrick tenía que ayudar a su hijo con los deberes, o incluso con las tareas de la casa. Nina lo molestaba hasta obligarlo a levantarse.

Ella y Patrick habían venido juntos a una terapia, y él explotó.

—Nina, pasas tanto tiempo molestándome por las cosas que tengo que hacer que me obligas a hacer justo lo contrario.

A los hombres les agrada que les pidan las cosas una vez y abordar la tarea cuando estén preparados. Es una cuestión de orgullo. Nina dijo que no le regañaría si Patrick realmente se levantara y hacía lo que ella le pedía, lo cual también era verdad. Él le aseguró que estaría más atento a lo que le pidiera. En lugar de sentarse a leer el periódico y despacharla, decía:

—Voy a leer el periódico diez minutos y luego saldré a jugar con él.

Aquella seguridad tranquilizaba a Nina. Necesitaba saber que la familia no se vendría abajo si ella dejaba de regañar a Patrick.

La emoción de ser buen padre

Sharon vino a verme porque encontró un tique de un local de *striptease* en la cartera de su marido. Éste solía ausentarse por viajes de negocios y ella ya había empezado a sentirse distante de él. Ahora se sentía como si no lo conociera.

—Ya sé que es una estupidez que hacen los hombres —me dijo Sharon—. Me dijo que estaba con sus socios. Vale. Pero no puedo dejar de pensar que yo estaba en casa con nuestro hijo, alimentándolo, llevándolo a la piscina, leyéndole cuentos antes de dormir mientras mi marido andaba por ahí pasándoselo en grande. Y le pregunté: «¿Qué pasa con nosotros?» Sencillamente ya no me parece que se porte como un padre.

Cuando le pregunté por sus relaciones sexuales, Sharon entornó los ojos.

—Él demuestra su interés en mí —dijo—. Pero yo estoy muy enfadada. Seguro que no pensaba en mí ni en nuestro hijo cuando estaba en ese club y, por algún motivo, eso me impide sentir atracción hacia él.

Los sentimientos de Sharon no me sorprendieron. Muchas mujeres se sienten excitadas con padres que están presentes activamente en la vida sus hijos, y no se excitan demasiado con los padres que no están presentes. A veces, las mujeres se abstienen de las relaciones sexuales cuando sus maridos no les ayudan en casa y, al contrario, pueden estar más dispuestas cuando los maridos sí ayudan. Si Francine le pedía a su marido que se encargara de llevar a los niños y sus amigos en coche o que llevara a sus hijos al cine, le decía que estaba ganando crédito en «el banco». Aquello no sólo provocaba un flirteo entre marido y mujer, sino que también le daba al marido de Francine incentivos para mejorar. Pocas mujeres dicen a su marido que esto favorece sus relaciones sexuales, pero cuando lo hacen facilita las cosas.

El sexo tiene una manera de inspirar a los hombres para ser mejores. Los maridos han confesado una y otra vez que son más tratables cuando sienten que su mujer es más sensible sexualmente, y más duros cuando sienten que no lo es. Desde luego, las mujeres podrían plantear un argumento convincente diciendo que los hombres son demasiado indiferentes y que apagan sus deseos. Hace unos años, en mi presencia, una mujer le dijo a su marido que el camino a sus bragas pasaba por su corazón, no por la cremallera de sus pantalones. La buena voluntad es contagiosa en una familia. Cuanto mejor se sienta tu marido contigo, más influencia tienes sobre él o sobre su actitud con los hijos.

Anita estaba enfadada con Henry. Éste pasaba demasiado tiempo en el despacho, le dejaba a ella demasiadas responsabilidades y no tenía una relación muy estrecha con su hijo de nueve años.

—A veces me siento como si estuviera sola en esto —me explicó.

Kenny dijo que le gustaría estar más tiempo en casa y deseaba que tuvieran una mejor relación.

—Anita no me lo pone nada fácil —empezó—. Es muy crítica conmigo y no me da demasiadas ocasiones para acercarme a ella. Supongo que de alguna manera me he dado por vencido.

Les pregunté con qué frecuencia tenían relaciones sexuales. Anita se mostró sarcástica.

—Durante casi un año no me apetecía.

Los puntos muertos de este tipo no son inusuales en los matrimonios, y resulta difícil acabar con ellos. Les sugerí que cada uno viniera a verme solo para tratar estos temas más en profundidad.

Kenny se declaró culpable. Sabía que tenía que ser un mejor marido y un mejor padre.

—Créame, lo he intentado. He procurado pasar más tiempo en casa y he hecho un esfuerzo para dedicar un tiempo a mi hijo todos los fines de semana, pero, al parecer, no he podido vencer su enfado. Me siento como si no quisiera perdonarme.

Mi conversación con Anita arrojó resultados diferentes. Recordó que durante varios años quiso acercarse a Kenny, pero él sencillamente no estaba disponible. Su carrera profesional era lo primero, y la familia lo seguía en un lejano segundo plano.

—¿Puede creer que todavía intenta tener relaciones sexuales conmigo? —preguntó.

—Supongo que todavía quiere sentirse cerca de usted —dije.

—Sí, porque es un cachondo.

—Puede que sí, pero quizá hay otros motivos —dije—. Creo que quiere recuperarla a usted y a su familia. Está dispuesto a reconocer algunos de sus errores, y quiere intentarlo. Estoy seguro de que quiere a su hijo y desea hacer las cosas bien. Habrá notado algún esfuerzo de su parte, ¿no?

—Supongo que sí —respondió ella—. Pero ¿qué se supone que debo hacer a estas alturas?

—Anita, creo que los dos están en un punto muerto y alguno tiene que ceder. Kenny no sabe muy bien qué otra cosa puede hacer. Creo que necesita que lo inviten a volver a la relación. En algunos sentidos, usted tiene el poder para hacerlo. Así que le propongo que piense en propiciar una apertura en el terreno de la sexualidad. Puede que sea difícil, pero creo que él lo vería con buenos ojos. A veces, decir sí en lugar de no puede tener un profundo impacto. A otras parejas les ha ayudado.

Anita guardó silencio un momento y luego sonrió ligeramente.

—Tendré que pensar en ello —dijo.

Al cabo de una semana, volvieron los dos juntos a mi consulta. Kenny empezó sonriendo.

—La semana pasada hemos salido de un atolladero —me informó. Estaba un poco incómodo, pero todos sabíamos de qué estaba hablando. Anita sonrió.

—¿Quiere decir que vuelven a tener una relación más estrecha?

—Se ha mostrado más atento —dijo ella—. Como el viejo Kenny de antes.

—Parece satisfecha.

—Espero que dure —dijo ella, y le lanzó a Kenny una mirada furtiva.

Los animé a seguir adelante.

—Desde el día en que les conocí, nunca les había visto tan contentos —dije.

Siempre y cuando sea con espíritu de buena voluntad, las mujeres pueden utilizar el sexo como herramienta de negociación. Abstenerse del sexo para usarlo como castigo por el mal comportamiento del padre puede destrozar un matrimonio. No hay motivos para que un padre mejore su actitud. Estará resentido y se sentirá controlado. Deseará estar casado con otra persona, y también deseará poder tener relaciones con otra persona. Sencillamente no es una práctica saludable.

Mi hijo, el marido

—¡Mi marido no sabe hacer nada bien! —exclamó Allison. Con un gesto dramático, dejó caer su bolso al suelo de mi despacho y se tendió en el diván—. Estoy agotada. Ha llegado al extremo de ni siquiera dignarse sacar la basura. Tengo que pedirle a mi hijo que lo haga. No sé qué haría sin mi chico.

Alison llevaba meses viniendo a mi consulta. Se sentía frustrada con su marido, pero estaba decidida a permanecer junto a él. No soportaba la idea de decirle a Eli, su hijo de trece años, que iban a divorciarse. Alison comenzó la sesión quejándose de su marido, pero al cabo de poco rato estábamos hablando de un arrebato que había tenido Eli y que le preocupaba.

El chico no podía hacer nada malo. Alison dedicaba todo su tiempo libre a llevarlo a museos, a cenar, al cine… sin su marido. Lo colmaba de atenciones y afecto. No era raro que llegara a casa del trabajo, saludara a su hijo con un beso e ignorara a su marido. Sin embargo, la semana pasada, contó, estaba en la cocina preparando una lasaña cuando Eli volvió a casa de su entrenamiento de fútbol. Comió las galletas que encontró en la despensa y se sirvió un vaso de leche. Preguntó dónde estaba su padre y Alison entornó la mirada.

—¿Dónde crees? —Eli asintió con un gesto de la cabeza. El marido de Alison a menudo trabajaba diez horas al día. El chico le dijo a su madre que había marcado un gol durante el entrenamiento.

—A papá le habría encantado —dijo, pero Alison lo interrumpió.

—Si papá fuera a los partidos alguna vez… Tiene que empezar a ayudarme en casa o puede que pierda los papeles —dijo ella—. Ya me hubiera gustado saber que me casaba con alguien tan perezoso.

—Tampoco no es que se pase él día sin trabajar —dijo Eli, a la defensiva, como si estuviera hablando de él.

—¿Ah, sí? Pues yo también trabajo —dijo ella.

Eli dejó caer la galleta y salió de la cocina.

—Lo único que te importa es lo tuyo.

Alison no entendía por qué su hijo se había enfadado tanto. Eli nunca le había gritado antes. Sin embargo, yo intuía la historia detrás de las palabras. Alison utilizaba a su hijo para llenar un vacío creado por un matrimonio poco feliz, y trataba a Eli como si fuera su marido. Dependía de él en el plano afectivo, para sentirse amada y necesitada. Se volvía hacia él para que asumiera algunas de las responsabilidades del marido, como sacar la basura. Y hablaba mal de su marido como si su hijo no tuviera sus propios sentimientos con respecto a aquel maltrato verbal. Mirado de cerca, era evidente que a Eli empezaba a molestarle esa práctica de su madre.

Las madres pueden interponerse entre padres e hijos, y el resultado suele ser que la relación se resiente. El ejemplo de Alison es exagerado, pero las madres no siempre son inocentes en la influencia que ejercen. Animan (y desaniman) a los padres e hijos a pasar momentos juntos. A algunas madres les agrada el control que eso les brinda. Algunas mujeres especialmente rencorosas han desanimado la relación padre-hijo cuando les conviene, por ejemplo, después de tener un conflicto con el marido. Consiguen tener más cerca a sus hijos, esperando que su esposo se sienta en desventaja numérica. Alison suponía que Eli vería a su padre como un imbécil, pero su frustración la cegaba tanto que fue incapaz de pensar en el daño que le estaba haciendo a su hijo al denigrar a su padre como modelo de rol.

Las mujeres que buscan en los hijos un sustituto del marido ausente suelen ser solitarias y estar descontentas. Obsesionan a su hijo con la esperanza de crear un hombre que no las decepcione tanto, es decir, el perfecto prototipo masculino. Sin embargo, en el otro extremo de esta actitud aduladora y de las atenciones, hay un niño que sólo quiere ser como su padre. Los hijos experimentarán una fuerte presión por parte de las madres, y muchos se sentirán asfixiados. En los primeros años, el niño irá por donde le indique la madre. Pero cuando llegue la adolescencia, se rebelará y tendrá resentimientos. Verá cómo su madre intenta controlarlo y lo distante que está de su padre, y se cerrará a la comunicación con los dos. Esto suele ser devastador para madres que han pasado la última década sacando fuerzas de la relación con su hijo.

Las madres a veces colocan a sus hijos en medio del matrimonio sin ni siquiera darse cuenta. Joan criticaba a menudo a su marido delante de su hijo. Ocurrió incluso en mi consulta. Se quejaba de que trabajaba en el ordenador hasta altas horas de la noche. Su esposo lo negó. Ella se giró hacia Darby, que tenía once años:

—Dile a tu padre que tengo razón, ¿vale? —alegó. El chico se puso rojo. Yo intervine y le dije a Joan que inmiscuir a Darby no era constructivo. Le pregunté si era feliz en su matrimonio. Dijo que no. Luego le pregunté a su marido si lo era.

—En realidad, no —dijo él.

—Pero los dos queréis a vuestro hijo, ¿no?

Ellos asintieron.

—Pues será muy difícil para él desarrollar una relación estrecha con cualquiera de los dos si seguís así —les advertí. A los hijos nunca se les debería obligar a tomar partido, sobre todo contra uno de los padres. Sin embargo, a veces los padres ponen a los hijos en el medio sin darse cuenta. Joan nunca pensó que a Darby le importaba cuando le pidió que la apoyara.

—¿Eso es verdad, Darby? —pregunté. Él jugaba con una goma elástica que había cogido de mi mesa.

—Me da miedo de que te enfades conmigo si no estoy de acuerdo —le dijo a su madre—. Pero si estoy de acuerdo contigo entonces es papá el que se enfada.

Las mujeres también se interponen entre padre e hijo de maneras menos evidentes. Muchas hacen de «interferencia» entre los hijos y los padres. Cuando el padre vuelve a casa tarde del trabajo, ellas inventan excusas en su nombre.

—Tu padre trabaja mucho.

Si el padre pierde la paciencia y grita al pequeño, las mujeres dirán:

—No te preocupes. Esta noche no está de buen humor.

Si el padre olvida la cena de entrega de premios de su hijo, la madre dirá:

—Tiene muchas cosas en la cabeza.

Las mujeres hacen esto para rebajar las tensiones en la relación padre-hijo y para proteger a sus hijos de la decepción. Sin embargo, lo que de verdad están haciendo es permitir que sus maridos estropeen las cosas, de la misma manera que alguien permite a un ser querido alcohólico seguir bebiendo. Cubrir los errores del marido significa privarlo de toda motivación para cambiar.

Peggy, de treinta y siete años, acaba de casarse, pero ella y su marido habían tenido un hijo unos años antes. El marido, Kirk, no es el padre biológico y, debido a eso, a menudo no asume sus responsabilidades. Eso nunca ha impedido a Peggy acudir a sus reuniones del club de lectura con sus amigas ni ir a jugar a tenis mientras deja a su hijo de cuatro años al cuidado de Kirk. Según ella, su marido debía aprender sobre la marcha, y tenía razón. Si ella no estaba, Kirk se veía obligado a arreglarse por sus propios medios, y a menudo eso era lo que ocurría. Esto puede parecer un curioso consejo, pero es algo que tendrías que recordar: deja que tu marido se equivoque. Son demasiadas las mujeres que siguen a sus esposos por todas partes intentando reparar sus errores y disculpándose en su nombre. No lo hagas. Déjalo que provoque un desastre, que haga preguntas y se las apañe.

Por ejemplo, tu marido lleva a tu hijo a jugar hockey sobre hielo y tú te das cuenta de que se ha olvidado de poner la merienda del niño. Sé que una madre, por instinto, correría y llevaría la bolsa de comida al coche. No lo hagas. Llegará el momento de comer y padre e hijo no tardarán en tener hambre; entonces será cuando tu marido se dé cuenta de que se ha olvidado algo. El chico no se morirá de hambre. Papá tendrá que saber cómo solucionar el problema. Otro ejemplo: tu marido llega tarde a la obra de teatro de tu hijo. Cuando éste pregunte por qué, no le des explicaciones. Deja que sea su padre quien se lo explique cuando llegue. O quizá tu marido no le ha puesto bien los pañales al bebé. Muéstrale cómo se hace. Pero si vuelve a hacerlo, no lo vuelvas a corregir tú. Deja que el desastre ocurra y que tu marido se enfrente a él. «Cariño, creo que pasa algo raro con el pañal de Jada...»

Cuando digo que crees oportunidades para que tu marido haga de padre, no quiero decir que debes compensar su torpeza y trabajar el doble en casa. Eso es agotador y no es necesario. Tu esposo no aprenderá a ser padre a menos que tú lo dejes, o incluso a menos que lo obligues sutilmente a serlo.

Esta misma dinámica —la madre en el medio— ocurre en la conversación. Algunas madres bien intencionadas hablan en nombre de sus hijos con sus maridos en lugar de decir a aquéllos que hablen ellos mismos. Desde luego, habrá momentos en los que tendrás que intervenir, como cuando el padre tiene una actitud demasiado obstinada o trata a su hijo injustamente. Sin embargo, es un reflejo peligroso porque desanima a los hijos cuando se trata de hablar directamente con sus padres, lo cual no es saludable. No corresponde a la madre explicarlo todo. Pero si ésta siempre hace de intérprete entre padre e hijo en una conversación, o si transmite mensajes de uno al otro, ellos pensarán que es normal conversar de esta manera, y no lo es.

Timmy, de nueve años, solía recurrir a su madre y decía: «Papá me grita demasiado» o «Papá no me ayuda con las mates», o «Papá prometió que me llevaría a la piscina y ahora no puede».

Angela escuchaba las quejas de su hijo. Siempre se mostraba comprensiva y prestaba su apoyo, y respondía a menudo: «No te preocupes, hablaré con tu padre acerca de ello». Después de escucharme hablar sobre este tema en concreto, Angela me envió un correo electrónico. Me dijo que había cambiado su táctica. Ahora, si su hijo se queja, dice: «Puedo hablarlo con papá, pero sería preferible que tú mismo se lo dijeras». Angela me contó que al principio a su hijo le costaba hablar con su padre de sus sentimientos (en los capítulos anteriores he explicado por qué). Sin embargo, se dio cuenta de que a menos que él mismo hablara con su padre, éste no sabría cuáles eran esos sentimientos. La relación fue incierta al principio. El padre no estaba acostumbrado a tener que explicarse, y se ponía a la defensiva. Con el tiempo, los dos aprendieron a comunicarse directamente.

Las madres suelen ser las principales fuentes de información en una familia. Observan atentamente a sus hijos y hacen muchas preguntas cuando no están seguras de lo que está ocurriendo, y no vacilan en llamar a las amigas si tienen que hacerlo. Por eso, las madres suelen saber cosas acerca de los hijos antes que sus maridos. Sin embargo, no debes dejar que el padre permanezca al margen del circuito. A pesar de que te sugiero dejar que tu marido provoque algún desastre, no creo en mantener deliberadamente al marido en la ignorancia. Procede bajo el supuesto de que él se preocupa y que quiere saberlo todo acerca de los hijos. Sin embargo, no dejes que tu papel sea convertirte en la única vía para que tu marido obtenga información. No eres su secretaria de prensa.

Todas las noches después de cenar, Celia y Brett se sentaban un momento y se ponían al día en cuestiones relacionadas con los hijos. Ella le contaba qué planes tenía su hijo, cuántos deberes tenía, e incluso con quién había jugado por la tarde, informaciones de las que el padre no estaba al corriente. De vez en cuando y sin quererlo, Brett desconectaba. Pero Celia insistía en que prestara atención. A él no le agradaban especialmente esos recordatorios, pero, en el fondo, Brett sabía que los necesitaba. Se enteraba de muchas cosas durante esos minutos, y eso permitía que la relación fluyera suavemente.

—A mi hijo no parece importarle cuando digo cosas como: «Tu madre me ha dicho que tú…» Él simplemente se alegra de que yo pregunte.

¿Suena como el símbolo del yin y el yang? Lo es. Al final, las madres y los padres pueden seguir ahí donde el otro lo ha dejado, lo cual crea un círculo continuo de colaboración entre los dos.

Proponte consultar con tu marido a propósito de decisiones grandes y pequeñas en relación con tu hijo. Ya se trate de la elección del campamento de verano o de si deberían dejarlo salir solo con sus amigos al centro comercial, de hablar de los eventos del calendario, alcanzar un consenso o presentar un frente unido. Los niños tienen no pocas habilidades para enfrentar a los padres unos con otros cuando les conviene. Todos conocemos la situación en que el hijo adolescente está en una tienda de deportes y le dice al padre:

—Mamá dijo que estaría bien comprarme unas zapatillas de baloncesto.

Pero cuando el padre avispado confirma con su mujer, ésta le dice:

—Ni hablar. Acabo de comprarle unas hace dos meses.

De modo que si la madre mantiene informado al padre, a la larga, todos estrecharán sus lazos familiares.

LOS DIEZ PRINCIPALES CONSEJOS PARA LAS MADRES

1. Apoya al padre que hay en tu vida.
2. No actúes con resentimiento al recordarle a tu marido qué hacer como padre.
3. Cuidado con la voz que regaña y critica.
4. Anima a tu hijo a hablar con su padre directamente, sin intermediarios.
5. Deja que tu marido cometa errores. No compenses siempre sus carencias.
6. Sé paciente con tu marido y con tu hijo.
7. Recuerda, los padres no son madres masculinas.
8. Nunca pidas a tu hijo que tome partido cuando discutes con su padre.
9. Enseña sin juzgar.
10. Ve al grano rápidamente, y elabora a partir de ahí.

10

Los diez principales consejos para los padres

¿Tienes prisa por digerir los puntos más importantes de este libro? A continuación, propongo unos cuantos consejos claros, sencillos y necesarios para mejorar las relaciones entre padres e hijos. Piensa en cada uno de ellos como una referencia, como un rasero psicológico con que medir tu progreso. Si de verdad quieres que las cosas sigan fluyendo, pregúntale a tus seres queridos qué tal lo estás haciendo, y tómate en serio sus respuestas. Y recuerda el viejo refrán: «Es agradable ser importante, pero es más importante ser agradable».

LOS DIEZ PRINCIPALES CONSEJOS PARA LOS PADRES

1. Encuentra un equilibrio adecuado entre tu carrera profesional y tu familia.
2. Haz las paces con tu propio padre.
3. Expresa abiertamente tus sentimientos y anima a tu hijo a hacer lo mismo.
4. Cuando estés con tu hijo, que sea en cuerpo y alma (sin excusas, por favor).
5. Anima a tu hijo a dar lo mejor de sí. Recuérdale que con eso es suficiente.
6. Actúa como modelo de lo que predicas.

7. Lee entre líneas. Los hijos no siempre dicen lo que parece («No importa, papá, no tienes por qué ir a verme competir en el campeonato de natación»).
8. Reconoce tus propios defectos y anima a tu hijo a hacer lo mismo.
9. Evita los lugares comunes: «Él sabe cuánto lo quiero», «Desearía estar presente».
10. Nunca le digas a tu hijo que «se aguante».

Ser padre es tu oportunidad para volver a vivir la magia de la infancia, la montaña rusa de la adolescencia y la transición progresiva hacia la condición de adulto. Te encontrarás con baches en el camino, y habrá momentos en los que tengas la impresión de que las murallas de Jericó se están derrumbando. Sin embargo, debes saber que eso ocurre rara vez. Cuando reflexiono pensando en los momentos de mi propia vida, nada se compara con la alegría que sentía observando a mis hijos reír, jugar y asimilar las maravillas del mundo que los rodeaba. Ahora puedo sonreír pensando en sus diatribas adolescentes contra mis valores, mi estilo de vida y mis expectativas. Y quizá tenían razón, quizá no sabía tanto como creía saber. Sin embargo, sobre todo me siento orgulloso de haber visto cómo crecían y se convertían en jóvenes adultos, desplegaban sus velas y se embarcaban en su propia aventura. En el fondo de mi corazón, sé que yo he tenido algo que ver.

Ser padre entraña muchas cosas. Es una mezcla curiosa de sencillez y complejidad, de rudeza y ternura. Tienes que estar presente para tu hijo, amarlo, escucharlo y orientarlo. Puede que haya momentos en que el amor que das no es correspondido de la manera correcta, en el momento correcto, o en la cantidad correcta. Sin embargo, mientras camines por el otoño de tu vida, mirarás hacia atrás, hacia los días en que criabas a tus hijos, y sentirás ese calor en tu corazón y ese consuelo en tu alma. Tu hijo cogerá el relevo de la antorcha y recordará con cariño el regalo más grande que le has dado, es decir, todo tu ser.

Quisiera dejarte con unas palabras que te servirán de fuente de inspiración. Provienen de un clásico de la literatura infantil, *The Velvetten Rabbit.** Se lo he leído a mis hijos, a mí mismo y a mis seres queridos muchas veces a lo largo de los años. Capta la esencia de todo lo que he intentado transmitir a padres y madres a lo largo de este libro. Léelo, digiérelo y deja que sus palabras te inspiren.

> —¿Qué es ser de verdad? —preguntó un día el conejo.
>
> —Ser de verdad no depende de cómo estás hecho —dijo el caballo de piel—. Es algo que te ocurre. Cuando un niño te ama mucho, mucho tiempo, no sólo para jugar, sino porque te ama de veras, te vuelves de verdad.
>
> —¿Duele? —preguntó el conejo.
>
> —A veces —dijo el caballo de piel, que siempre decía la verdad—. Cuando eres de verdad, no te molesta el dolor.
>
> —¿Ocurre todo de golpe, como cuando te dan cuerda, o poco a poco?
>
> —No ocurre de golpe —dijo el caballo de piel—. Te vas transformando. Tarda mucho tiempo. Por eso no ocurre a menudo a los que se quiebran fácilmente, o a los que tienen aristas cortantes, o a los que tienen que guardarse con mucho cuidado. Normalmente, cuando llegas a ser de verdad, se te ha caído la mayor parte del pelo, y se te saltan los ojos y se te aflojan las articulaciones y estás muy raído. Pero estas cosas ya no importan, porque una vez que eres de verdad no puedes ser feo, excepto para las personas que no entienden.

A los padres, donde quiera que estéis, os deseo que podáis convertiros en padres que estén siempre presentes.

* *El conejo de pana. (N. del T.)*

Agradecimientos

Quiero dar las gracias a todos los padres e hijos que han compartido sus vidas conmigo a lo largo de los años. Sus historias ejemplares y entrañables constituyen la inspiración de este libro. Por cuestiones de confidencialidad, las historias de este libro son una amalgama de clientes, amigos y hombres que entrevisté para este trabajo. He cambiado los nombres y las identidades. Gail Ross, mi agente, ha contribuido al desarrollo de mis ideas y a convertirlas en una propuesta editorial. Siempre estuvo cuando la necesitaba y me orientó durante todo el proceso.

Quiero dar las gracias especialmente a mi coautora, Brooke Lea Foster, con quien ha sido un placer trabajar. Brooke se volcó para aportar valiosas ideas creativas y editoriales de gran valor. Agradezco profundamente su paciencia con mis primeros borradores y con aquellas llamadas por teléfono interminables. Me alegro de haberla encontrado. Y, desde luego, me siento muy agradecido a mi editor en Free Press, Leslie Meredith, que hizo menos arduo el proceso de revisión y nos proporcionó ideas muy útiles y muy oportunas.

La doctora Susan Gordon, compañera, amiga y terapeuta aguerrida, prestó su apoyo y su perspectiva profesional a la creación de este libro. Y, finalmente, deseo dar las gracias a todos mis amigos y colegas, especialmente a Marcia Katz, que revisó el manuscrito desde la perspectiva de los padres.